石野博信討論集

古墳とは何か

祭と政の象徴

装幀　新谷雅宣

はじめに

「古墳とは何か―祭と政の象徴」と結論めいたサブタイトルを付して本書の書名とした。古墳が単なる墳墓ではなく、マツリ（祭）とマツリゴト（政）を融合した施設だと感じたからである。

二世紀末、倭国連合の都、邪馬台国に女王・卑弥呼が登場し、男弟が補佐した。祭政一体の倭国政権の誕生である。その時、二世紀末に列島内で使用されていた土器は、北部九州・西新町式、山陽・鬼川市3式、山陰・鍵尾式、近畿・纒向式（庄内式）、東海・廻間式、北陸・月影式、関東・前野町式であり、従来の弥生時代後期末である。私はこの時をもって「古墳時代の始まり」とした。それは『魏志』倭人伝にいう祭政融合の実態による。

考古学的根拠は、従来、弥生後期とされていた吉備・楯築墓をはじめ、各地に突出部付円丘墓が出現するからであり、このことは、前著の『邪馬台国とは何か』（新泉社、二〇一二）で議論した。

しかし、古墳時代の開始期については三世紀中葉とする意見も多く、本書でも重要な争点の一つとして各自が根拠をあげて自説を主張している。

そして五世紀末、ワカタケル大王（雄略天皇）の登場によって、祭と政は分離して古墳は単なる墳墓と化し、法と秩序を基本とする六世紀のプレ律令期へと突入する。本書の掉尾を飾って古代史の上田正昭先生に登場していただいた由縁である。

本書では古墳の出現期に焦点をあて、時期の異なる四回の討論を編み、一二名それぞれの共通点と相違点を整理した。そのうえ、討論以後の資料増加による新たな見解を、各項の末尾に加えていただいたのは、新たな討議への出発点となり、楽しい。多くの方々のご協力に感謝します。

二〇一三年二月吉日

石野博信

石野博信討論集

古墳とは何か　祭と政の象徴

目次

＊本文中に登場される方々の所属は、討論当時のままとした。古墳のうち○○天皇陵となっている古墳は、現在の考古学で使われている名称に改め、（　）に天皇陵名を入れた。遺跡の所在地は現在の地名に変更した。

古墳とは何か

古墳の発生

方形周溝墓と前方後円墳をめぐって

金井塚良一
石野博信

古墳の発生と方形周溝墓

司会　まず、方形周溝墓の問題についてお話しください。

金井塚　これまで私は、方形周溝墓から前方後円墳への移行は、必ずしも大きな転換——時代区分のメルクマールになるような本質的な社会構成の転換——ではなかったのではないかと考えてきました。また、そういうことを書いたりしたのですが、これは、これからの対談のなかでも、ぜひ問題にしていただきたいと思います。

こういった私の主張の、いわば根拠みたいなものをいくつか申しあげてみますと、第一に方形周溝墓が、かつて考えられていたように、前方後円墳の出現をもって終わるといったようなものではないということです。これは、今日ではすっかり自明なことになっていますが、私が「関東地方の方形周溝墓」を書いた頃には、まだ方形周溝墓は、前方後円墳の出現をもって終わると考えられていました。ですから、方形周溝墓を超克してつくられた前方後円墳は、まさに新しい時代の幕明けを象徴する、政治的記念物以外の何物でもなかったんですね。

しかし実際は、方形周溝墓はそんなにきれいになくなるものではありません。前方後円墳が出現しても依然としてつくられつづけているし、形態も多様化しています。しかも巨大な方形周溝墓が前方後円墳と併存している。こういった方形周溝墓の実態を検討してみると、方形周溝墓の消滅と前方後円墳の出現との間に截然と一線を画して、新しい時代への転換を想定することは、どうも不可能なのではないか…… そんなふうに思われてきます。

第二は、いままで、発生期の前方後円墳の出現が過大に評価されすぎていたのではないかと思っています。前方後円墳の実態が現象的に把握されて、巨大さだけがとり上げられているという感じです。たしかに桜井茶臼山《さくらいちゃうすやま》古墳や箸墓《はしはか》古墳、椿井《つばい》大塚山《おおつかやま》古墳といった発生期の前方後円墳は、いずれも巨大ですが、墳丘の巨大さに圧倒されて、墳丘墓や方形周溝墓の権力構造から、前方後円墳が出現する必然性が、具体的に追跡されなかったきらいがあったように思われます。

ですから、前方後円墳の出現をすぐに国家の形成に結びつけてしまう。最近ではさすがに国家はいわれなくなりましたが、それでも、連合政権とか部族連合といった概念を設定し、依然として大和政権を軸にした、首長層の政治的統合の証として、前方後円墳の出現を考えている。これでは前方後円墳の出現は、あくまで大和政権を中心とした一元的な政治的契機が問題で、在地の権力構造のなかから、必然的に、そして主体的に前方後円墳の出現を考える条件はまったくなくなってしまう。

第三は時代区分の問題です。従来、前方後円墳の出現が目安となって古墳時代が設定されていましたが、弥生時代との画期は、必ずしも明瞭に把握されてはいないのです。少なくとも集落構成や土器相では、この時期に画期を求めることは不可能だと思います。それにもかかわらず、漠然と画期が想定されて古墳時代が設定されていましたから、そういう既成の時代区分に引きずられて、前方後円墳の出現が過大に評価されてしまったのではないか…… 古墳時代という画期を性格づけるために、古代国家とか首長連合という政治社会の形成が想定されて、前方後円墳が、大和政権を中心とする一元的な政治社会の形成を説明する格好の材料として、性急にとり上げられすぎたのではないかと思うのです。ですから私は、もっとクールに、前方後円墳の出現を方形周溝墓の権力構造の延長上で検討してみたらどうか、そうすれば前方後円墳は、また違った性格をみせてくれるのではないかと考えております。

これは、あるいは勝手な思いつきだと非難されるかもしれませんが、方形周溝墓の社会構成史的な検討を基盤にして前方後円墳を解釈していけば、前方後円墳の出現は、古墳時代という新しい時代のはじまりとは考えられなくなる。むしろ方形周溝墓の権力構造が、アジア的形態に到達した段階、この段階で前方後円墳は、「総括的統一体」の首長権を体現する独占的墓制として傑出したと考えたほうがいいと思っているのです。これを私は勝手に「到達論」と称して、従来の前方後円墳の出現論に対抗する私なりの理論的根拠にしているのです。

しかし、そうはいっても、私の考えはまったく少数派ですし、既成の学説の壁はあまりにも厚いので、この仮説が簡単に肯定されるとは思っておりませんが、私自身は最近急速に発掘例が増加しているさまざまな墳丘墓や方形周溝墓――徳島県の柄鏡形積石塚とか、東日本で多く発掘されている前方後方形の方形周溝墓や巨大な方形周溝墓等、そして初期古墳といったものに大きな期待を寄せています。こういった墓制の検討によって、あるいは今後、前方後方墳や前方後円墳の出現の事情が、在地の権力構造の展開から具体的に追跡できるのではないか、そしてその結果、少し元気よく言わせていただきますと、従来の時代区分や前方後円墳への理解が多少変わってくるのではないかと期待してるのですが、……無残に自爆するかもしれません。

今日はせっかく石野さんと対談するんですから、今問題になっている奈良県の纒向《まきむく》の石塚《いしづか》古墳、岡山県の楯築《たてつき》墳丘墓、兵庫県の養久山《やくやま》一号墳といったものの解釈を率直におうかがいしたいし、いわゆる弥生時代の墳墓から前方後円墳に移行する、移行期の問題についてもお話ししていただいて、前方後円墳の出現について、フランクに意見交換ができればと思います。

石野　纒向石塚の問題に入る前に、今、金井塚さんがいわれた弥生時代の墓と古墳時代の墓、古墳との関係について私の立場を説明しておきたいと思います。古墳の発生については前方後円墳の出現を重視するということを、近藤義郎《こんどうよしろう》さんがいわれています。古墳とは首長権継承儀礼がおこなわれた墓であり、それが具体的な形として前方後円形をとったのだといわれています。ただ、その場合に「定形化した前方後円墳」という限定をされていますので、そのへんが今日の一つの問題になると思います。

方形周溝墓*は近畿地方では、弥生時代の前期の終わり頃に出てきて、中期以降になると非常に広い範囲でつくられ、高塚古墳がつくられる段階になっても、ずっとつづいて出てきています。ちょっと問題が違うと思いますが、最近鳥取県の長瀬高浜《ながせたかはま》遺跡で厚い砂丘の下に明らかに盛土のあるおよそ六世紀の円墳と、盛土のない円形の溝をもった墓が出てきました。ちょうどその頃、奈良盆地の真中あたりの矢部《やべ》遺跡の調査で、六世紀の古墳で盛土はすでにないわけですが、方形の溝をもった墓がみつかりました。そうすると弥生時代以来の方形周溝墓的な手法が、高塚古墳がつくられた後もずっとつづいている。このことは、およそ方形周溝墓は五世紀段階までで、六世紀になるとそういうものが、後期古墳に発展的に変わっていくのだという従来の考え方を検討し直さなければならないことになると思います。

このように六世紀になっても、方形周溝墓的な墓がつづいていることがわかりかけてきましたが、それと同時に高塚をもった、わりと大型の墓が日本各地で弥生時代か古墳時代かというその境目の時期に出てくるという、そういうことがあるのです。そのへんの段階の墓としては、近藤さんが墳丘墓という言い方をされていますが、たとえば九州には祇園山《ぎおんやま》という中に箱型石棺がある方形の墓があります（図11参照）。それから山陰では四隅が突出するというようなものがある。最近では広島の奥の三次《みよし》のあたりで弥生後期、ことによると弥生中期末という話もあるようですが、そういう時期の前方後方形の墓が出てきているようです。それから吉備《きび》では都月坂《とつきざか》二号墓とか、あるいは楯築の墓だとか、近畿では纒向の石塚があったり、昨年夏から調査してつい最近終わりましたが、宇陀《うだ》の見田《みた》・大沢《おおさわ》古墳群とか、関東のほうでも先ほどいわれたようにあちこちで前方後方形周溝墓というのがあります。

これらを比較するためには、土器の編年に合わせていく必要がありますが、弥生から古墳という、そういうややこしい段階に、それぞれの地域で、それぞれの形の、従来の弥生時代の少なくとも中期か後期くらいの墓とは違ったものが各地域でつくられています。そういう状況がひとつあるのではないかと思うのです。

＊弥生時代の方形周溝墓は、近畿地方を中心に前期末に築造され、古墳時代に継続するという全体的傾向には変化はない。ただし、初現は北部九州と瀬戸内南半に不整方形・円形の墳墓群があり、さかのぼる可能性がある。そのうえ、糸島市三雲南小路甕棺墓二基は、一九七四年の調査によって一辺三二メートル×三一メートル以上の方形周溝墓の埋葬施設であることが判明し、銅鏡三五面以上をもつ弥生中期後半の王墓の一端が明らかになった。弥生時代の北部九州は通常は集団墓だが、王族は特定区域を占有することが明らかになった。

在地制の強い墓制と古墳の発生

金井塚　そうですね。たしかに三〜四世紀代には、各地にいろいろな墓制が出現してきます。これはほとんど汎日本的な傾向と考えていいのではないでしょうか。この時期に、おそらく各地で前方後円墳を出現させる歴史的な条件が、社会構成史的にもまた生産的な発展の面でも、しだいにつくり出されていたと思うのです。ですから、こういった多様な墓制の出現は、そうした在地の歴史展開の成熟度の反映として把握しておかないと、各地に前方後円墳が出てくる本当の意味がわかってこないのではないでしょうか。

方形周溝墓は、関西では弥生時代の前期後半から出現していますね。堺市の四つ池《よついけ》遺跡・茨木市の東奈良《ひがしなら》遺跡・高槻市の安満《あま》遺跡・守山市の服部《はっとり》遺跡（図1）などで、前期後半の方形周溝墓が発掘されているようです。東日本では、今のところ中期の後半から出現すると考えていいようです。

私は以前から方形周溝墓の出現を、農業共同体の展開と関連させて解釈してきました。田中《たなか》義昭《よしあき》さんなどは、農業共同体オンリーでは問題はかたづかないと言っていますが、しかし、少なくとも方形周溝墓を出現させた在地の社会構成的な基盤は、農業共同体だった。もちろん方形周溝墓が、在地で自然発生的に生まれたとは考えてはいませんが、方形周溝墓を受容する社会的条件は、在地の農業共同体の形成によって醸成されたと考えていいのではないかと思うのです。

そういった方形周溝墓研究の、いわば理論的な帰結として、東日本では方形周溝墓は、農耕生産が共同体の主たる生産的背景となった中期、すなわち宮ノ台《みやのだい》期にはおそらく出現していてもいいのではないかと推測して、「関東地方の方形周溝墓」であえてそれを予測したのです。当時は関東地方では、まだ後期以前の方形周溝墓は確認されてませんでしたし、神奈川県の朝光寺原《ちょうこうじはら》遺跡の方形周溝墓群も白山《はくさん》古墳に併存すると考えられていたのです。そんな時だったので、私の予想はとっぴな推論ということで一笑に付されて、むしろ理論が先行する、実証的でないと非難されたのですが、しかしその論攷を『考古学研究』に発表した後、間もなく宮ノ台

図１　服部遺跡の方形周溝墓群

期の方形周溝墓が千葉県や神奈川県で発掘されたんです。あの時は本当にうれしかったですね。
もちろん方形周溝墓は、関東で独自に発生したものではない。発掘調査の現状から推定すれば、畿内地方からの伝播と考えていい。しかしそれにしても、方形周溝墓があくまで歴史的所産である以上、その受容には、在地の一定の歴史的発展段階が受容条件として介在していた。私はそれを農業共同体の形成と関連させて考えたのです。そして、この仮説に仮に妥当性があるのなら、方形周溝墓のその後の展開は、農業共同体の権力構造の推移と連動させて理解してもいいのではないか、そんなふうに思って、方形周溝墓の展開を農業共同体の展開を基盤にして解釈しているのですが、この考え方からすれば、石野さんがいわれた、三世紀から四世紀代に認められるヴァラエティーに富んだ墓制の出現は、実に興味のある問題です。

東日本では、この時期に前方後方形の方形周溝墓が出てくる（図2）。宮城県の安久東《あぐひがし》遺跡・千葉県の東間部多《とうかんべた》古墳群の例などがよく知られていますが、千葉県では他に山王辺多《さんのうべた》二号墳とか諏訪台《すわだい》三三号墳など数例が発掘されているようです。埼玉県では県北の大寄《おおより》B遺跡で確認されています。群馬県でも下郷《しもごう》遺跡で好例が出ていますね。報告書によるとほかにも出土例があるようなので、この前方後方形周溝墓は、東日本ではもうかなり普遍的な築造を想定していいのではないかと思います。

ただ築造時期が問題です。いままで確認された前方後方形周溝墓は、ほとんど四世紀後半です。五領《ごりょう》式土器の編年が問題ですが、前半の築造と考えられるものは、今のところないのでは

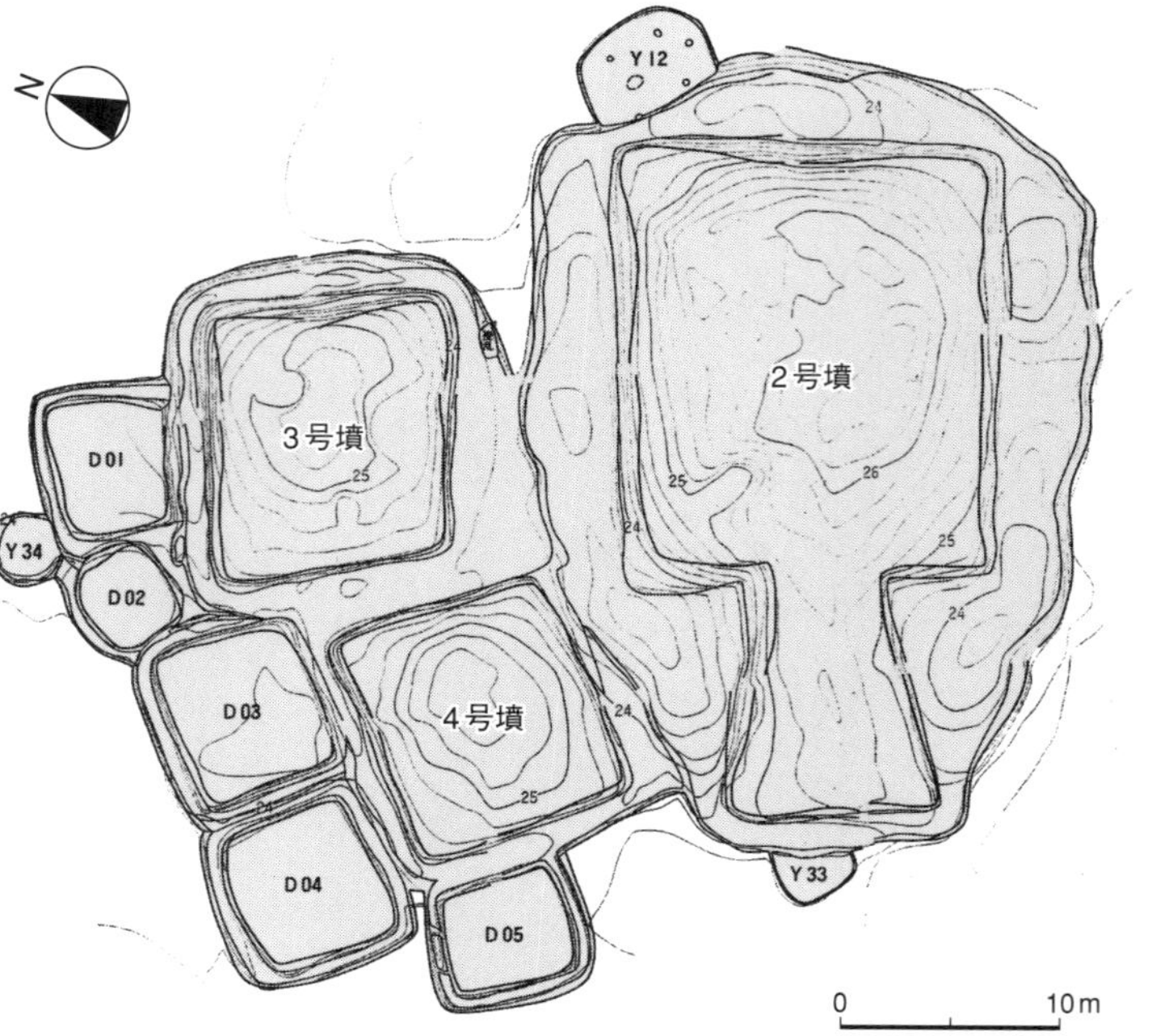

図２　前方後方形の周溝墓（千葉県佐倉市飯合作２号墳）

ないでしょうか……　ですから、これをプロト前方後方墳と考えることには、まだ若干問題がありますが、下郷遺跡や千葉県の例を勘案すると、前方後方墳との直接的な関係を想定していいように思います。

東日本では、こういった前方後方形周溝墓とほとんど並行して、大型の方形周溝墓が出てきます。埼玉県の番清水《ばんしみず》遺跡（図3）・登戸《のぼと》遺跡・下野堂《しものどう》遺跡、そして昨年問題になった山梨県の上《うえ》の平《だいら》遺跡などです。いずれも三〇〜四〇メートルの巨大な方形周溝墓がつくられていたのです。下野堂遺跡はちょっと確

図３　番清水遺跡の方形周溝墓

かでない部分がありますが、『本庄市史』では六〇メートルくらいの方形周溝墓と考えられているようです。

　西日本では、これは石野さんがよくご存じですが、東日本に先行して多様な墓制が出現していますね。石野さんがあげられたもののほかにも、岡山県の黒《くろ》宮大塚《みやおおつか》とか、広島県のやだに古墳のような例があります。山陰では四隅突出方墳の築造が知られていますし、瀬戸内では、徳島県で天羽利夫《あもうとしお》さんたちが最近注目されている柄鏡形積石塚とか、兵庫県の西条《さいじょう》五二号墳のように、前方後円墳との関係が推定されるような墳墓も出現しています。

探せばまだまだありますが、いわゆる定形化した前方後方墳・前方後円墳が築造される前夜に、各地でこれと関係がありそうなさまざまな墓制・初期古墳といったようなものが、在地の方形周溝墓の権力構造の展開のなかから出現していることは、大いに注目していいと思います。

この時期は、集落遺跡の発掘成果によれば、東日本では、全戸全焼という凄惨な結末を示す集落が増大したり、集落内に一辺が一〇メートルを超える大型竪穴住居が出現したりしています。水田経営の急速な発達、あるいは大規模化にともなって、農業共同体相互の抗争と統合が、急速に進行した時期と推定されてもいますが、こういった動向のなかから、当然各地の農業共同体の族長層はそれぞれ個性的な性格を強化していったであろうし、いくつかの農業共同体を統合して形成された「総括的統一体」の大首長は、族長層からはるかに傑出した神人的権威として君臨しただろうと思います。

石野さんがいわれた在地性の強い墓制の出現は、まさにこのような時期の活発な政治動向の反映として理解していいのではないでしょうか。むしろそういう形でさまざまな墓制を把握しないと、いわゆる定形化した前方後円墳が出現する前夜——移行期の歴史的性格が、具体的にわからなくなるのではないかと思います。

石野　最初にいわれた、方形周溝墓は東国では弥生中期後半以降になってはじめて出てくるというのは東国での弥生社会の成立とほぼ一致しています。弥生社会が成立して、はじめて方形周溝墓というものも出てくるという状況は、近畿と共通しています。近畿では、稲作文化に入ってしばらくたった、弥生時代の前期の終わりという段階で方形周溝墓が出てくる。それはいろいろなほかの文化現象からみて、近畿での弥生社会が成立した段階だといわれている時期です。九州でもやはり弥生時代の前期末になって、九州での弥生社会が成立してくるという考え方があるのですが、九州の場合は方形周溝墓とか、その段階のものはありませんが、ただ方形に墓を区画するということがもしかするとあるかもしれません。

今、方形周溝墓は溝で区画していますから、地上に痕跡として残って出てきますけれど、証拠のないことをいうのはおかしいですが、何か垣根みたいなものがあるとか、土塁状のものをつくるとか、そういうもので方形の区画をするということも、ことによったらあったかもしれない。そういう意味では岡山の地域も、方形周溝墓の少ない地域ですが、時期はちょっと下りますが、石を使って方形の区画をする墓というものがありますから、墓を方形に区画するという点では、それぞれの地域で弥生社会が成立する段階で出てくるのではないかと思います。

方形周溝墓の発生と展開は文化現象としてとらえられていて、古墳の発生というのは政治的なものという考え方が強いわけですが、単純な言い方をすると、丸い形と四角の形をつないだ前方後円形の墓が広い範囲に広まっていくと政治的現象と解釈し、四角い墓がそれより以前に出てきて広い範囲に広がっていくのは、文化現象と理解しているのはどういうことでしょうか。

金井塚　最初の弥生社会の成立という問題ですが、仮に弥生社会を農業を基盤にした社会と考えるのなら、東日本では、おそらく宮ノ台期ころからはじまると考えていいだろうと思います。これは先にもいった時代区分の問題ともからみますが、私は仮説として、東日本では宮ノ台期ごろを境にして、原始と古代に分けていいのではないかと思っています。原始のほうはよくわかりませんし、今日は問題ではありませんが、古代は「前方後円墳の時代」を方形周溝墓形成の延長上で総括して、それまでを前期、前方後円墳の消滅は大体西暦六〇〇年前後ですが、この時期を大画期と考えて以後を後期として把握したいと思います。もちろん、この間にいくつかの時期区分を設定してさしつかえないと思いますが、大綱として、社会構成史的には、前方後円墳の出現よりも消滅を重視する前期と後期の把握は、たぶん間違っていないだろうと考えています。

ですから、私にとっては、方形周溝墓が弥生時代の墓か古墳時代の墳墓かという問題は、それほど重要なことではなく、むしろ方形周溝墓や墳丘墓の権力構造からどうして、あるいはどのようにして、前方後円墳が出現してくるのかという問題のほうが重要です。

弥生時代・古墳時代という固定観念への疑問

金井塚　最近、石塚古墳以来、弥生時代と古墳時代の墓制の相違がこまかく論争されて、執拗に弥生時代と古墳時代の墓制を区別しようとしていますね。

石部正志《いしべまさし》さんも『大阪府の古墳』のなかで、「纒向石塚や楯築墳丘墓その他、古墳出現前夜（弥生時代末期）の地域首長墓」の特徴を詳細に列記されていますが、どうもわかりません。たしかに石塚や楯築は定形化した前方後円墳とは違いますが、ほかの発生期古墳と比較して、弥生時代の墳墓として明瞭に区別できるのか、疑問に思います。

方形周溝墓だって、古墳時代までつづきますし、前方後方形周溝墓や柄鏡形積石塚、あるいは墳丘墓といった発生期古墳の実態が各地で調査されてくれば、いままでのように、古墳の出現を中心として、弥生時代と古墳時代を一線で画することは、到底不可能になってくるのではないでしょうか。

それにもかかわらず、執拗に弥生時代の墳墓と古墳とを区別しようとしているのは、ひとつはいままでの時代区分に引きずられているからで、それに固執しすぎているように思われてなりません。ですから前方後円墳の出現がなにか過大に解釈されてしまう。西嶋定生《にしじまさだお》先生や小林行雄《こばやしゆきお》先生のお考えがストレートに採用されて、この時期に大和政権を中心とした巨大な政治連合が形成されたように考えられてしまいます。甘粕健《あまかすけん》さんや大塚初重《おおつかはつしげ》さんは最近ずい分考えを修正されてはいますが、本質的には前方後円墳の出現を大和政権を主軸にした政治的秩序の形成、国家形成の証と考えることでは変わっていませんね。これでは、前方後円墳の出現を在地の歴史展開のなかで主体的に把握することは不可能ですし、前方後円墳という墳形に表象されている宗教イデオロギー的側面を正しく理解することができないのではないでしょうか。

ですから、前の話に戻ってしまいますが、いままでの前方後円墳の解釈は一応置いて、しかも従来の時代区分もしばらく無視して、方形周溝墓や墳丘墓、初期古墳の実体を具体的に追跡しながら、前方後円墳の出現をもう一度検討し直してみたらどうでしょう。従来の時代区分のなかで、古墳の出現をいくら問題にしても、これはもう修正意見の連続で、前方後円墳出現の歴史的性格に迫っていくことは、到底不可能なのではないかと思います。しかし、四角と円の問題はよくわかりませんね。葬送イデオロギーと関係があるのかもしれませんが……

石野　弥生時代とか古墳時代とかいう言い方をしていると、どうしてもそれにとらわれてしまいます。また考古学の長い歴史で、弥生時代とか古墳時代というものを頭に入れて考えたほうが、考えやすい事象がたくさんありますので、なくしてしまうというわけにはいかないのでしょうが、古墳の発生を考える時には、ことによると弥生・古墳という時代区分をはずして考えたほうがいいかもしれません。

考古学は土器を物指しとして年代をあらわしていますから、その物指しが一つの共通な認識になっています。ですから、土器の変化という共通の認識に立って、何番目の土器の段階にこういう墓があるのだ、そして何番目になるとこういうものが出てくるのだと、そういう整理の仕方が必要かもしれません。ある墓の段階から古墳とよぶかよばないか、というのは、これは時代区分論になって別な次元の話です。

金井塚　それをしないと問題が発展できない。ここではそういった従来の制約を飛び越えて話

表1　近畿赤焼土器編年表

赤焼土器の様式	弥生土器の様式	纒向様式	布留様式	須恵器型式	河　内	仮称形式	高塚古墳
1	1						
2	2						
3	3						
4	4						
5	5						
6		1			北鳥池	曲　川	○
7		2			上田町2	庄内1	○
8		3			上田町2	庄内2	○
9		4	1		小若江北	布留1	○
10		5	2			布留2	○
11		6	3	1（古）		布留3	○

を進めていったほうが、本質に迫れるだろうと思います。

纒向石塚は発生期の「古墳」か？

石野　奈良県の纒向の遺跡を調査してその報告書をつくった時に、須恵器が出てくるまでの土器、素焼の赤焼の土器が同じ系譜のものであるという前提で年代順に並べてみました（**表1**）。近畿地方では弥生の前期から1様式・2様式ということで分けているのですが、そういう弥生時代の様式が1から5様式というようにあるわけです。それで第5様式が後期で、その後6・7・8・9・10・11というふうに分けて、一二番目に須恵器が出てくるわけですけれども、それの六番目の段階を、纒向1式と纒向遺跡の土器の分類でよび、七番目・八番目の段階が纒向の2・3式、いわゆる以前からいわれている庄内式の段階です。そして纒向の4

式、前からつないでいくと九番目ですが、九番目の段階に小型丸底壺が出てきて、誰もが定形化した前方後円墳が出てくるという点で意見が一致している段階、布留式の土器の段階ですね、そんなふうに土器を、弥生の第1様式からずっと並べてみました。

そして、近畿の墓は弥生の第一様式の終わりの段階で四角い墓、方形周溝墓というものが出てくる。それがずっと2・3・4とつづいて展開し、五番目・六番目の段階になると、先ほども言ったように各地域で非常に変わった形の四隅突出《よすみとっしゅつ》とか、いろいろ変わった形の墓が出てくる。東国の前方後方形というのも、七番目・八番目になるようですが、そういうようなものが出てくる。問題の纒向の石塚は、その六番目になるわけです。

纒向石塚は、発掘事実から私は前方後円形の墓だとみていますので、六番目の段階に前方後円墳があると考えています。この段階には並行して四角い墓も、前方後方形の墓もあるけれども、それ以降を古墳時代とよべばいいだろうという考えを出したわけです。

司会　纒向の遺跡を発掘し調査報告書を書かれた石野先生から、纒向の石塚は前方後円墳だというお話があったのですが、他の考古学者が、あれは古墳ではない、弥生墳丘墓だとか、大型周溝墓だとかいう意見がありますが、その点いかがでしょうか。

石野　はじめに纒向石塚の調査事実の説明をしておきたいのですが、纒向石塚（**図4**）というのは、現状では直径四〇から五〇メートルくらいの不整円形で、現在の高さがもっとも高い所で四・五メートルくらいですか、田圃の中にある小さい高まりなのです。その周辺を発掘した

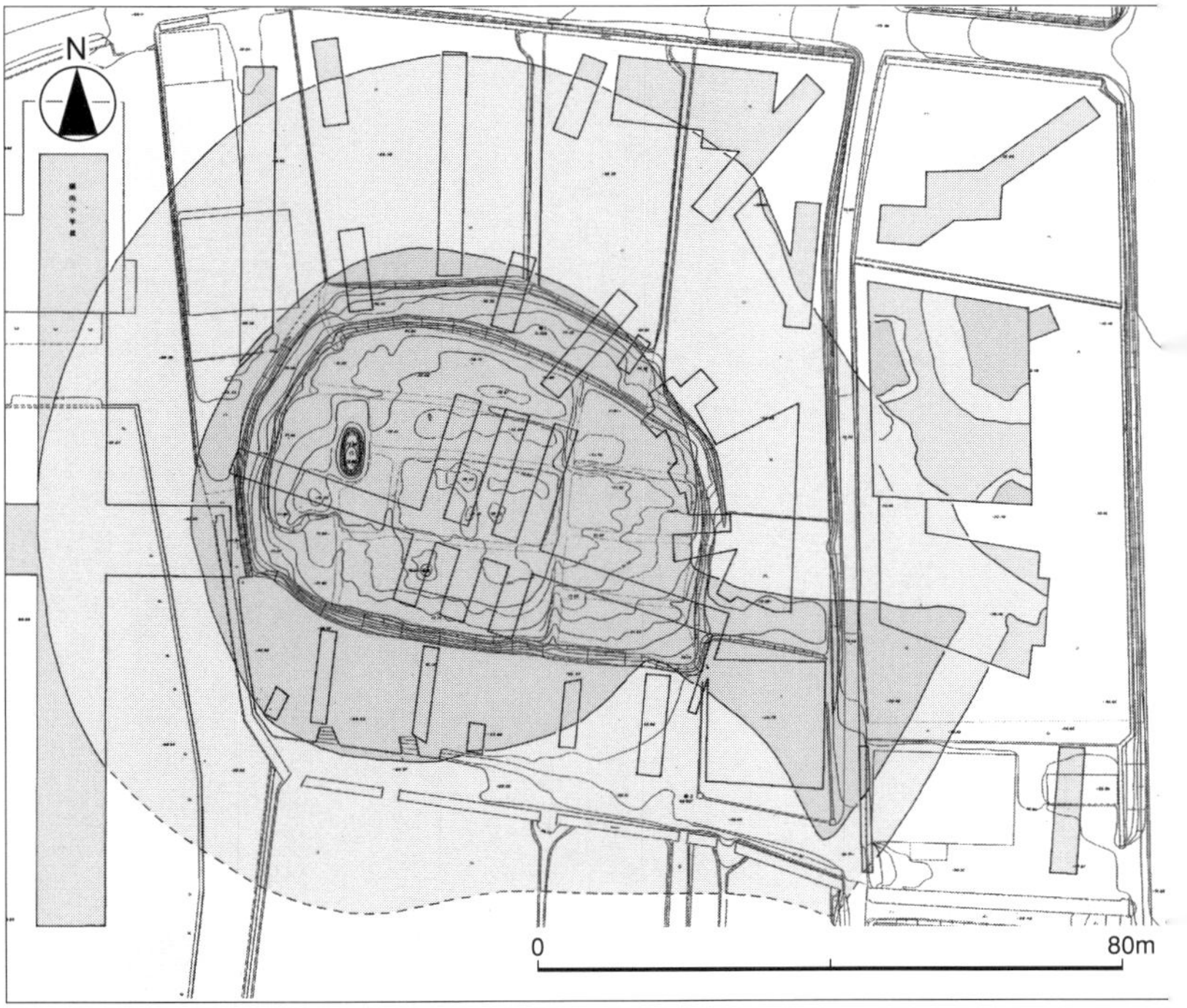

図４　纒向石塚

ところ、西側に幅二〇メートルの周濠が出てきました。そして南側の墳丘の外側を墳丘に接してずっと調査をした時にはくびれの部分が出てきて、東側に張り出していることがわかったのです。それで、さらに張り出しの先端部を確認したら、幅六メートルの周溝が張り出しの先端部にあったわけです。その事実を整理すると、現状では四〇メートルから五〇メートルの丘になっていますが、それは耕作などで後世に削られたもので、かつては後円部は六〇メートルあったということがわかったのです。周濠の外側の輪郭は幅八メートル、長さ六〇メートルにわたってずっと掘っていますので西側に関しては、まず確かです。

それで南側のほうも五〇メートルくらいずっと掘って、これはトレンチで部分的に掘ったのですが、墳丘がずっとくびれていって張り出しがあるということは確認できました。その張り出しが二八メートルあるのです。そうすると合わせて八八メートル、全長八八メートル＊の前方後円形をしているということがわかったわけです。くびれの部分はいわゆる箸墓とか、椿井大塚山などでいわれたような撥《ばち》型のひらき方をするのです。後円部から前方部が直線に出て、そして先端部が開くという、そういう形をしているのです。非常に古い形をしているわけです。そういうものが纒向の石塚です。

そして周濠の中から出てきた土器が纒向の1式とよんでいる、弥生の5様式と非常によく似た土器です。ですから、こまかくはいろいろな変化が弥生後期の土器にはあるのですが、土器の流れ全体からみると、5様式そのものといってよいくらい非常に似ているのです。ただ、私が纒向の1式とよんだものを5様式から分離したのは、石塚が前方後円形をしている墓で全長が八八メートルもある、これは古墳と考えざるをえないということで、この土器は土器そのものからは5様式、弥生後期の土器とよく似ているけれども、古墳時代の土器は土師器《はじき》とよぼうというのが一つの前提にありますので、その土師器のいちばん古い段階のものといっているわけです。

それに対してこれは前方後円墳とはいえないのではないかという意見がいくつかあります。ひとつは事実認識に対する批判であって、今発掘しているのは、石塚の西側と南側と東側の前方部端の一部である、墳丘の周りを全部掘っていない、したがって墳形についてはまだ調査が不十分である、だから調査が全部完了するまでは纒向石塚の墳形に対する判断は保留しておこう、という立場があります。私は西と東と南の一部を掘ってこれは大丈夫だと思っていますが、やはり全部を掘ってから、それを確認しようではないかということには、別に反対でもなんでもないのです。

もうひとつの纒向の石塚を古墳といわない、前方後円墳といわない立場は、こういう形をしていたとしても、定形化以前のものであるから、いわゆる墳丘墓だという考え方ですね。墳丘墓というのは近藤さんが言いだされたのですが、弥生の後期くらいから庄内式、つまり纒向2・3式の段階くらいに出てくる盛土を非常に大きくした墓、たとえば岡山県の楯築墳丘墓の場合でも、後円部といいますが、真中の部分が、径四〇メートルの円形の部分で、それにまた十数メートルくらいの突出部がつくのです。だから古墳時代の名前でいえば双方中円墳です。そういう形をしているものがあったり、四隅突出型の墓があったり、いろいろな形があって、まだ定形化した前方後円墳の出てくる以前の段階です。ですから、前方後円形の墓の出現をもって古墳時代とよぶのが正しい、いいかえれば古墳時代とは前方後円墳の時代なんだ、そういう立場からみると、石塚も定形化以前のものであるから古墳とはよべない、そういう立場です。ですから、後のほうの立場の場合は、これは時代区分をどう考えるかという立場になりますから、それはまた別に議論していったらいいことだろうと思います。私は後の立場に対しても、石塚はやはり定形化した前方後円墳でいいと思っています。

＊纒向石塚古墳の墳丘規模を八八メートルとしているが、その後の調査によって、つぎのように訂正する。

墳丘全長：九三メートル（円丘部径：六一メートル、突出部長：三二メートル）

なお、築造年代については、石野は纒向1類新（旧纒向1式新）とし、寺沢薫は布留0式（纒向4類＝旧纒向3式新＝庄内式末）とする。

司会 今のお話の批判の第一は、どんな古墳でも、もう少し掘ってから言うといってるんですから、これは問題外だと思います。第二の問題ですが、これは呼称の問題です。しかし呼称の問題だからといって軽視できない問題を含んでいますので、その点について金井塚先生、いかがでしょうか。

墳形で弥生・古墳時代という時代区分はできるか

金井塚　私は呼称の問題は、もうそれほど重要な問題ではなくなっていると思っています。実は古墳とは何かという問題は古くて新しい問題です。後藤先生の古墳についての有名な定義がありますが、その定義からいうと、方形周溝墓はほとんど古墳と考えていい。盛土をほとんどがもっていて、しかも本格的な主体部だってあるし……「関東地方の方形周溝墓」のなかで書きましたが、方形周溝墓の盛土は大塚さんや井上裕弘《やすひろ》さんが言っていたように、周濠を掘った土を内部へ盛った程度の、便宜的な墳丘ではなかっただろうと思います。

今年（一九八一年）、埼玉県の神明《しんめい》ケ《が》谷《や》戸《と》遺跡（**図5**）で坂本和俊《さかもとかずとし》さんが方形周溝墓を掘ったのですが、最初は古墳と考えて掘った。掘ってみたら方形周溝墓だったんです。掘ってみたら方形周溝墓というのはおかしな話ですが、マウンドをもっていて、みかけは小円墳だったのですね。発掘調査をしてみたら周溝が方形にまわっている。主体部は、はっきりは確認できなかったのですが、おそらく土壙だったのでしょう。周溝から五領式土器が出ています。そしてこの八号方形周溝墓を中心にして周辺に方形周溝墓がいくつも確認された。実はそこは五領期の方形周溝墓群だったのです。たまたま一つだけ削平されないで、マウンドが残っていたので、小円墳と考えられて発掘をしたのですね。ですから、この方形周溝墓は、後世、古墳と間違えられたほどりっぱなマウンドをもっていたのです。こんな例はもう各地で出ていると思います。

これは方形周溝墓も古墳もある時期にはほとんど区別が不可能になっていた、というよりも、本来区別することが無理で、それほど両者は密接なかかわりをもっていたということだと思います。それをあえて区別しようとするのは、やはり従来の時代区分の問題がそこにあるからだと思います。弥生時代という時代があって、それからそれを克服して古墳時代がくる、弥生時代は古墳時代と基本的に違う時代だ、ということがありますから、ことさら違いをみつける。違いを主張しなければならなくなっている。そんなふうに思われます。そういった時代区分を一応離れて討議して、そして具体的な事実のうえにたって時代区分をもう一度やり直してみることが必要なのではないかと思います。

纒向の石塚古墳に話を戻しますと、石塚は平面形態は帆立貝式のようですが、前方後円墳といってもいいでしょう。纒向以外でも、この手の古墳はこれから各地で確認されてくると思います。たとえば徳島県鳴門市の萩原《はぎわら》墳墓群とか、石野さんたちが掘られた奈良県宇陀市の見田・大沢遺跡、あるいは福井市の安保山《あぼやま》古墳群とか、石川県加賀市で確認された小菅波《こすがなみ》四号墳とかいったものは、いわゆる定形化した前方後方墳や前方後円墳が出現する以前の、移行期の問題を検討する好資料だと思いますし、先ほど話に出た東日本の前方後方形周溝墓や、巨大な方形周溝墓などもこれに加味して考えれば、私は初現の前方後円墳は、従来のようにけっして「突如」出現する政治的記念物とは必ずしも考えなくともいいようになるのではないかという気がしています。

図５　神明ヶ谷戸遺跡（上）と８号方形周溝墓（下）

今発掘されている静岡県の新豊院山《しんぽういんやま》遺跡とか、三角縁神獣鏡を出した福岡県の藤崎《ふじさき》遺跡の方形周溝墓などのように、従来の古墳の出現論からは予想もされなかった新事例が、これからも各地で発掘される可能性はかなり高いと考えていいでしょう。そういったものとの関連で、定型化した前方後円墳や前方後方墳の全国的な出現をどう理解したらいいか、歴史的にどう把握したらいいか、これは、これから慎重に検討していかなければならない重要な問題ですね。

前方後方墳と方形周溝墓

石野　前方後方墳の問題は、かなり以前から問題にされています。なにか前方後円墳とは性格が違うという感じがします。たとえば奈良県の場合でも奈良盆地の東南部の萱生《かよう》・柳本《やなぎもと》古墳群といわれている、大型の前期古墳のある地域があります。

古墳群はいくつかのグループに分かれます。西殿塚《にしとのづか》古墳を含む萱生支群には、下池山《しもいけやま》古墳（図36参照）をはじめいくつかの前方後方墳があります。一方、行燈山《あんどんやま》古墳（崇神陵）とか渋谷《しぶたに》向山《むかいやま》古墳（景行陵）といわれている非常に大きな前方後円墳を含む柳本古墳群の場合は、前方後方墳を含みません。その南に箸墓を含む纒向の地域があり、そこには帆立貝風の古墳などがあり、若干墳形の変わったものが出ています。それよりさらに南の磐余《いわれ》の地域、桜井市の外山《とび》や阿部《あべ》の地域には桜井茶臼山古墳とメスリ山古墳という大きい前期古墳が単独で二つあります。

前期大型古墳がある地域にも前方後方墳を含むグループと、含まないグループがある。さらに吉備に特徴的な特殊器台、特殊埴輪と同じものが大和でも出ていますが、前方後方墳を含むグループにだけあるのです。西殿塚古墳にもありますし、箸墓にもあります。しかし、行燈山古墳や渋谷向山古墳のある柳本古墳群にはありません。器台を特殊化し、特殊な文様をつけるという祭祀の形態は、やはり弥生時代からの変化をたどれるものです。

このように、前方後方墳も方形墳からの系譜をたどれるのですが、たどれるグループとたどれないグループがあります。この二つを結びつけて考えてみると、前方後方墳のある地域の特殊埴輪、特殊器台的な祭器を使った祭祀というのは、より前時代的なものではないのでしょうか。

ところで行燈山古墳・渋谷向山古墳の出てくる段階は、小型丸底壺の出てくる先ほどの九番目くらいの段階ですが、その段階になると、前時代的な祭祀形態をやめて、前方後円墳一本というか、そういうふうに変わっていっているのではないか、そういう意味からは東国のほうの前方後方形周溝墓というのは、金井塚さんがいわれるように、方形周溝墓からの展開でとらえられるというのもわかりやすいですね。

金井塚　前方後方墳と前方後円墳の性格的な相違は、今、私にはよくわからないのですが、ただ、こういった古墳も、方形周溝墓と無関係に出現したものではないと思いますね。そのために、前方後方形周溝墓や初期古墳といったものの実態を注目しているのです。

前方後方墳に限っていえば、前方後方形周溝墓との関係はかなり考えていいのではないでしょうか。千葉県では前方後方形周溝墓の編年もおこなわれているようですし、石川県では小菅波四号墳と定形化した前方後方墳——吸坂《すいさか》三号墳・亀坂古墳・雨《あめ》の宮《みや》一号墳等——との直接的な関連が検討されているようです。全国的に前方後方墳が前方後円墳に先行して出現した可能性が考えられるので、前方後方形周溝墓を前方後方墳との関連で把握して、さしつかえないような気もします。

「墳丘墓」と古墳

金井塚　前方後円墳にしても、石塚古墳や、少し問題はありますが岡山県の宮山《みややま》古墳・兵庫県の養久山一号墳、千葉県の神門《ごうど》四号墳などがありますが、こういった類例が今後各地で増加して、定型化した前方後円墳の出現が検討されていけば、前方後円墳は、けっして突然出現したようなものではなくなるでしょう。

ただ、前方後円墳という墳形そのものが、どのような意味をもっていたのかということは依然としてわかりません。そしてなによりも、箸墓古墳や椿井大塚山古墳はとにかく巨大ですから、ある時期から前方後円墳が突如巨大化した歴史的背景は、具体的に探索しなくてはいけないと思います。

そのために、前方後円墳に表現された宗教イデオロギー的側面を、もっと考えてみる必要があります。また石野さんがいわれた、在地性の強い、さまざまな墓制が出現する時期の権力構造を、集落遺跡や生産遺跡を基盤にして具体的に追跡してみる必要もあるでしょう。そういった権力構造から、まさに突如として巨大な前方後円墳が巨大化する必然性を、社会構成史的に検討することが必要だ、と考えています。

石野　三年ほど前に、近藤さんは弥生時代以来の墓で、主として溝によって区画された墓を方形周溝墓、主として削り出して区画した墓を台状墓、主として盛土によってつくった墓を墳丘墓、こういうふうに概念規定されました。ところが主として盛土によってつくった墓というと古墳なのです。古墳と同じなのに何故墳丘墓という言葉を使うのか。それは定形化していないものがその段階にあるから、古墳とはどうも違う、定形化した前方後円形の型をとってないから古墳とはよべない、簡単にいうとそういうふうにいわれている。

近藤さんは暫定的に墳丘墓という言葉を使うといわれたのですが、その後ずっとたくさんの人に使われて、かなり定着しつつあるわけです。それは、先ほど言った、弥生時代とか古墳時代とか無理に分けないほうがいいという立場からすると、それなりにいいのですが、かえってものごとを曖昧にしているような気もします。

弥生の墓とも古墳の墓ともいわずに墳丘墓だという。この言葉にみんなが飛びつきやすいのは、そういう弥生時代か古墳時代かわからない時期の墓が、今どこでもたくさん出ていますから、古墳といったらさしさわりがある。弥生の墓というのも、もったいない。それで墳丘墓という言葉を使うわけです。そんなふうに、各地域の人が簡単に飛びつきやすい言葉なものですから、ずっと広がったわけです。言いかえれば、それほど、その段階の墓はどうよんでいいのか、わけのわからないものがたくさん出てきているのです。

それは、各地域でそういうものをつくれるような力ができてきたのだと思うのです。それがその後、ある地域で大きな古墳が出てくる下地になっている。その下地のある地域で出てくる一つの墓として、纒向石塚があって、それは今の事実からみても、定形化した前方後円墳だとみていいと思います。また墳丘測量図を検討しても、これは前方後円墳だといえます。したがってこの時期以降を前方後円墳の時代、古墳時代とよぼうではないか、そういうふうに思っています。

たとえば各時代の接点というのは、極端にいえば、縄文時代と弥生時代も、弥生時代と古墳時代も、その境目といったら一日ともいえるし、一秒ともいえるわけで、流れているのです。その流れの先駆を重くみるか、できあがった段階を重くみるかということは、どの時代にもあることだろうと思います。

縄文と弥生の段階でも、縄文土器だと思われていた夜臼《ゆうす》式土器の段階で水田が出てきて、農耕文化であることがわかってきました。それは縄文時代に農耕があったとみるのか、従来縄文土器だと思っていた土器を、弥生時代の土器とみるかという、立場の違いが出てきます。

弥生社会の成立を西日本では前期末、関東で中期というようなことがいわれています。けれど、それ以降を弥生時代とよぶ人はいません。その前の段階、水稲農耕が始まった段階から弥生時代とよんでいるのです。それだったら前方後円形の先駆になる、近藤さんの言葉でいえば墳丘墓が出てきた、その段階から古墳時代とよばないと時代区分として首尾一貫しないのではないか、そういうふうに思います。ですから、いわゆる墳丘墓の段階から古墳時代とよんだほうがいい。そして関東・東国の場合でも、西日本と同じように、その前段になる前方後方形周溝墓がたくさん出てきている、その段階から古墳時代とよべばいいと思います。

突出部はなぜつくられたか

金井塚　東日本では、前方後方型の方形周溝墓と前方後方墳とは関係がありそうだということは予測されるのです。しかし、それにしても、方形に区画した方形周溝墓から末広がりの突出部が出てきて、前方後方型という墳形をつくりだしたのは、いったいなぜだったのか、そのへんがわかりかねる。それは西のほうでもいえるだろうと思います。後円部に長方形の突出部をもたせた柄鏡型の積石塚をつくった突出部はどんな役割を果したのか、そのへんのところがよくわからない。あるいはこれは葬送イデオロギーとのかかわりもあるかもしれないので、まったくとっぴな意見でしたが、重松明久《しげまつあきひさ》さんの説をお借りして、道教とのかかわりで考えてみる必要があるのではないかといったことがあります。しかし、その考え方はまだ一歩も前進してはおりません。

石野　なぜ出っ張りがついてくるのかということについては、近藤さんは墓に行く通路としてそういうものができてきたといっています。前段階には方形周溝墓のいわゆる陸橋部という通路的な部分がありますが、それが正面につくられて、当初の段階では岡山の宮山の前方後円形の墓（図34参照）のように、前方部がなだらかに、とくに区画されずになだらかに外側につながっている、だから中にすんなり入って行ける、その墓の部分がやがて溝を掘ったりして、墓と外とを隔てた、それが前方後円墳のそもそもの成立なんだということです。

ですから、関東で出ている前方後方形の周溝墓の場合でも、突出部の先端に溝をつくっているものと、つくっていないものがありますが、つくっていないもののほうが先に出て、つくっているものが後に出てくるという事実について都出比呂志《つでひろし》さんも指摘しておられますが、そういう事実からすると、近藤さんや都出さんのいっておられることともなるほどというふうには思います。

金井塚　東間部多二号墳にしてもそうですし、安久東遺跡も突出部の所にブリッジがあります。このブリッジから当然中に入る。これはかなり共通しているようです。

石野　そういう点では、近藤さんの意見と同じです。そういう突出部が出てきて、溝で区画され、墓と外とを隔てる。さらに今度は前方部を非常に高くつくります。箸墓でも西殿塚でも前方部に壇状のものをつくったりするような、非常に高いものをつくる。そういうものが一般の人たちと隔てる象徴のような形で出てくる。それが前方後円墳の時代であり、古墳時代だという点では同じなのです。違うのは、それの前段階にある石塚のようなもの、あるいは楯築の墳丘墓のようなもの、それを含めてはやり古墳と考えたいという点で違うのです。

文化の伝播と支配・被支配の関係

司会　高塚古墳について今までもいろいろといわれ、今でもいわれているのですが、当時相当強い権力があって、それが支配・被支配の関係で全国的にひろがったのか、あるいはそういう形でなくゆるい同盟関係だったのか、あるいは一種の流行であったのか、やはり今日のテーマとして金井塚説、石野説をお聞かせいただきたいと思います。

金井塚　それは、たいへん難しい問題です。でもあえて申し上げますと、まず私は、従来考えられていたように、前方後円墳とか鏡とか、いわば広義の文化現象の伝播を、すべて支配と被支配の関係で把握してしまうのはおかしいと思っています。

たしかに文化現象は、伝播した所とその根源になった所がありますが、それを支配と被支配の関係で考えたり、政治的側面だけを強調して理解してしまうのは、少し単純すぎるのではないか、あえて言えば、それでは真正な歴史的把握は難しいのではないかと思っています。

方形周溝墓について考えてみれば、たしかに発生は畿内が古いようです。関東では、前期までさかのぼるものは今のところ知られていない。石野さんもいわれたように、方形周溝墓が九州に出現するのは非常におそいようです。四世紀後半頃でしょうか。以前、沢田大多郎《さわだだいたろう》さんが方形周溝墓の伝播系路を図化していましたが、今までの発掘調査の結果を検討すれば、方形周溝墓は畿内を中心にして、おそらくあのような順路で伝播したと考えていいと思います。

しかしその伝播が、即畿内勢力の進出を意味するかというと、これは短絡すぎます。伝播の解釈は、在地の成熟度の問題、生産的にも社会的にもまた思想的にも方形周溝墓を受容する条件が各地で成熟していたといったことを吟味して考えないと、あやまちをおかすことになると思いますね。ある時期には人の移動も考えなければいけない。それと同じように、前方後円墳の場合でも、畿内を主軸にした連合政権の成立という形で伝播の問題を解釈してしまわないで、在地の主体的な受容を基礎にしてもう一度考えてみることが必要なのではないでしょうか。

石野　方形周溝墓が出てくる段階は、たしかに近畿が早くて関東のほうがおそいですし、前方後方形の周溝墓が関東で出てくる段階と、近畿で纒向の石塚などが出てくる段階は、今のところ資料としてはたしかに近畿のほうが早いですけれど、ことによると関東でもそれくらいのものは出てくるのではないかという気がします。

最近どんどん出てきているのをみると、今のところ、纒向の石塚と並行する関東の土器は、いま弥生後期の後半期におかれている弥生町式ごろですが、そういう段階のものは今のところないわけです。ないのですが、五領の時期には明らかにありますし、その前の段階が前野町式という土器の時期になるわけですが、その段階のものはあるのではないか、そう間をおかずに出てくるのではないかと思っています。

その段階のひとつの交流としては、関東の縄文のついた土器です。その縄文のついた関東独特の土器が纒向3式新の段階に、大和に入ってきていますし、それと逆に近畿で叩目のついた弥生後期の甕がたくさんありますが、それが千葉県でも埼玉県でもかなり出てきています。ですから、明らかに交流はあったわけです。そういうなかで前方後方形の周溝墓も出てくる、そして千葉県の手古塚《てこづか》古墳では鏡などが出てきて、土器は東海系の土器で、りっぱな古墳から出てくるものですから、そんなに古いとあっては具合が悪いだろうという感じで、下げて新しく考えられすぎているのではないか。

それは別にそう新しく考える必要はないので、東海系の土器が纒向でもたくさん出てますので、そういう土器とのつながりから近畿の土器と並行させますと、いわゆる庄内1式の段階ですね。纒向の3式新の段階にあってもいいと思いますし、それはりっぱな古墳です。

さらに関東と近畿の中間では、信州に弘法山《こうぼうやま》古墳（図16参照）というりっぱな前方後方墳があって、これも四獣鏡なんかが出ていますけれども、そういう古墳からも東海系の土器が出ていますが、これを古墳から出たといわずに、東海の研究者に見てもらったら、従来弥生後期と考えられていました欠山《かけやま》式という土器の形式に入れています。これは今は元屋敷《もとやしき》式という名前でいわれています。

欠山式と元屋敷式というのは、時代の違いとしてさきに欠山式があり、つぎに元屋敷式があるというふうにいわれていますが、最近の尾張の発掘では、それが一緒に出てきているのがあるということです。そうすると欠山式と元屋敷式というのは時期のちがう土器ではなく、地域のちがう同じ時期の土器だということになり、したがって欠山式とほぼ同じ段階の古墳が弘法山古墳であり、全長六〇メートルほどのりっぱな前方後方墳があるということになります。

そうすると、墳丘墓といわれる段階、いわゆる庄内式の土器の段階には、定型化した前方後円墳がないから、これは弥生時代だという都出さんの意見があるのですが、すでに事実としてりっぱな盛土をもった墓が出ているのではないか、それが信州であったり関東であったりするものだから、新しくみすぎているのではないか。

もうかなり以前から、山内清男さんなんかは、縄文時代晩期の東北系の土器が奈良県とか近畿で出て、それを非常にこまかく分析をされて、両地域の同形式の土器は絶対年代についてもほぼ同時期だということを検証されているわけです。だから縄文晩期でも同じ形式の土器が出てくれば、それは同じような文化の、ほぼ同時期で考えるべきものであって、それが古墳時代というか、弥生末、古墳という時期に同じ様式の土器が出てきているのに、無理に一方を新しく考えているのはおかしいのではないか、素直にほぼ同じ時期とみれば、信州でも千葉でも、すでに庄内式段階のりっぱな古墳がある、そういう関係が近畿と東国にはあると思うのです。

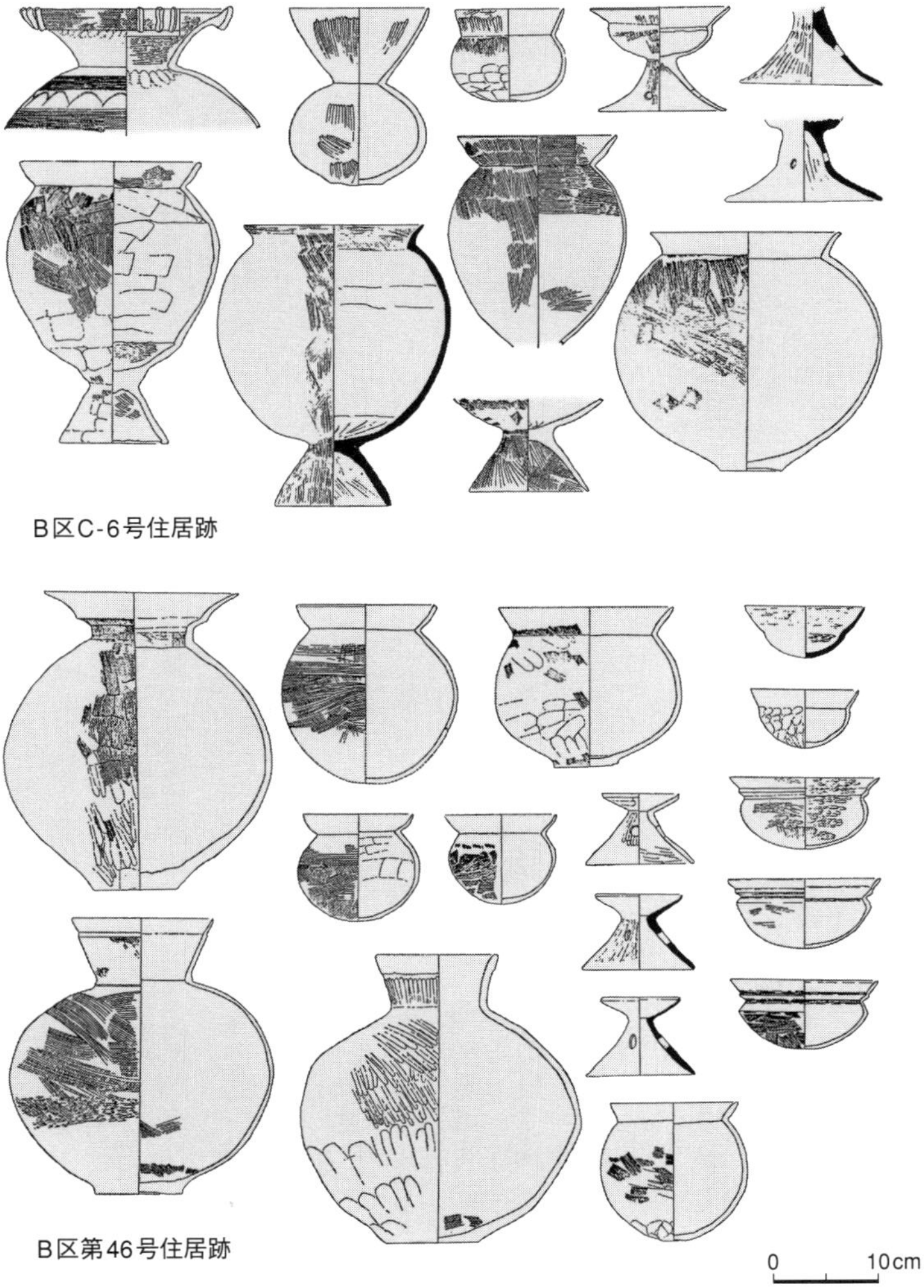

図６　五領遺跡Ｂ区出土の土器

司会　その時期は、先生のいわれる纒向の3式のころになるのですか。

石野　そうですね。こまかく決めようと思うと、もっと真面目に間をつないで、その土器の並行関係を調べなければいけないのですが、今の材料では纒向の3式並行とみていいと思います。

金井塚　私は埼玉県で五領遺跡を掘りましたが、五領遺跡からは明らかに在地的な土器ではない、畿内系の土器がたくさん出ています（図6）。たとえば関東では五領遺跡でしか出ていない鼓形の器台とか、小形丸底土器、坏形土器、甕形土器など庄内や布留式土器そのものといってもよい畿内系土器が多量に出土しているんですね。もちろん、こういった土器の混淆《こんこう》や交流は各地で例があります。しかも五領の時期だけではなく、縄文時代や弥生時代にもしばしば確認されています。関東の縄文晩期の土器は、完全に東北地方の晩期の土器の影響を受けています。こういった交流を全部支配と被支配の関係で考えてしまうと、おかしなことになってしまいます。もちろん歴史的な発展段階がありますから、交流をすべて同質視するわけにはいきませんが、それにしても、文化の伝播や交流は、その性格を具体的にまた多面的に追究していく必要がある。それが、実は古墳時代の性格を考える問題ともつながるのだろうと思います。

巨大古墳を築造したエネルギー

司会　金井塚先生、今までおっしゃっていることをもう少しはっきりと、その交流の中身、また、古墳に被葬された人、あるいは古墳をつくった人たち、そういう問題についてお願いしたいのですが。

金井塚　前方後円墳の出現を畿内を中心にして考えることと、その全国的な波及を畿内を中心にした支配と被支配の関係で考えることは、これは別の問題です。

私は、前方後円墳の出現について、いままで方形周溝墓の権力構造のアジア的形態への到達という形で考えてきました。この対談でも方形周溝墓や初期古墳の実例を参照して、私の稚拙な「到達論」を披瀝《ひれき》してきましたが、ただ私にとってまだ未解決なのは、いわゆる定形化した前方後円墳の巨大さです。石塚古墳を初期の前方後円墳と考えても、箸墓古墳や桜井茶臼山古墳、椿井大塚山古墳とは、その規模において到底比較にならない。この規模の差を考えれば、どうしても前方後円墳は突如として出現したことになるし、この時期に巨大な大王権力が出現して連合政権なり国家的統合が成立したという、大和政権一元論が生まれてきてしまう。だから、この前方後円墳の巨大さをどう理解するか、これが実は私には大きな問題であるわけです。

これまで、巨大な前方後円墳の築造を解釈するために、膨大な労働力が動員されたということが強調されてきました。そしてその労働力の動員の範囲が広範囲だったと想定して、大和政権の支配の範囲をほとんど汎日本的に拡大していましたが、はたしてそうなのだろうか……たしかに二〇〇メートル以上の前方後円墳の築造には、現在想像する以上の労働エネルギーと日数を要したはずですが、稼働条件、つまり労働エネルギーみたいなものを生み出す条件を、単純に強制労働だけで考えて、築造の実態を想像していたのではないか。この時期に、各地の農業共同体の族長権を掌握して傑出した「総括的統一体」の首長権力は、傘下の全共同体の意志を体現した神、政治権と宗教権を一身に体現した絶対的な権力者だったと考えていい。おそらく、そうした大首長の奥津城《おくつき》をつくることは単なる墓つくりではなく、傘下の全共同体にとって、共同体の命運をかけて遂行した鑽仰の証ともいえる大事業だった。全共同体の成員が、それこそ老いも幼きも総力をあげてこれととり組んだ。こういったエネルギーをむしろ主体にして、前方後円墳の造営は考えなければいけないのではないかと思います。これは前方後円墳の被葬者の性格をどう考えるかという問題と、密接に関係してくる。

私のこの推論は非常に抽象的で、したがって説得力がないのですが、「東アジアの古代を考える会」の田村節子さんが、前方後円墳の被葬者をずばり「ホメイニ師みたいな人だったのではないか」と言っていました。この発想はまさに言い得て妙だと思います。「ホメイニ師」にしても、また中国の「毛沢東」もそうだと思いますが、イランや中国の人民にとっては、二人は、まさに政治的権力者以上の存在だったはずです。神だったといっていい。だから人民はホメイニ師の意志によって一斉に動き、中国では文化大革命のときの紅衛兵のように、幼い小学校の生徒までが、『毛語録』を持って延々千里の道をいとわずに北京までやってくる、すさまじいエネルギーが生まれていた。ああいったエネルギーはアジア的形態のなかでなければ、そしてカリスマ的な支配権力のもとでなければ生まれてこないものだろうと思います。

そういった巨大なエネルギーを、前方後円墳の造営に想定しなければ、前方後円墳の巨大さは解釈できない。前方後円墳の被葬者の性格が、歴史的に把握されないのではないかと考えます。

司会　風土的な状況に違いがあっても、全国的にそういうものはありえたということですか。

金井塚　そうですね。おそらく前方後円墳の時代には、各地の首長権はいわゆるアジア的形態に到達していたと思います。もっとも、そうでなければ、私の考えでは前方後円墳は採用されなかったことになります。ただし、ひとつお断わりしておきますが、そういった各地の首長権は、畿内政権との関係・交流がまったくなかったとは考えてはいません。それを政治的な支配と被支配の関係で考えたり、大和政権を主軸にした政治的連合の流れのなかで単線的に把握したりしていないだけです。

もちろん大和政権は、もっとおくれれば東国にも直接介入してきますし、稲荷山《いなりやま》古墳の鉄剣銘が示すように、北武蔵も大和政権の政治機構のなかに組みこまれていくようになるのでしょうが、それまでは、在地の首長権は互いに拮抗し、あるいは連合したりしていても、大和政権に対してはかなり自律的な存在だったのではないか、少なくとも前方後円墳の造営が大和政権への政治的隷属を示すと考えられるような画一化した国家形成段階だったとは思えませんね。

それから、前方後円墳の消滅の問題があります。前方後円墳の出現をどう理解するかということは、前方後円墳の消滅をどう把握するかということとつながってくると思います。

私は、初現の前方後円墳を、方形周溝墓を生み出した社会構成がアジア的形態に到達した段階に出現すると考えていますから、私にとって、転換期としては、前方後円墳の出現よりも、むしろ消滅の時期のほうが重要なように思われるのです。前方後円墳の消滅は、前方後円墳に体現された各地の首長権力が神人的な権威、つまりアジア的な性格を否定されて、法と官僚による新たな政治組織のなかに組みこまれる前提となった。だからこの時期こそ大和政権の強大な支配権を考えてもいいだろうし、国家の成立を問題にするのならば、むしろこの時期（前方後円墳の全国的な消滅の時期）から問題にされなければならないのではないかと思います。いささか抽象論になってしまいました。

前方後円墳の発生

司会　でも、それは非常に具体論でもありますね。そういう点では石野先生どうですか。

石野　古墳の発生の段階の王は、王の中の王、大王かということですね。大王という文字は和歌山県隅田八幡《すだはちまん》神社所蔵の鏡の銘文がいちばん古いのですが、ただそれ以前に三〇〇メートルに近い大型の古墳が奈良にあります。そうするとそういう墓、箸墓などに葬られた人たちは大王とよんでもいいだろう。私はもう一歩さかのぼって纒向石塚あたりもありうると思うのです。

話はちょっと違いますが、数年前に手古塚古墳で東海系の土器が出たということを聞きました。手古塚は房総半島の先の方ですから、ヤマトタケル伝承が生きてくるのかなと思いました。ところが最近は、東京に近いところ、千葉県市原のあたりからどんどん出ていますから、なかなか神話は復活しそうもないわけです。

関東にいる王と近畿にいる王との交渉というのは、近畿の王が関東の王も前方後円墳をつくることを承認したということよりも、関東、九州でも、どこの地域でもそうですけれど、それぞれの地域、関東でいえば関東の王が近畿の王を利用しうる政権だと認めた、その一つのあらわれが前方後方なり前方後円形の墓をつくるという形になってあらわれてきたわけで、主体は各地域にあるのではないかと思います。

金井塚　そうですね。私はそのへんはまだよくわからない。東日本の前方後方型方形周溝墓や初期古墳の性格、つまり東日本の前方後円墳出現前夜の動向が不明なので……

たしかに最近では、前方後円墳にあたえられた政治的性格も、一頃より大変弱いものにはなっていますね。西嶋さんの理論を直接採用した時期と比較すると、ずいぶん変わってきたという感じです。それでも、大和政権を中心とした一元的な政治条件のなかで、理解しようという点はいっこうに変わっていませんね。

石野さんの利用という発想は、なお弱いまとまりを考えておられるのですが、それにしても大和政権からつくらせてもらうという点では、やはり大和政権中心指向ですね。

いままで話に出た発生期古墳の実態が全国的に明らかにされないと、なんともいえないのですが、これまで発掘された方形周溝墓や発生期古墳、あるいはこれからも確認される可能性が充分ある初期の小規模な前方後円墳などを考慮すると、大和政権との随従関係は、かなり薄くなるように思われてならないのですが……

もちろん前方後円墳が特別な墓制だったことは確かなので、その造営は在地の政治集団のなかで、おそらく限定された首長墓として規制されていたでしょうけれど、はたして大和政権と関係をもたなければつくれなかったのだろうか…… 受容の問題は在地の首長権の成熟度を中心にして個別に検討してみる必要があるように思いますね。

「大和政権」と在地勢力の関係

石野 方形周溝墓からたどっていった場合に、中央の部分に突出部が出てくるというのは形式学的にはすんなり出てきません。隅の部分が切れている場合だったらそれはわかりますが、真中に広く出張っている、それは何か一つ加わらないと出てこないのではないか。

金井塚 それはそうですね。だから前方後方墳や前方後円墳に投影された思想、イデオロギーの問題がかなり重要だと思っています。前方後方形周溝墓にマウンドを復元すると、これはもう完全な前方後方墳です。規模は小さいですけれど……

石野 そうですね、前方後方墳とよぶべきですね。前方後方形周溝墓というのは妙な言い方です。

金井塚　そういった墓制を在地の族長層はかなり自主的に採択していたのでしょう。なぜそのような墳形を採用したのかは不明ですが……　そしてその規模がしだいに大きくなってくれば、定型化した前方後方墳になってしまう。畿内の特定勢力からつくることが認められなくても、在地の墓制の変遷のなかから造営条件が醸成されたというようなことがあってもよいと思っています。しかし、なんといっても規模の違いが目立ちます。規模の違いを説明するために先ほど言ったようなことを考えているのです。

石野　つくるということを認められたのではなくて、在地の人間がつくったのだと。

金井塚　つくっていたというか、そうですね。

石野　ただそのつくった場合に、そういう形をつくった契機はそれ以前につくっている近畿のほうにあるのではないか。近畿とつながったほうが得だと判断したのはその各地域のほうで、政治的に近畿のほうがお前つくれといったものではない、そう思うのです。

金井塚　そうですね、結びつくということは同盟みたいなものでしょう。前方後円墳なり前方後方墳なり、そういった墓制の採用は、畿内の特定勢力との結びつきがなければ生まれてこなかったという主張は、現在もっとも有力な考え方としてあります。それを国家的身分秩序形成と考える非常に強力な主張と、大和政権を軸にした同盟関係という形で理解しようとするゆるやかな政治関係と、把握の仕方は二つありますが、いずれも近畿を中心にした考え方で、前方後円墳をつくるかつくらないか、その鍵は畿内が握っていたという点では同じだと思います。

もちろん、私は前方後円墳の消滅の時期まで、大和政権の干渉がまったくなかったなどと考えてはおりません。前方後円墳、前方後方墳の出現をすべてそういった干渉を考えないと理解できないということが疑問なんです。

ただし今、私は在地の前方後円墳の出現を、あるいはその受容を、大和政権との関係にかわって説明できる材料は持ち合せていません。大和政権を主軸にした同盟関係の成立とか、連合政権の形成は、たしかに現時点では説得力のある、しかも魅力的な解釈ですね。そういった解釈が今後、方形周溝墓や初期古墳の新例をどう包みこんで理論展開していくかに興味がありますが、私の側からいえば、前方後円墳は政治的側面以外に宗教イデオロギー的側面もさらに検討しながら、在地の首長権力を体現する墓制として普遍した理由を、追究していく必要があるように思います。ただし、「到達論」では、前方後円墳出現の歴史的背景は説明できても、前方後円墳という特定墳墓が採用された理由は説明できません。

弥生・古墳の時代区分の再検討

石野　今日出なかった話で、弥生の墓と古墳の違いがあります。これは埋葬施設と副葬品の違いにあります。材料が不足しているのではなかなか出し難いのですが、最近奈良県の見田・大沢の古墳で、割竹形の木棺で鏡と玉と剣をもっているのが出てきました。それが纒向の1式という非常に古い段階のもので、幅をとってもいわゆる庄内式までの段階のものです。割竹形木棺というのは、これは古墳時代になると大王クラスの棺の構造であって、弥生時代の墓では未だかつてないものです。そして弥生の墓で近畿地方の場合には、とくに鏡が出るということはないことで、そういうものが非常に古い土器の段階に出てきている。

これは墳形は方形墳ですけが、方形墳であっても、そういう棺構造が古墳時代のものと同じであり、長さも従来の弥生の墓が身長いっぱいの二メートルぐらいであるのに対して、わずか一メートルの差で、三メートルぐらいのものです。前期古墳の棺はもっと長くて六、七メートルあってりっぱな竪穴式石室をもっていますから、そこにはかなりの差がありますけれども、一歩近づいていているわけです。長さの点でも、副葬品の点でも、いままで近畿の弥生にはないようなものを揃えてもっている、そういうものがあるので、その土器の段階はすでにもう古墳時代の様相を呈してきているということです。それを纒向の石塚と合わせて考えたら、この段階はやはり古墳時代とよばないと理解しがたいのではないかと思います。

金井塚　徳島県の柄鏡形積石塚からは、鏡や剣、玉が出土していますね。

石野　そうですね、東みよし町足代東原《あしろひがしばら》墳墓群ですね。そういう材料が各地で出ていますので、もうそのへんから古墳時代とよび、むしろ墳丘墓という言葉を使わずに、すっきり考えたほうがわかりやすいのではないかと思います。

金井塚　私もその点同感です。今日は十分討論できなかったのですが、そのためにも時代区分の問題はどうしても検討されなければならないでしょう。そしてそのうえで、「突如巨大化した」という前方後円墳の巨大さの意味が追跡されなければならない。

それと、いわゆる初期古墳や、いままで方形周溝墓・墳丘墓・台状墓といわれていたものも含めて、三世紀から四世紀代の墓制がもっと各地で具体的に把握される必要があるだろうと思います。しかも、いままでの時代区分に引きずられないで、その実態を基礎にした「移行期」の性格が検討されなければならない。その他、前方後円墳という墳形の問題や、それを採用した首長権の実態といったものが、大陸の墓制や葬送イデオロギーとの関連で、もっと追究されなければならないのではないかと思っています。

最後につけ加えさせていただきますと、前方後円墳の出現は、その消滅まで見通した歴史展開のうえに立って理論化されなければいけないのではないか、いいかえれば前方後円墳の出現を、単にとてつもなく大きな古墳がつくられた特定時期の問題として把握するのではなくて、少なくとも古代——これは私が先ほどいった二期区分の古代ですが——の歴史展開のなかで、出現の意義が位置づけられていかないと、本当の歴史的性格が把握されなくなるのではないかと思います。

その意味では、今日問題になったさまざまな事実の実証的な解明とともに、古代国家成立過程の追究、理論的な究明がどうしても必要になってくるように思われますね。

1985

出現期の古墳をめぐって

石野博信
白石太一郎

古墳の出現（石野）

はじめに、弥生時代の墓と古墳とを比較しながら、古墳的な要素がどういうふうに出てくるのかというお話をします。

弥生区画墓

区画墓というのは墓を区画しているという程度の意味です。縄文時代には墓地を区画するということはほとんどありません。ところが、弥生時代になると、関東を含めて、西日本を中心に方形周溝墓という、溝で一定の墓地を区画した墓があらわれます。

墓地を区画するという点では、古墳も同じです。航空写真などを見ますと、誉田御廟山《こんだごびょうやま》古墳（応神陵）、大山《だいせん》古墳（仁徳陵）にしても、きれいな前方後円墳ですが、前方後円の形に墓地をつくりあげて、その外側に濠をめぐらすのも区画をしているという点では同じです。あるいは、ずっと時代が下がって、中世の墓や現代の墓になっても、一坪ほどの範囲を石垣で囲ってそこに石塔を立てていますが、それも墓地を区画しているということになるかもしれません。

しかし、あえて弥生区画墓と使ったのは、弥生時代の方形周溝墓、あるいは台状墓とよばれている区画された墓と古墳との共通点、あるいは相違点はなんだろうかということを考えたいからです。弥生時代の墓と古墳時代の墓をくらべて考えるときに、弥生の場合は弥生時代中期ぐらいの墓を代表選手としてあげたいと思います。弥生時代中期は九州でも近畿でも、あるいは関東でも、それぞれの地域で水稲農耕が生活の中心になってきた時代です。つまり、それぞれの地域で主体的に稲作を始めた時期が弥生前期末・中期初めごろだろうと思いますが、そういう意味で弥生中期を弥生時代の墓を考える場合の代表選手に選びました。古墳時代のほうは、古墳時代の後期、およそ六世紀の時期は、四世紀、五世紀と若干違いますので、四世紀、五世紀、すなわち古墳時代の前期、中期という段階を代表として考えながら比較を進めていこうかと思います。また、弥生と古墳の間のややこしいところが今回のテーマですので、比較したあとで触れることにします。

方形・円形の周溝墓

弥生の墓と古墳をくらべていこうとすると、いろいろな要素がありますが、まず墓の形があります。弥生時代の中ごろの墓は先ほど言ったように方形周溝墓ですから、墓の周りに四角く溝をめぐらせたり、隅を切ったりしています。こういう墓は、弥生時代の前期の終わりごろに近畿地方に生まれますが、どういうわけか近畿よりも西のほうにはあまり広まらず、東へ東へと広がります。そして、弥生時代中期段階には関東まできています。

それにくらべて、古墳時代の前期、中期のだれもが古墳と考えるものは、円墳や方墳です。そうすると、円形の墓をつくるという新しい要素が古墳時代になると入ってくるということになりますが、弥生時代にも円形に墓地を区画するということは、まったくなかったわけではありません。

たとえば、兵庫県太子町の川島《かわしま》遺跡の円形周溝墓があります（図7）。丸く溝で区画して真ん中に埋葬施設をつくる例は、兵庫県の西部、もとの国名で言うと播磨《はりま》の地域に比較的多く、一〇例前後が知られています。その中の神戸市新保《しんぽ》遺跡は四分の一ぐらいしか発掘していませんが、まるで古墳の葺石のように墓に石を葺いたものが弥生中期段階に出ています。

しかし、全体として円形の墓そのものは少ししかありませんし、兵庫県西部の場合でも、丸い区画の墓が弥生時代中期の墓地の主流になっているというあり方をしている遺跡は一つもありません。方形周溝墓のほうが主流で、そのなかに若干丸い墓が混じるというかたちです。弥生後期になっても、同じ兵庫県西部の地域でも、丸い墓が増えてくるとか、主客転倒して丸のほうが中心になる遺跡が出てくるということはありません。

したがって、丸い墓が古墳の出現につながるようなかたちでは増えてこないというのが実態ではないかと思います。＊

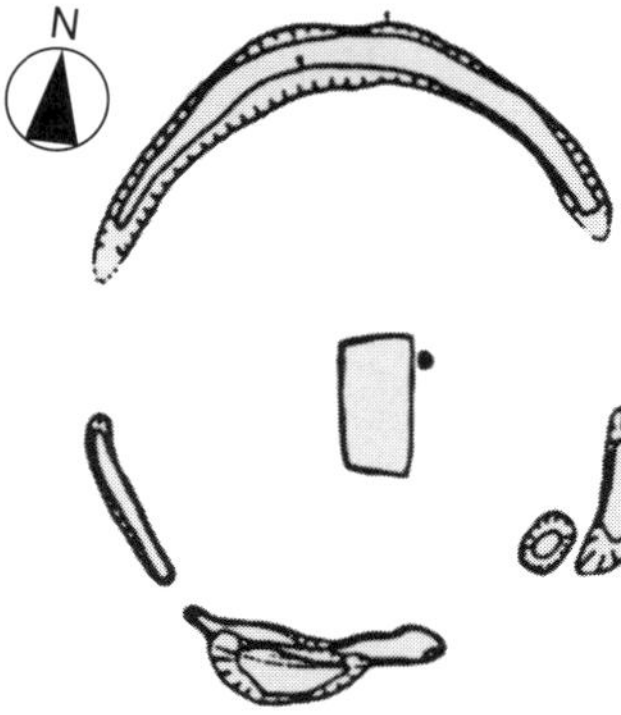

図7　川島遺跡の円形周溝墓

＊一九八五年の対談以後、一九九五年の香川県善通寺市龍川五条《たつかわごじょう》遺跡の円形周溝墓を契機として、丸亀市佐《さ》古川窪田《こがわくぼた》遺跡などで弥生前期後半以降の円形周溝墓群

が検出されている。ただし、佐古川窪田例は不整方形、不整円形の区画墓の密集で、神戸市深江北町遺跡などの三世紀の円形周溝墓群とは異質である。

円形の墓はいつごろ出現するか

墓の形の問題点の一つは、円形墓がいつから出てくるかということです。弥生中期にみられるけれども、それがずっとつづいて古墳時代に連なるようなかたちはいまのところわからないのです。ただ、弥生中期の円形墓との関係はわかりませんが、弥生の終わりから土器でいうと庄内式の時期になると、円形の墓がぼつぼつ出てきます。私は庄内式を古墳時代だと考えています。**図8**の岡山県のところに楯築《たてつき》遺跡をあげています。この遺跡は、大きな石垣をめぐらせ、円形の部分が中心にあって、その両側に張出《はりだし》を付けたもの、古墳時代の言葉でいうと中円双方墳の形と非常によく似ています。近畿地方では奈良県桜井市の纒向石塚《まきむくいしづか》なども直径六〇メートルの円の部分があって、それに前方部が付いています。

図8の纒向2式（庄内1式）、纒向3式（庄内2式）の欄を見ると、丸い部分に張出が付いた前方後円形の墓がこの段階であちらこちらに出てくるのがわかると思います。ただ、この図にはいくつか問題があります。ときどき点線を引いて下のほうに矢印を付けたものがありますが、これはいったいいつの時期の墓かという点で問題が多い墓です。墓の時期は出てくる土器などで決めますが、出てきた土器が何式なのかという点で、研究者によっていろいろ意見が分かれ

たりするので、そういう意見の幅を若干とりました。

墓自体の年代観にいろいろ問題はありますが、矢印のように年代を新しく考えてみても、いわゆる庄内式という時期に丸い墓があるという事実に変わりはありません。つまり、庄内式の段階にりっぱな前方後円墳があるのだということを言いたいのです。

これが墳形に関する一つの問題だと思います。要するに、円形墳はいつから出てくるのか、そして、それがずっと継続していくようになるのはいつからか、ということです。円形墳は弥生中期段階にあるけれどもそれは継続しない、継続するようになるのは庄内式の段階であって、その段階で出てくる前方後円形の墓は、その後も前方後円墳としてずっとつづいていっているのだということがこの図からわかると思います。

墓の外側の施設

つぎに、墓には葺石や埴輪のような墓の外側を飾るいろいろな施設がありますが、そういうものは弥生中期にはまずありません。先ほど神戸市新保遺跡に葺石が一例あると言いましたが、それを除くとありません。ただ、これは直接関係ないと思いますが、九州の福岡県あたりを中心にした地域では、弥生中期段階に高さ一メートル余りの真っ赤に色を塗った器台が生まれてきます。そういうものが墓地の周辺で大量にかたまって出ますが、九州でも弥生後期までは残りませんので、古墳とのからみではつづきません。

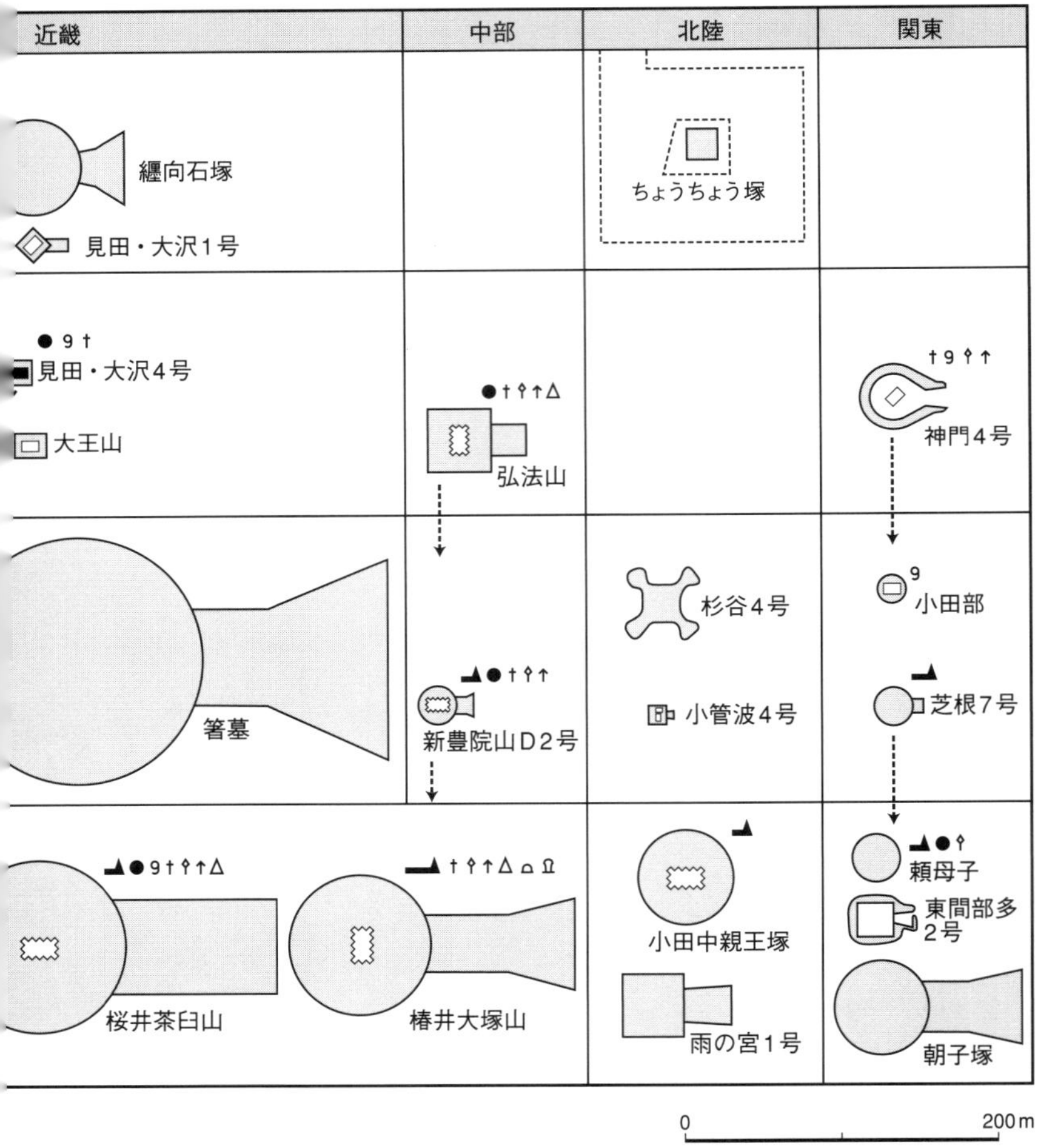
近畿
中部
北陸
関東
纒向石塚
見田・大沢1号
ちょうちょう塚
見田・大沢4号
大王山
弘法山
神門4号
箸墓
新豊院山D2号
杉谷4号
小管波4号
小田部
芝根7号
桜井茶臼山
椿井大塚山
小田中親王塚
雨の宮1号
頼母子
東間部多
2号
朝子塚
0
200m

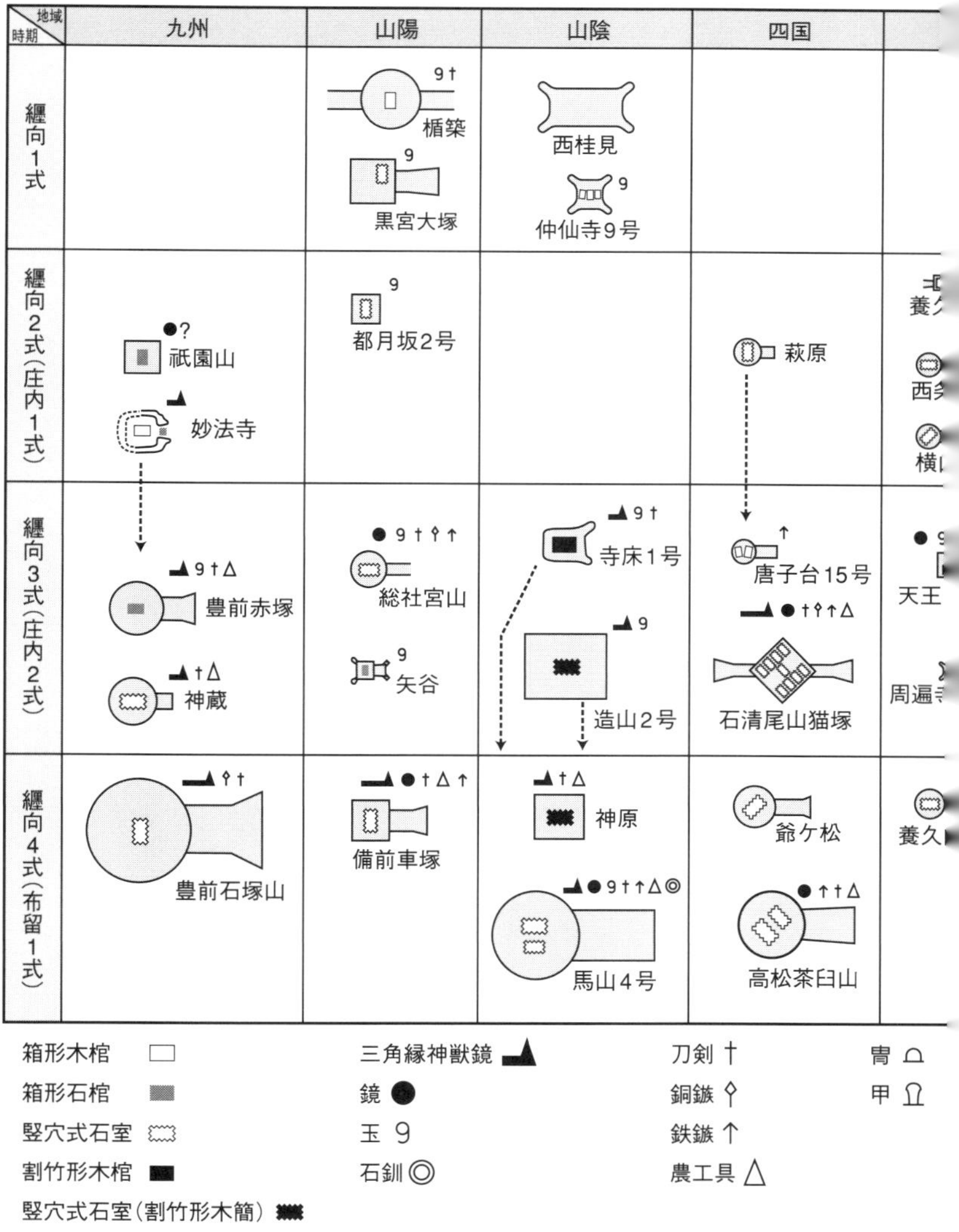
地域
時期
九州
山陽
山陰
四国
纒向1式
纒向2式（庄内1式）
纒向3式（庄内2式）
纒向4式（布留1式）
楯築
黒宮大塚
西桂見
仲仙寺9号
祇園山
妙法寺
都月坂2号
萩原
豊前赤塚
神蔵
総社宮山
矢谷
寺床1号
造山2号
唐子台15号
石清尾山猫塚
天王
豊前石塚山
備前車塚
神原
馬山4号
爺ケ松
高松茶臼山
箱形木棺
箱形石棺
竪穴式石室
割竹形木棺
竪穴式石室（割竹形木簡）
三角縁神獣鏡
鏡
玉
石釧
刀剣
銅鏃
鉄鏃
農工具
冑
甲

図8　前期古墳一覧

そのあと、それにかわってという問題がありますが、まるでそれにかわるような感じで祭祀専用の道具が出てくるのが岡山の地域です。特殊器台とよばれるもともと器台であったものを非常に大きくつくって、その器に箆《へら》描きで曲線文様や直線文様を刻んだ墓専用の祭祀用具が、弥生後期の終わりごろから岡山の地域にあらわれます。そういう点で、弥生時代の後期後半になると、埴輪につながるようなものが岡山の地域で出てくるということがいえると思いますが、それ以外に外側の施設というのはとくにありません。

周溝について

墓の外側の施設として一つ問題になるのは周溝です。墓を区画するために溝を掘りますが、弥生中期段階の溝は、たかだか幅二、三メートルぐらいです。古墳時代になると、幅一〇メートルとか二〇メートルというりっぱな周濠を掘りますので、古墳時代の周濠と弥生時代の周溝は、同じように溝で区画していますが、規模はまったく違います。

しかし、それも弥生か古墳かというややこしい時期になると、いろいろ問題があるわけです。奈良県大和高田市の黒石一〇号墓の場合は、四角く溝で区画していながら、溝を掘らない場所を四角の一辺中央につくっています（図9－1）。この部分は溝を掘らないで通路にしています。いま何千何万とある弥生時代の方形周溝墓のほとんどは隅を通路にしています。ところが、弥生時代の終わりごろになってくると、真ん中を通路にするものが少し出てきます。それが増え

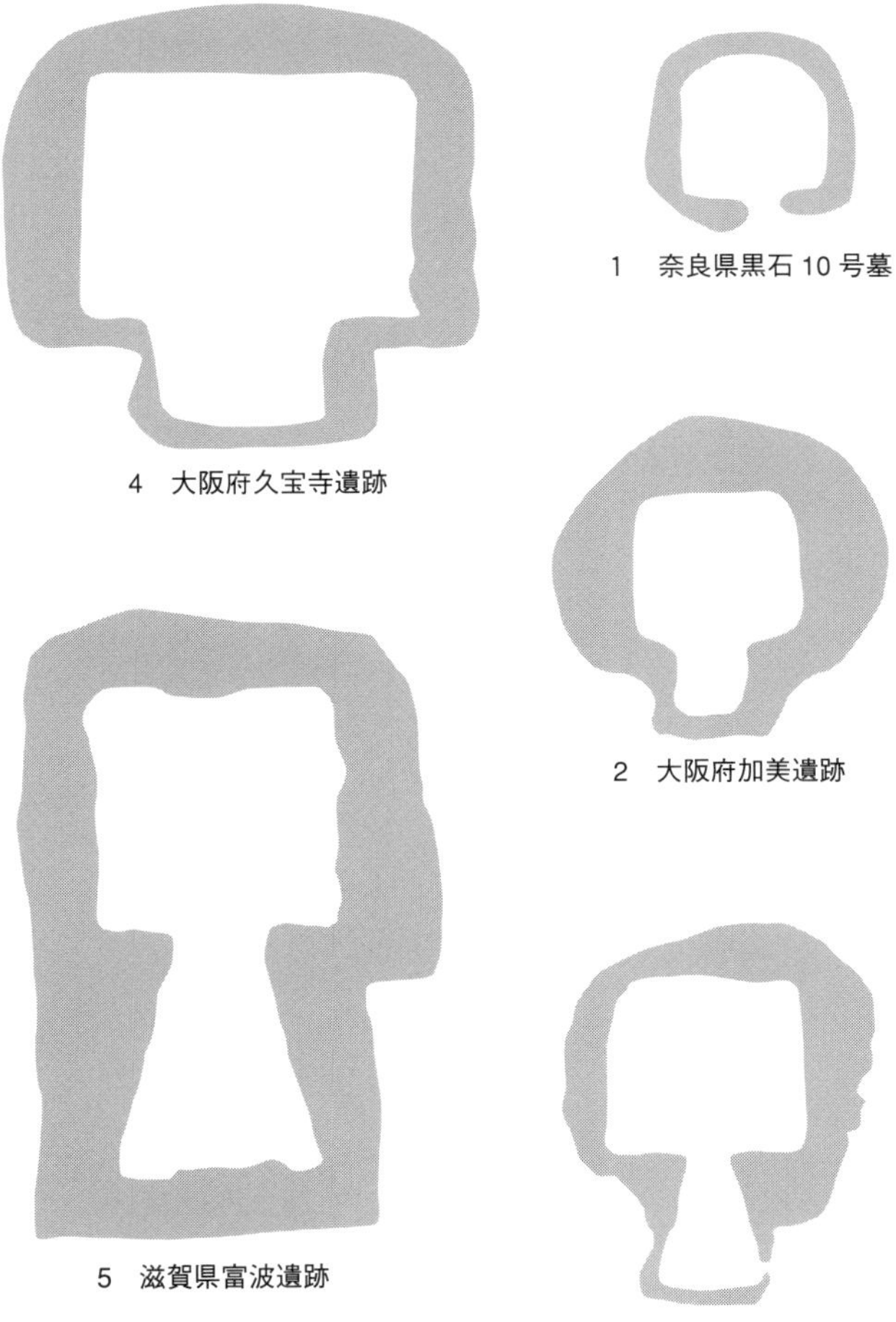

図9　前方後方形周溝墓

てくるのが庄内式という時期です。

弥生の方形周溝墓の場合も、盛土が一メートルぐらいあるということが最近わかってきています。通路にあたる部分に土がずっと出っ張ってきますと、張出のある四角い墓になりますが、張出がどんどんのびていけば前方後方墳です。話はそううまくはいきませんが、どうもそういうことになるのではないかと思われるものが後期の終わりから庄内式の時期にあらわれます。

大阪府八尾市の久宝寺《きゅうほうじ》遺跡（図9－4）も、弥生時代後期のそういうものの一つです。四角い部分に対して五メートル四方ぐらいの出っ張りがきちんと付いてきて、なおかつその周り全体に溝がめぐっているというのは、弥生時代を通じてたくさんある方形周溝墓のなかで、かつてなかったものです。

前方後方形周溝墓

そういうものを仲介にして、大阪市加美《かみ》遺跡の庄内式の段階の墓（図9－2）は、同じような出っ張りをもつ方形の墓であり、張出の部分がさらに大きくなってきたのが滋賀県野洲市の富《と》波《ば》遺跡の前方後方形周溝墓（図9－5）です。関東では群馬県鈴《すず》の宮《みや》遺跡（図9－3）ほか前方後方形周溝墓とよばれるものは山ほどあるという感じですが、そういうものは墓の一辺を通路にすることによって、だんだん出てくるのではないかと思います。

前方後方形周溝墓の前方部端に溝をもたない形のものは、前方部端に何も封鎖の施設がありません。問題は溝が前方部端を含めて全周するのはいったいいつかということです。墓の中に葬られる人が一般の村の人びとを寄せつけなくなる象徴が張出の先端部であろうと考えると、寄せつけない象徴としての溝がいったいいつ出てくるのかということが問題です。久宝寺遺跡は溝が回っていて、この辺がいまのところいちばん古い例だろうと思いますが、弥生後期の終わりごろです。それが非常にはっきりしてくるのは、富波遺跡の前方後方形周溝墓や関東の鈴の宮遺跡になるわけです。前方部が発達してきて、前方部の端を溝で区切ってしまうようになりますが、前方部の端の溝の幅は微妙です。たとえば、加美遺跡の場合、あるいは鈴の宮遺跡の場合は、前方部の溝が狭くなっています。

一般の人と、のちに前方後円墳とよばれるような張出の付いた墓に葬られる人に格段の差が出てきたのであれば、二者を分けるシンボルである前方部の溝の幅を後ろ側より広くしたらよさそうなものですが、いくつかの例をみると幅が狭くなっているので、その辺が一つの問題かと思います。

そういう問題はありますが、一辺の中央に通路をつくって、それがだんだん発達し、やがてここは通路ではない、通るなということで、張出を大きくして、そこにもたくさん土を盛って入ってこられないようにするという流れがあるようです。

棺の形について

古墳の形から離れて、埋葬施設、つまり棺の形を考えてみます。

弥生時代の埋葬施設の典型的な例は木棺です。いま近畿地方などでときどき出てくるのは、厚さ一〇センチぐらいで長さ二メートルぐらいのわりあい分厚い板を横板、小口の板、蓋の板というふうに組み合わせてつくった箱形の木棺です。これが弥生時代中期の普通の棺ですが、古墳時代の前期、中期の棺にもそういう箱形の棺はずっとつづいています。これを石でつくった場合は箱形石棺ですが、そういう非常に単純なものですから、各時代を通じてずっとあるようです。

それとは別に、古墳時代に入ると割竹形木棺が出てきます。前期、中期の大型古墳の中には直径一メートルぐらいあるのではないかと思われる大きな木を二つに割って、中をくりぬいて、長さも六、七メートルあるような棺がおさめられ、中にはいろいろな副葬品が入っているものがみられます。現物はなかなか出てきませんが、粘土の痕跡などからそういうことがわかるようなものがよくあるわけです。割竹形木棺は、いわば古墳時代の王者の棺ですが、それに類するものはいつごろ出てくるのかということです。

図8で細長く黒く塗りつぶしているのが割竹形木棺です。早い例としては、奈良県の見田《みた》・大沢《おおさわ》四号墳ですが、同じ近畿地方の神戸市天王山《てんのうざん》四号墳も割竹形木棺です。ですから、弥生時代か古墳時代かでもめている庄内式の段階には、のちに王者の棺として使われる割竹形木棺が

やはり出てきているのです。

ただし、庄内式の段階になるとすべての棺がそうなっているかというと、どうもそうではなさそうです。私はもう一つ前の段階だと思っていますが、少なくとも庄内式の段階から、竹を割ったような形をした棺が新しい要素としてあらわれるということです。

竪穴式石室

弥生時代には穴を掘って木の棺を入れて土で覆うだけですが、棺を置いてその周りを石で囲うようなやり方が古墳時代になるとあらわれて、竪穴式石室とよばれています。つまり、棺の外側に石積みで長細い部屋をつくるわけです。そういう竪穴式石室というものも庄内式の時期につくられるようになるらしいのですが、弥生時代中期段階にはそういうものはありません。

ただ、これはあまりつながらないかもしれませんが、愛媛県松山市の弥生時代前期の終わりごろの西野《にしの》Ⅲ遺跡では、棺の周りに石を五つ六つゴロゴロと置いている墓がみつかりました。それは、おそらく現場で木を組み合わせて、その押さえとして周りに石を置いたのではないかと思います。ですから、棺を囲う施設ではなくて、土で押さえるかわりに石で押さえたという意味合いのものかもしれません。しかし、もしそういうやり方が愛媛県なり山口県で、弥生中期から後期につづいていって、最初は五個置いた石が一〇個になり二〇個になったら、部屋になってくるわけです。そういう発展をするものであれば、歴史的な意味があるかと思いますが、いまのところあとにつづくようなかたちでは発展していないようです。

したがって、弥生時代の棺側石のようなものを別にしますと、竪穴式石室というか、棺の周りに空間をとるようなかたちで石で囲うというのは、庄内式の段階になってからです。図8では庄内式の段階のあちらこちらの古墳にみられます。山陽地方の黒宮大塚《くろみやおおつか》（岡山県倉敷市）や都月坂二号墓（岡山市）もそうですが、棺の外を囲うという点でも新しい要素が出てきます。

また、岡山大学の楯築遺跡の調査で、木棺が二重になっているという調査結果が発表されました。普通の弥生の棺の場合は、人間の体の大きさ程度の木棺がちょうど入るぐらいの穴を掘って入れていますが、楯築の場合は身長大の木棺とは別に大きな箱があって、その外側に大きな墓穴が掘られています。弥生の墓穴はせいぜい二メートル五〇程度だとしますと、四メートルか五メートルほどの大きな穴を掘って、調査された近藤義郎《こんどうよしろう》さんなどが木槨とよんでおられるような棺を覆う施設が山陽地方の楯築遺跡で出てきています。そういう棺の被覆施設は、弥生の終わりから庄内式の段階に出てくる新しい要素ではないかと思います。古墳時代になると、各王者の棺の埋葬施設としてそれが採用されて大きくなっていきますが、そういうものの先がけになるものかもしれません。

副葬品

副葬品の問題点ですが、九州では弥生時代になると鏡とか玉のような副葬品がたくさんあるけれども、近畿地方にはほとんどないとよく言われています。それは事実ですが、あまりにも大きく宣伝されすぎていると思います。

九州では一つの遺跡から二、三百という甕棺が出てくる遺跡がいくつかあります。この間も九州に行って、向こうの人たちと九州ではいったい甕棺はいくつあるのだろうという話をしたところ、向こうの人も数え切れないほどあるので、数えたことがないそうです。五千だろうか、一万だろうかと言っていましたが、数ははっきりわかりませんでした。

ですから、いま何千という甕棺が出ていますが、弥生中期の段階の甕棺を百ほど掘っても、青銅器類が一点も出てこないというほうが多いのです。ところが、ときたまりっぱな剣や鏡が出てくるものですから、新聞やテレビで報道されると、あ、また出たかということになって、九州は多いなという印象になります。墓の数からすると、もっている人は非常に少なくて、特定の人がもっているだけです。

しかし、近畿地方では特定の人でさえもっていません。あったとしても、兵庫県尼崎市田能《たのう》遺跡の弥生中期の墓で碧玉の管玉を千個近く、つなげば一連か二連になりますが、ああ、たくさん出たなということになる程度です。それ以外にもいくつか玉類をもつ例はありますが、ほとんどもっていません。

日本列島をずっとみると、九州の特定の人を除けば、弥生中期段階では棺の中に副葬品を入れるということはないのです。たまには副葬品ではなくて着装品がありますが、身に着けていた首飾りなどを着けたまま納めたものであって、葬に際して副えたものではないもののほうが多いのです。むしろ関東の弥生後期段階の墓からガラスの玉が何個か出てきたという例があり、近畿地方よりも多いのではないかと思います。その辺は別の問題として注目する必要がありますが、関東のほうがより九州的である、墓から出てくる品物だけで近畿とくらべると、金持ちであると言えるぐらい、関東のほうが多いようです。それにしても、古墳にくらべると副葬品は非常に少ないわけです。前期、中期の前方後円墳ですと、鏡もたくさん出ますし、剣や刀が出たり、工具類とか、いろいろなものがたくさん出てきます。

それでは、そういうことはいつからおこったのかということになりますが、それもやはり庄内式という時期だと思います。図8では、鏡は黒い丸、玉は9の字のような形とか、いろいろなしるしでかいていますが、庄内式の段階になると、確実に鏡をもった墓、あるいは剣をもった墓が出てきます。つまり、近畿地方でもかつてなかったことがこの段階になるとおこってきているのです。

鏡のなかでも、邪馬台国の女王卑弥呼が使いを遣わして魏からもらってきたのではないかといわれている三角縁神獣鏡という有名な鏡がありますが、中国の漢の時代の鏡なら弥生にあっても構いません。九州で現に出てきています。ところが、三角縁神獣鏡が庄内式の段階にあるなどということはありえないということになっていますが、私はそういう鏡でさえこの時期に出てきていると考えています。

その一つが、福岡県那珂川町妙法寺《みょうほうじ》遺跡の前方後方形墓から出ています。つぎの纒向3式＝庄内式の新しいほうの段階になると、三角縁神獣鏡がいくつか出ています。たとえば、香川県高松市石清《いわせ》尾山《おやま》猫塚《ねこづか》と群馬県玉村町芝根《しばね》七号墳の例があります。

しかし、この辺は本当に庄内式なのか、もしかするとこれはつぎの段階の布留式というだれもが古墳と認める時期のものではないか、お前はなんでもかんでも古くして、古いぞ、古いぞと言っているだけであって、本当は全部新しいのではないかという意見が当然出てきます。したがって、この古墳はここまでくるというのは譲りますよというのがあらかじめ点線でかいてありますが、それを譲っても譲れないものがいくつか残ってくるというのが図8です。

鏡類にしても、剣や刀にしても、弥生時代か古墳時代かわけのわからない庄内式という時期にたくさん墓の中に入れられるようになりますが、それは近畿だけではなくて、九州でも、関東でも、この段階になるとそういう傾向がみられます。前方後円墳という古墳の形でいっても、割竹形木棺という埋葬施設の形でいっても、あるいは副葬品が量的にも増えるし、質的にも古墳につながっていく様相を示しているという点においても、そういうことがみられるのは庄内式の最初の段階ですから、この辺が弥生墓と古墳との違いになってくる時期ではないかと思います。

墳丘墓と古墳（白石）

現在のところ、考古学研究者のなかに、古墳の出現をめぐって大きく分けると二つの相異なった考え方があります。その一つは石野さんのように、庄内1式前後の段階からすでに古墳とよぶべきものは出現しているという考え方です。もう一つは、私自身もそうですが、先に石野さんがお話しになったようなものは、古墳の出現を考えるうえで非常に重要な要素であるけれども、古墳はそういった諸要素が組み合わさって、一つの形式として完成された特殊なお墓として成立したものととらえたほうがいいのではないか。したがって古墳とよぶべきものは、庄内2式の終わりごろにならないと出てこないのではないかという考え方です。

大きく分けると、そういう二つの意見の違いがありますが、いまこうした古墳時代の研究者のなかにある二つの考え方の違いを明確にご理解いただき、問題の所在をつかんでいただくためには、石野さんの考え方に対する私の疑問点をお話しするのがいいのではないでしょうか。

墳丘墓の変遷段階

古墳の出現については、問題を二つに分けて考えるのがいいのではないかと思います。

一つは、事実関係として日本列島において古墳とよべるような大きな墳丘をもったお墓がいつごろからどのような段階を経て成立したかという問題です。

もう一つは、その事実関係を踏まえて、そういった大型の墳丘墓の形成過程のなかで、いったいどの辺にもっとも重要な画期を求めることができるのかという問題です。これがすなわち古墳出現の問題にかかわるわけです。

この二つの問題は当然関連しますので、切り離しては考えられませんが、話の順序として分けてお話ししたいと思います。そこで、まず古墳とよばれるような大型の墳丘墓の出現の過程について話させていただきます。すでに石野さんが関西大学考古学研究室の『三十周年記念論叢』に、「古墳出現期の具体相」としてそのお考えを述べておられます。その中で日本における墳丘墓の出現・発達の過程を大きく三つの段階に分けて考えるのがいいのではないかと言っておられますが、私も基本的にはそれでいいのではないかと考えています。

まず第一の段階は、盛土をもった墳丘墓がはじめて出現してくる段階です。石野さんは区画墓という言葉を使われましたが、これは非常に慎重な言葉の使い方で、たとえば方形周溝墓のように周りに溝をめぐらせたお墓は方形の区画墓であるということです。それは確かに間違いではありません。しかし、最近では方形周溝墓とよばれているようなものは周りを溝で囲まれているけれども、溝の内側に若干の高まりをもった墳丘墓であろうと考えられています。

ですから、とくに古墳の出現を問題にする場合は、区画の存在よりはむしろ墳丘の存在こそ問題にされるべきであって、私は石野さんのお話は、区画墓の出現、あるいはその変遷というよりも、墳丘墓の出現であり、その変遷のお話と言い換えてもさしつかえないと思います。

いずれにしても、周りに溝をめぐらせた低墳丘墓は、すでに弥生時代の前期の終わりごろには近畿地方などで成立していたことが知られています。そして、それが弥生時代の中ごろになると関東地方などにも広く及んでいるということが明らかになってきたわけです。こうしたある程度の墳丘をもった日本の古い墳丘墓は基本的にはいずれも方形であったようですが、方形の低墳丘墓が出てくる弥生前期から中期の段階を第一段階と考えることができます。

墳丘墓の第二段階

第二段階は、そういった低墳丘墓がしだいに大きくなってくる段階です。弥生時代の後期から終末期になると、岡山県の楯築墳丘墓あるいは石野さんらが調査された奈良県桜井市の纒向石塚墳丘墓（図4参照）などがあらわれます。石塚墳丘墓は完全に調査がおこなわれていないので、本当にその時期の墳丘墓だと断言はできませんが、まず間違いないものだろうと思われます。これらは直径四〇〜五〇メートル、あるいはそれを超えるようなきわめて大規模な円丘が中心で、いずれも突出部を付設していますが、そういった大型の墳丘墓が出てくる段階を第二段階と考えることができるのではないかと思います。

図8には、第二段階の大規模な墳丘をもった墳丘墓の実例が整理されていますが、これでいうと、纒向1式から纒向2式、それから纒向3式の段階がまさに第二段階です。この時期の墳丘墓の形態はさまざまです。伝統的な方形の墳丘墓もあれば、方形の墳丘墓の四隅だけを突出

させた四隅突出型方形墳丘墓とよばれる山陰地方の古いところにあがっているもの、あるいは円形の墳丘墓もみられます。この円形のお墓にも、それに至る通路が発達したというか、通路から変形してきたと思われる突出部をもった、のちの前方後円墳の祖形と考えていいようなものが出てきます。さらに、四角い墳丘墓についても、やはり突出部をもった、のちの前方後方墳につながるものと考えてもさしつかえないようなものが出てくるといったように、さまざまな形の墳丘墓が日本列島の各地に営まれるわけです。

とくに注意されるのは、それらがきわめてはっきりとした地域的な特色をもっていることです。そのもっとも顕著な例が山陰地方、今日の島根県から鳥取県の範囲に濃密にみられる四隅突出型方形墳丘墓です。そのなかには、鳥取市の西桂見《にしかつらみ》遺跡のもののように、一辺の長さが五〇〜六〇メートルという大きなものがみられます。この時期は、私に言わせるとまだ古墳が出現する以前ですから弥生時代の終末期と言っていいと思いますが、弥生時代の後期から終末期には、山陰地方の有力な首長たちはいずれもまったく同じような形態の四隅突出型方形墳丘墓を営んでいたということになるわけです。

吉備《きび》とよばれる岡山県から広島県の一部にかけての地域、律令体制の国で言うと、備前《びぜん》、備中《びっちゅう》、備後《びんご》、美作《みまさか》とよばれる範囲では、墳丘の形態は必ずしも統一されていませんが、のちの古墳の円筒埴輪につながる特殊器台とその上にのせる特殊壺という、墳墓に供献するために特別に飾られたりっぱな土器が墳丘をもった首長墓に供献されるようになります。その範囲は、例外的に出雲などにもみられますが、基本的には吉備の範囲に限られています。この段階においては吉備各地の有力な首長たちは亡くなると、まったく共通の葬送儀礼にもとづいて墳丘墓に埋葬されていたということになると思います。このように、第二段階の墳丘墓のなかにはきわめて大規模なものも出てきますが、それぞれ各地域ごとに顕著な地域的特色をもっているということが指摘できます。

墳丘墓の第三段階

第三段階になりますと、そういった第二段階のきわめて地域色の強い墳丘をもった首長墓のなかから、今度はそういった地域色が消えてしまって、きわめて画一的な内容をもった、さらに巨大な墳丘墓がたくさんつくられるようになります。私はこれを古墳とよびたいわけです。その画一的な内容というのは、一つは墳丘の形態で、ほとんど全部前方後円形、あるいは前方後方形という形態をしています。奈良県桜井市の箸墓《はしはか》（図10）が典型的な例ですが、前方後円墳といっても、前方部の先端が三味線の撥《ばち》のように開くという平面形態上の特色をもっています。この点は奈良県の箸墓古墳も北部九州に築かれた福岡県苅田《かんだ》町の石塚山《いしづかやま》古墳なども同じような形態です。前方後方墳の場合も、やはり前方部の先端が撥形に開くという特色をもっています。

埋葬施設については、出現期の前方後円墳、あるいは前方後方墳の埋葬施設は基本的にはみ

図 10　箸墓古墳

な同じです。古墳の墳頂部に大きな土壙を掘って、その土壙の底に粘土を置きますが、これを粘土床とよんでいます。この粘土床の上に、巨大な丸木を半裁してその内側をくりぬいた割竹形木棺を置きます。この木棺は長さ数メートル前後のものが一般的ですが、そういう非常に長い割竹形木棺を納め、周りに石を積み上げて、厳重に封じ込めます。上には大きな天井石をのせ、さらにそれを粘土でカバーして埋めてしまいます。これが竪穴式石室とよばれるものです。きわめて厳密な約束事にもとづいておこなわれた埋葬の結果として同じような石の室がのこされたものにほかなりません。若干の相違はありますが、近畿地方の古墳も、九州の古墳も、吉備地方の古墳も、こういった共通の約束事にもとづいて埋葬儀礼が執行され、その結果、こういった共通の竪穴式石室がのこされているわけです。

副葬品については、三角縁神獣鏡を中心とする多量の鏡、鉄製の武器・武具、鉄製の農工具、それに装身具である玉類などからなるこれまたきわめて画一的なものです。

こうした画一的な内容をもって各地に出現する巨大な墳丘墓を私は古墳とよんでいますが、そういった墳丘墓が第三段階になるとあらわれてきます。この出現期の古墳は、瀬戸内海沿岸ないしは瀬戸内に注ぐ河川の流域と北部九州の玄界灘の沿岸地域にまずあらわれます。東は大和から畿内一円、播磨、吉備、讃岐《さぬき》、そして北部九州の範囲に、画一的な内容をもった定型化した古墳がまず出現してくると私は考えています。

大型墳丘墓の年代

このように、日本における大型の墳丘墓の出現の過程は、三つの段階に分けて考えることができます。石野さんも三段階に分ける考え方は同じで、第一段階は方形の区画墓の出現期、第二段階は前方後円形のお墓などが出現した段階、第三段階は前方後円墳のお墓の拡張期であるととらえておられます。ただ、石野さんは、主として第二段階にあたる纒向1・2・3式の時期に大きな画期があって第二段階の墳丘墓のいくつかはすでに古墳とよぶべきであると考えておられます。

石野さんがおつくりになった**図8**では、石野さんご自身も、年代の決定については問題がある、自分は基本的にはこの図のように考えているが、場合によっては点線の矢印で示したところに下がってくる可能性も考えられるとおっしゃっておられます。

この時期の墳丘墓の年代を決めるのはなかなか難しいのです。**図8**を個々に検討すると、やはり相当問題があると思います。やや専門的な話になりますが、これは古墳の出現の問題を考えるうえで基本的に重要なことですので、少し具体的にみていきます。

祇園山古墳の年代

図8の九州の纒向2式の段階に、福岡県久留米市の祇園山《ぎおんやま》という四角い墳丘墓があります（**図11**）。祇園山古墳は、実にみごとな方形の古墳で、二段に築成され、斜面には葺石が葺かれて

います。墳頂部に埋葬施設がありますが、これはこの地方では弥生後期から盛んに営まれる箱式石棺とよばれているものです。ですから、これは前方後円墳でも前方後方墳でもありませんし、竪穴式石室ももっていません。したがって、私が先ほど申し上げた出現期の古墳の定義にはあてはまりません。

まず問題はその年代です。この古墳の墳頂部のいちばん中心になる埋葬施設は、早く盗掘にあって、すでに副葬品は失われていますが、近くの高良神社にここから出たと伝えられる「天王日月」の銘をもった三神三獣の獣帯文三角縁神獣鏡が所蔵されています。それから、祇園山古墳の周りには、たくさんの埋葬がおこなわれています。そのほとんどは箱式石棺、あるいは木棺直葬墓ですが、その中に三つか四つ甕棺墓が含まれています。甕棺といわれるものは、土器の甕をそのまま棺に使ったものです。九州地方では弥生時代前期の後半から盛んになって、埋葬用に特別につくられた甕棺がたくさんみられます。

祇園山古墳の北西の墳丘外のところから出た甕棺が、祇園山古墳外周第一号甕棺とよばれているものです。甕棺は本来は平底ですが、ここでは平らな底はなくなっていて、丸底というか、尖底ぎみになってしまっているので、九州の甕棺としてはいちばん新しい段階のものになります。

私は九州の土器についてはよく知りませんので、九州の研究者の物差を使わせていただきます。福岡県の教育委員会におられる柳田康雄《やなぎだやすお》さんは『魏志』倭人伝に出てくる伊都国、今日の

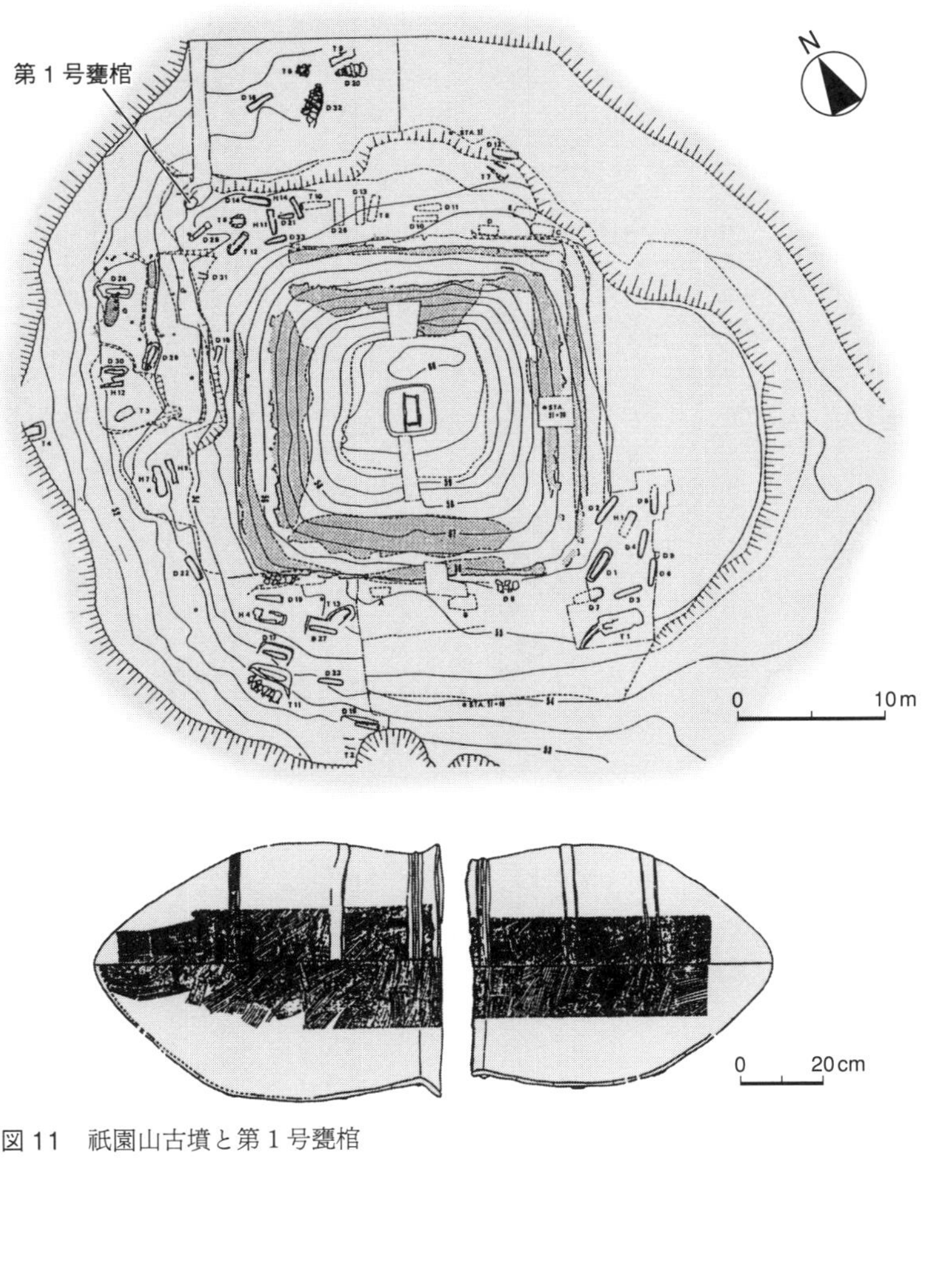

図11　祇園山古墳と第1号甕棺

糸島郡前原町（糸島市）付近を中心に重要な遺跡をたくさん調査しておられますが、この柳田さんが糸島地方の土器の編年を中心に、北部九州地方のこの時期の土器の編年研究を整理していらっしゃいます。

柳田さんは、この甕棺は土師器としては第二段階のII―A型式にあたると考えておられます。この柳田さんのおっしゃる土師器のII―Aをすぐに近畿地方の型式に結びつけるのは難しいわけですが、いろいろな点を勘案して近畿地方へもってくると、庄内としてはいちばん新しいところ、あるいは布留式のいちばん古いところぐらいに下げざるをえないものだと考えています。おそらく、これは布留1式の段階に並行するものだと思います。

もちろん、この甕棺は墳丘の外に営まれているので、古墳の年代とまったく同じというわけではありません。しかし、祇園山古墳の周りに営まれている埋葬群は墳丘の下には及ばず、明らかにこの古墳がつくられて以降、その周りにこういった埋葬がたくさんおこなわれたのではないかと考えられています。この甕棺は周辺の埋葬群ではもっともさかのぼる時期のもので、だいたいこの古墳の年代をあらわすものだと考えてもさしつかえないと思われます。したがって、この甕棺の年代から考える限り、祇園山古墳の年代は、**図8**ではいちばん下の纒向4式並行のところまで下げざるをえないのではないかと思います。

実は、九州地方は弥生時代には方形周溝墓がほとんどみられなかった地域です。最近では弥生時代の墳丘墓が若干みつかっていますが、ほかの地域とくらべて九州地方は、方形の墳丘墓をつくることにあまり熱心ではなかったようです。そういうなかで、突然こういった大型の方形の墳丘墓があらわれますが、これは段築や葺石の存在などからも明らかに定型化した古墳の影響を受けていると思います。図8によると、すでに纒向3式の段階に、豊前の宇佐神宮の近くにある赤塚《あかつか》古墳（大分県宇佐市）のような定型化した前方後円墳が九州でも営まれていますが、祇園山古墳は、そういう定型化した古墳の影響を受けて成立した大型の墳丘墓であって、そういう意味では古墳と考えてさしつかえないと思います。

ですから、図8にあげてある祇園山一つをとっても、その年代には大いに問題があります。またその下の妙法寺という前面に通路をもった方形の墳丘墓についても、柳田さんはやはり土師器のII—Aの型式まで下がるものだと考えておられますので、これまた同じように纒向4式の段階まで下げて考えざるをえないと思います。

三角縁神獣鏡の年代

それから、祇園山からは三角縁神獣鏡が出ている可能性がきわめて大きいわけです。さらに、妙法寺の前面に通路をもった方形の低墳丘墓からも、陳是作三神六獣三角縁神獣鏡がみつかっています。したがって、祇園山や妙法寺を纒向2式の段階まで上げられないことは土器からも主張できると思いますし、三角縁神獣鏡をもっているということ自体、到底これらの墳丘墓が纒向2式の時期まで上がらないということを示しています。

三角縁神獣鏡についてはいろいろな議論がありますが、そのなかで景初三年（二三九）、正始元年（二四〇）という魏の年号銘をもったものが知られています。中国社会科学院の王仲殊《おうちゅうしゅ》先生なども、日本でつくられたにしても、それがつくられたのは三国時代であろうと考えておられるようですが、銘をもった景初三年鏡、正始元年鏡は、三角縁神獣鏡のなかでも文様構成がきわめて特異なもので、内区に彫り出されている文様の神像や獣形がいずれも上のほうを向いて、同じ方向に配されています。それに対して、祇園山や妙法寺を含めて、日本の古墳から出てくる多くの三角縁神獣鏡の文様は、対置式であって、神像も獣形も中心の鈕のほうに向かって配されています。

中国における鏡の研究からも、景初三年鏡、あるいは正始元年鏡のような同向式のものが古くて、対置式のものが新しいことが知られています。そういう点から、祇園山、あるいは妙法寺にみられる三角縁神獣鏡の年代は、三世紀中葉ないしそれ以降のものと考えざるをえないのではないかと思います。

石野さんは絶対年代のお話をなさいませんでしたが、おそらく纒向2式は三世紀の前半から中葉ごろだと考えておられると思います。私もこの点はほぼ同意見ですが、そうすると、三角縁神獣鏡の年代から考えても祇園山や妙法寺は到底そういう古いところまではもっていけないわけです。

鶴尾神社四号墳

図8には入っていませんが、香川県高松市の鶴尾神社《つるおじんじゃ》四号墳は古墳の出現を考えるうえできわめて重要な古墳です（図12）。積石塚で有名な石清尾山古墳群の中にある積石塚の前方後円墳で、すでに乱掘されています。方格規矩鏡などもみつかっていますが、それ以外にも刀剣や土器などが出ていたようです。

ところが最近、県の教育委員会によって発掘調査がおこなわれて、この積石塚の前方後円墳にともなう土器の実態が明らかになりました。調査をした香川県教育委員会の渡部明夫《わたなべあきお》さんの考え方によると、これらの土器群、とくに下開きの頸部をもって、強く外反した口縁をもった特殊な壺形土器の年代は、瀬戸内地方で酒津《さかつ》式とよばれている土器の段階であって、布留1式まで下がらないことは確かであるけれども、その直前ぐらいのものであろうということです。私も纒向3式並行と考えていいのではないかと思います。

この積石塚はまさに前方後円形で、埋葬施設は典型的な竪穴式石室、しかも天井の高い古式の竪穴式石室です。そして、鏡や鉄製武器類からなる副葬品をもっているので、明らかに定型化した古墳ですが、そういった定型化した古墳の出現の年代が土器のうえで纒向3式（庄内2式）の段階であるということを示す非常にいい資料だと考えています。

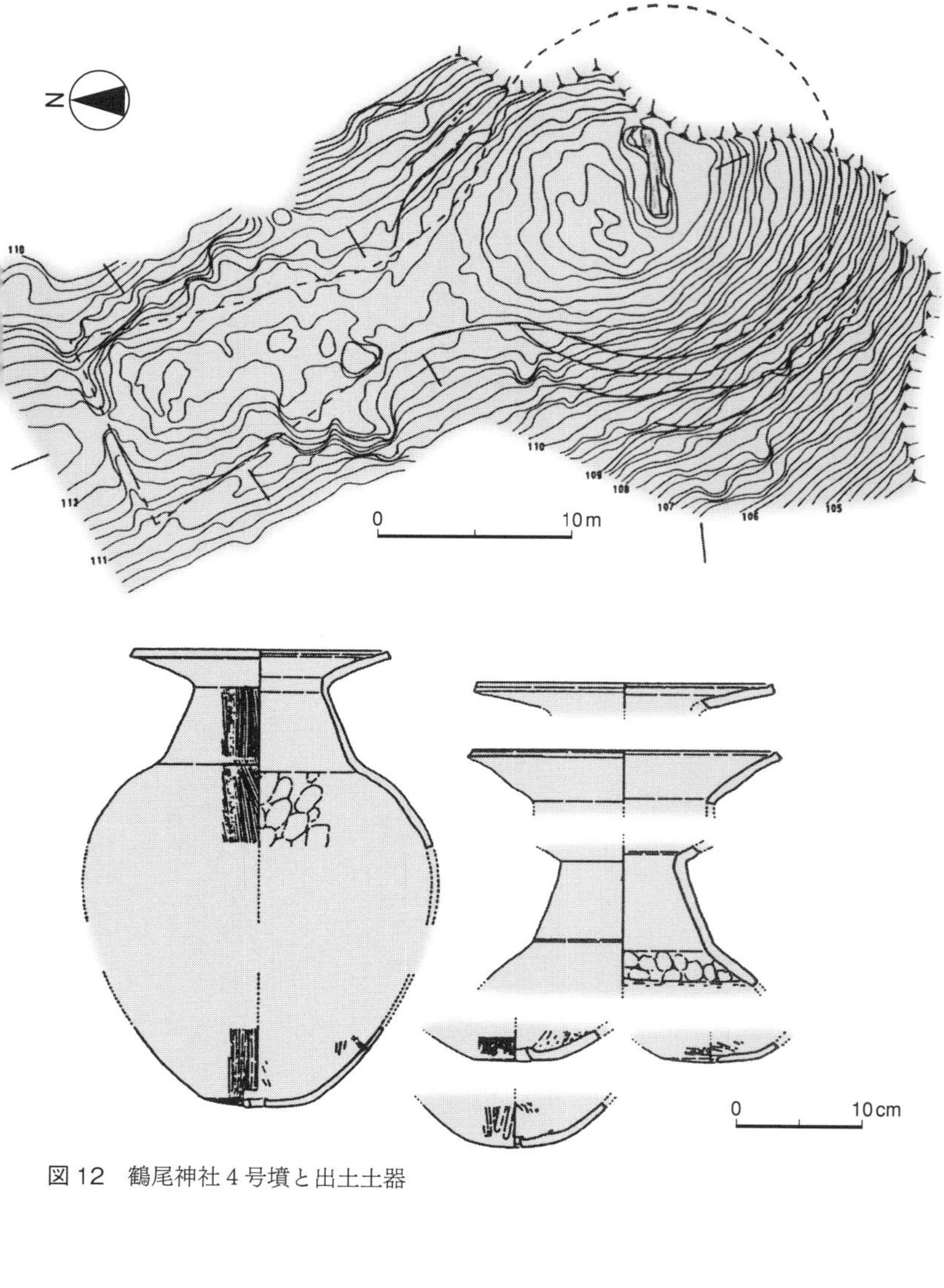

図12　鶴尾神社4号墳と出土土器

寺床一号墳

島根県松江市の寺床《てらどこ》一号墳は、図8では、纒向3式（庄内2式）の段階にあげておられますが、方形の大きな墳丘墓で、墳頂部から大きな墓壙が掘られています（図13）。墓壙の底に大量の礫を敷いて、その上におそらく割竹形木棺かと思われる木棺を安置して埋め込んだ埋葬施設をもっています。副葬品としては、鏡、少量ですが鉄製武器類、漁具のヤスのようなもの、それから玉類をもっています。

これは竪穴式石室ではありませんが、明らかに竪穴式石室の影響を受けた埋葬施設であろうと思われます。竪穴式石室は、底部に粘土を敷き、その上に棺を置いて、周りに石の壁をつくりますが、少し新しくなると、簡略型式として粘土槨が出てきます。粘土槨というのは、石で包み込むかわりに、墓壙の底に大量の礫を敷き、粘土を敷いて棺を置き、それを粘土でカバーしてしまうというものです。寺床一号墳の中心主体の構造は、粘土槨の下部構造と共通しているので、明らかに竪穴式石室の影響を受けたものであろうと考えています。

土器については、この古墳を調査した島根県教育委員会の松本岩雄《まつもといわお》さんは、出雲地方でいう小谷《こたに》式、近畿地方にもってくると、纒向4式（布留1式）に並行する段階の土器だと考えておられます。私もそれでいいのではないかと思います。

したがって、石野さんご自身も点線で少し下げておられますが、寺床一号墳も纒向4式の段階まで下げざるをえないもので、内部構造も明らかに古墳の影響を受けているから、古墳に含

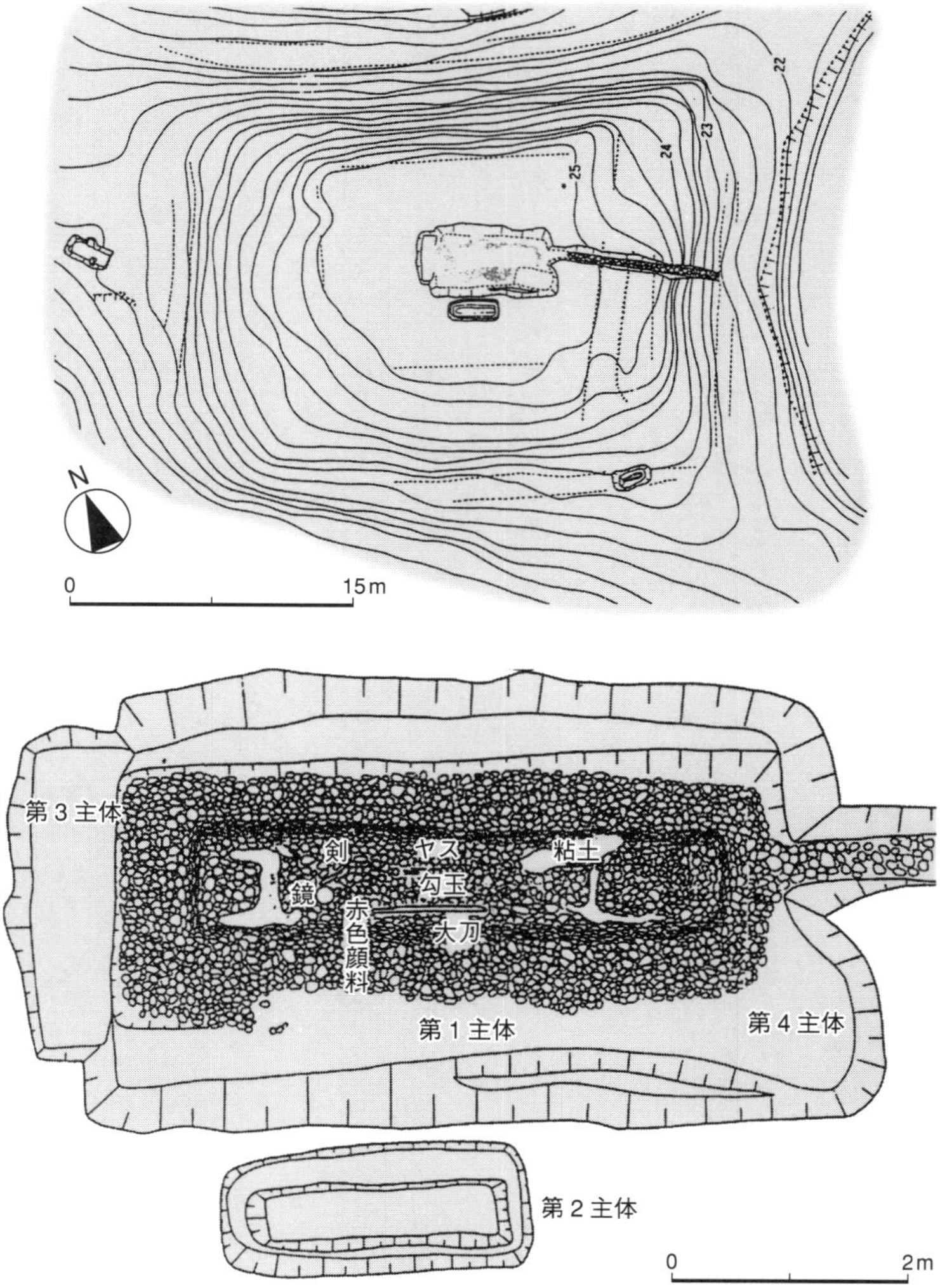

図13　寺床１号墳と埋葬施設

めて寺床一号墳とよんでいいものだと思います。

見田・大沢古墳群

近畿地方では図8の纒向1式の段階に見田・大沢一号墳(奈良県宇陀市)をあげておられます。これは前方後方形の墳丘をもっていますが、主軸がずれていて、きわめて特異な形です。この一号墳は、ずっと新しい時期の六世紀になって再利用されていて、そこに大きな埋葬施設が掘られていています。そのために最初の埋葬施設が破壊され、ごく一部がのこっていたにすぎませんが、そこから供献土器として纒向1式と考えられている土器が出土しています。

見田・大沢古墳群のある奈良県の宇陀地方では庄内式の段階の墳丘墓がたくさんみつかっているので、これもおそらく纒向1式の時期でいいと思いますが、発掘中の見学の際の所見、あるいは報告書を読ませていただいて判断した限りでは、纒向1式の段階からこういった突出部をもったある種の前方後方形の墳丘墓であったという確証はまったくありません。したがって、見田・大沢一号墳については、時期はこれでいいのでしょうが、墳形がこういった形をしていたとは必ずしもいえないのではないかと思います。

さらに、見田・大沢四号墳についても纒向2式の段階にあげておられますが、私はこれも少し下がると考えています。それに副葬品の獣形鏡(図14)は明らかに古墳時代前期中葉以降のもので、古墳の年代は纒向4式まで下げざるをえないと思います。

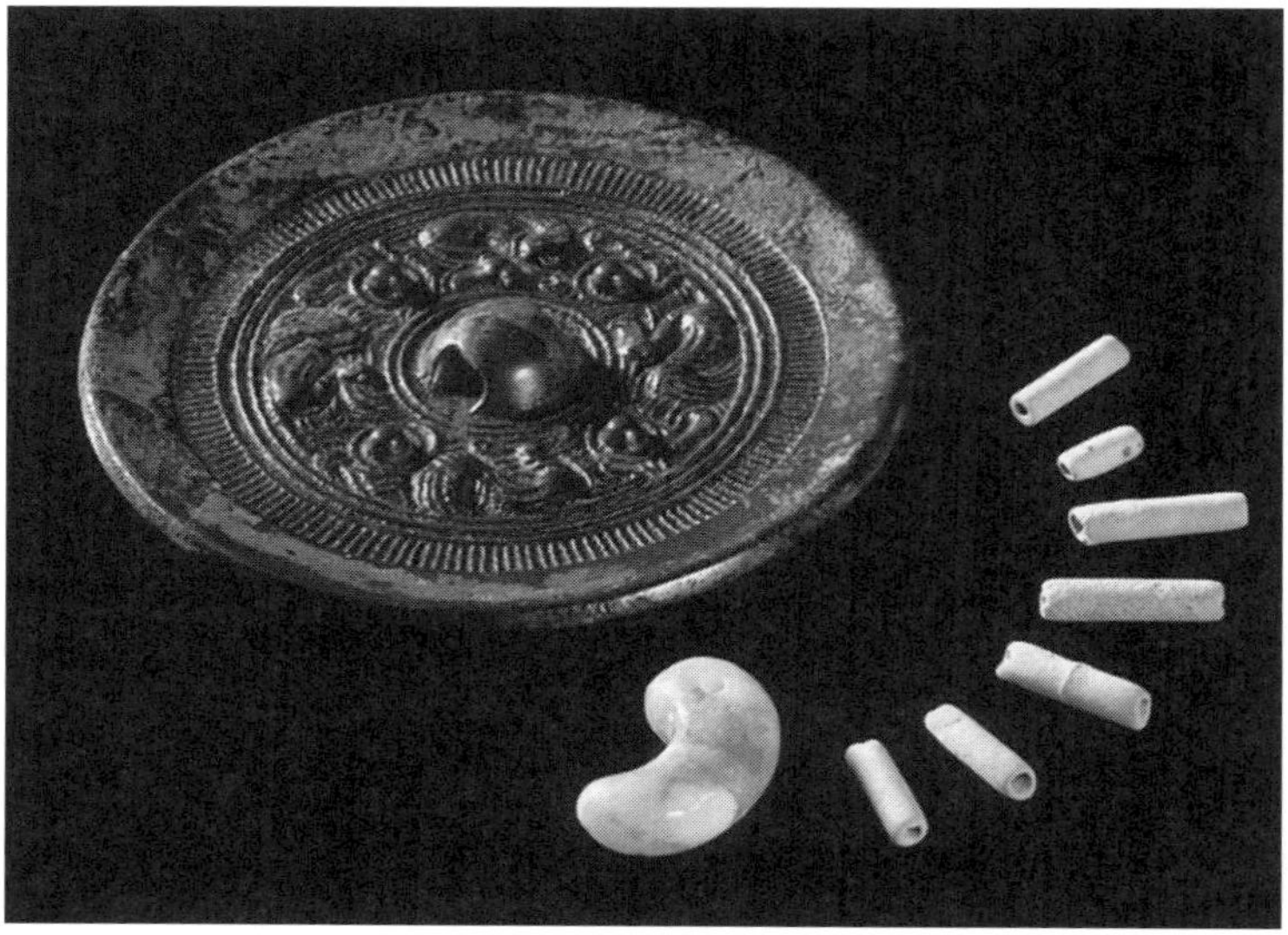

図 14　見田・大沢 4 号墳出土の鏡と勾玉・管玉

新豊院山D二号墳

静岡県磐田市の新豊院山《しんぽういんやま》D二号墳という出現期の前方後円墳がありますが、全長は三四メートルで、後円部の墳頂部に主軸と平行に河原石を用いた竪穴式石室が営まれています（図15）。これは大きな墓壙の底に粘土を敷いて、その上に礫を敷き、さらにその上に粘土床を形成して、おそらく割竹形木棺が安置されていたものと思われますが、これも明らかに定型化した前方後円墳の竪穴式石室の簡略化されたものというか、その影響を受けたものにほかならないと思います。

この竪穴式石室の中から、吾作銘の三角縁四神四獣鏡や銅鏃、鉄鏃、それ以外に鉄刀や鉄の槍先などがみつかっています。新豊院山D二号墳については、石野

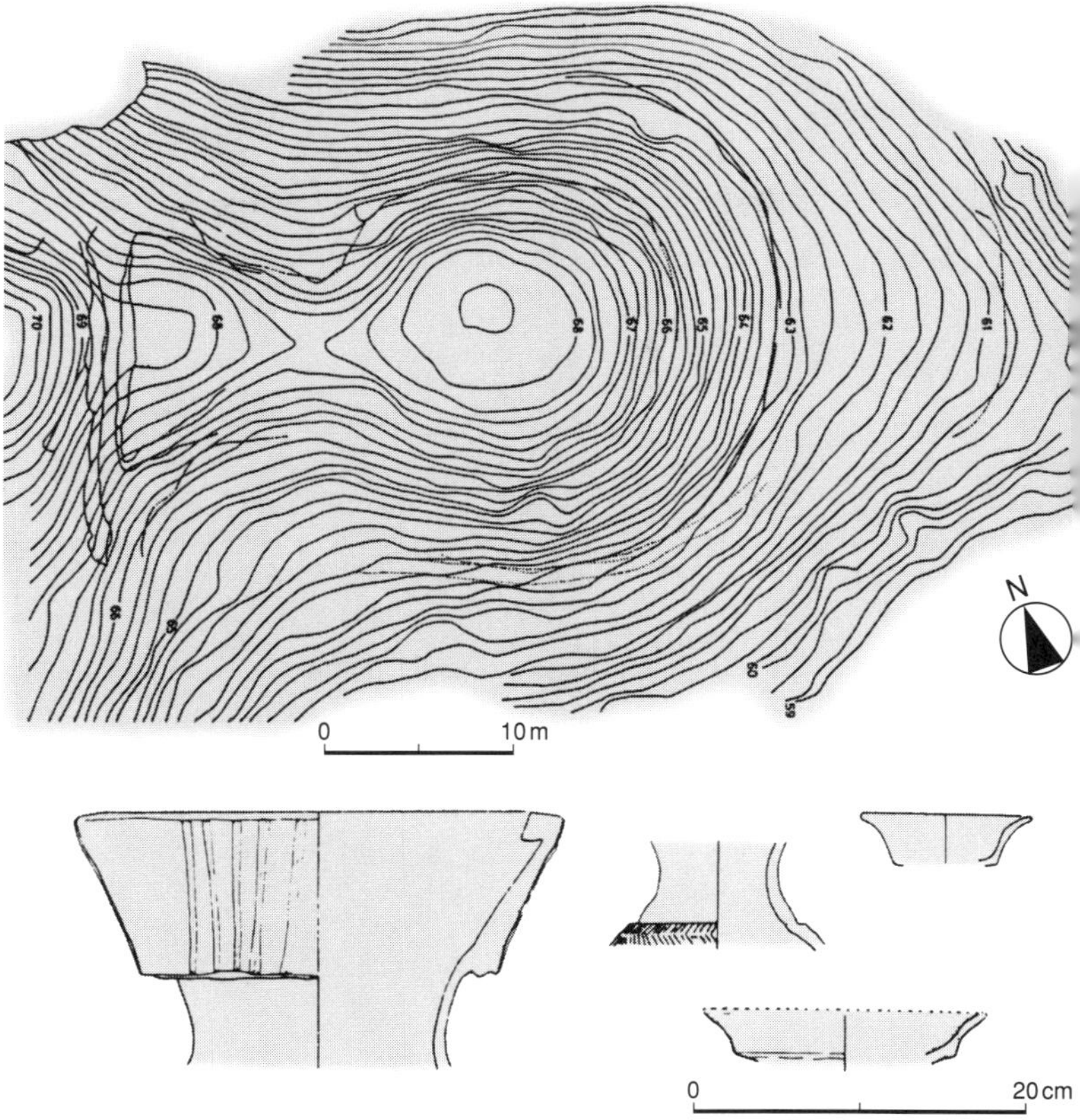

図15　新豊院山D2号墳と出土土器

さんもそれほど古くは考えておられませんが、私は点線で下げておられる纒向4式、東海地方では元屋敷《もとやしき》式とよばれている型式の土器に並行するものだと考えています。

弘法山古墳

長野県では松本市の弘法山《こうぼうやま》古墳という前方後方墳が調査されています（図16）。石野さんはこれを纒向2式の段階にあげておられて、非常に古い段階にこうしたみごとな前方後方墳があったと考えておられますが、これまた年代については大いに問題があるわけです。これは典型的な出現期の前方後方墳で、墳頂部に一種の竪穴式石室が営まれていますが、巨大な墓壙を掘って木棺を置き、その周りを石で詰めてしまっています。したがって、まさに定型化した古墳の竪穴式石室の影響を受けたものであることは明らかです。

副葬品は、半三角縁の四獣鏡、剣、斧、銅鏃、鉄鏃、さらにガラスの小玉が五百個ほど出ていますので、副葬品の組み合わせからも明らかに古墳の範疇でとらえるべきものだと考えます。

問題は埋葬施設の上部から発見された土器（図17）ですが、石野さんはこの土器を纒向2式並行と非常に古くお考えになっておられますが、私は先ほどの新豊院山D二号墳と同じように、東海地方では元屋敷式とよばれている土器に近いと思います。したがって、その年代も纒向4式まで下げざるをえないと考えています。

ただ、土器の編年については、いろいろ問題が残ります。石野さんは、東海地方の元屋敷式の年代的位置づけには若干異論をもっておられるようですが、私は、これは纒向4式、つまり布留式の段階まで下がるものであって、弘法山も定型化した古墳そのものであろうと考えているわけです。

古墳とはなにか

以上具体的にお話ししたように、私は石野さんの墳丘墓の編年表をこのまま認めるわけにはいきません。たとえば、弘法山も纒向4式まで下げざるをえませんが、これらを修正して考え直しますと、墳形においても、埋葬施設においても、副葬品においても、定型化し画一的な内容をもった古墳は纒向3式の後半ぐらいにならないと出てきません。そこに日本における大型墳丘墓の変遷過程のなかで、もっとも大きな画期を求めるべきではないか、それこそまさに古墳の出現だと考えるべきではないかと思います。

先ほどのお話で、石野さんは、前方後円形あるいは前方後方形の墳丘、竪穴式石室、割竹形木棺、鏡を中心とする副葬品がすでに纒向1・2式の段階に認められるということを指摘されましたが、それはまさにそのとおりです。しかしながら、それはあくまでのちの古墳を構成する個々の要素にすぎません。それがすでにその段階にあらわれていることは事実ですが、私が古墳とよびたいのは、それらが組み合わされて、一つの完成された古墳という様式になったものです。

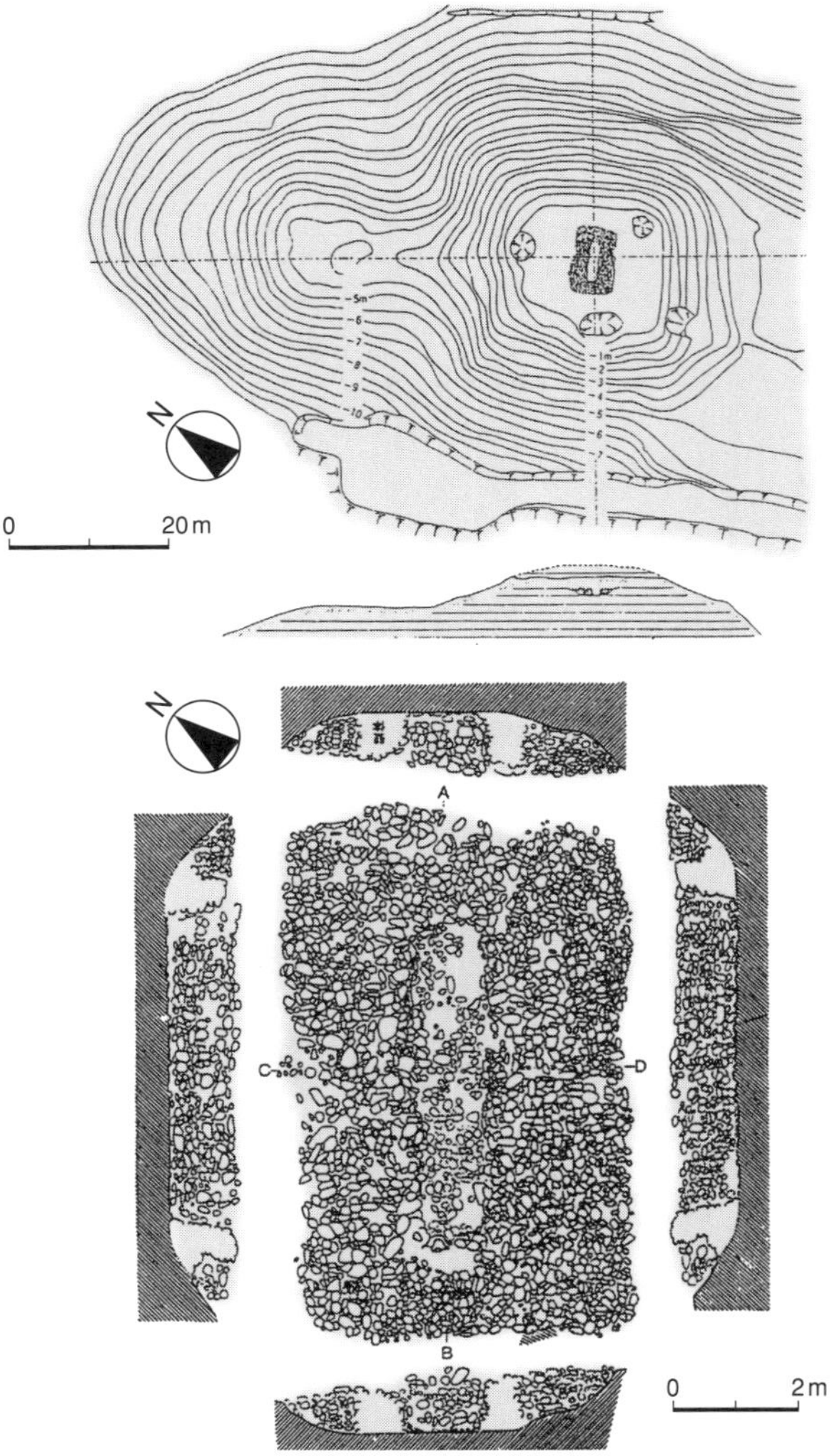

図 16　弘法山古墳と埋葬施設

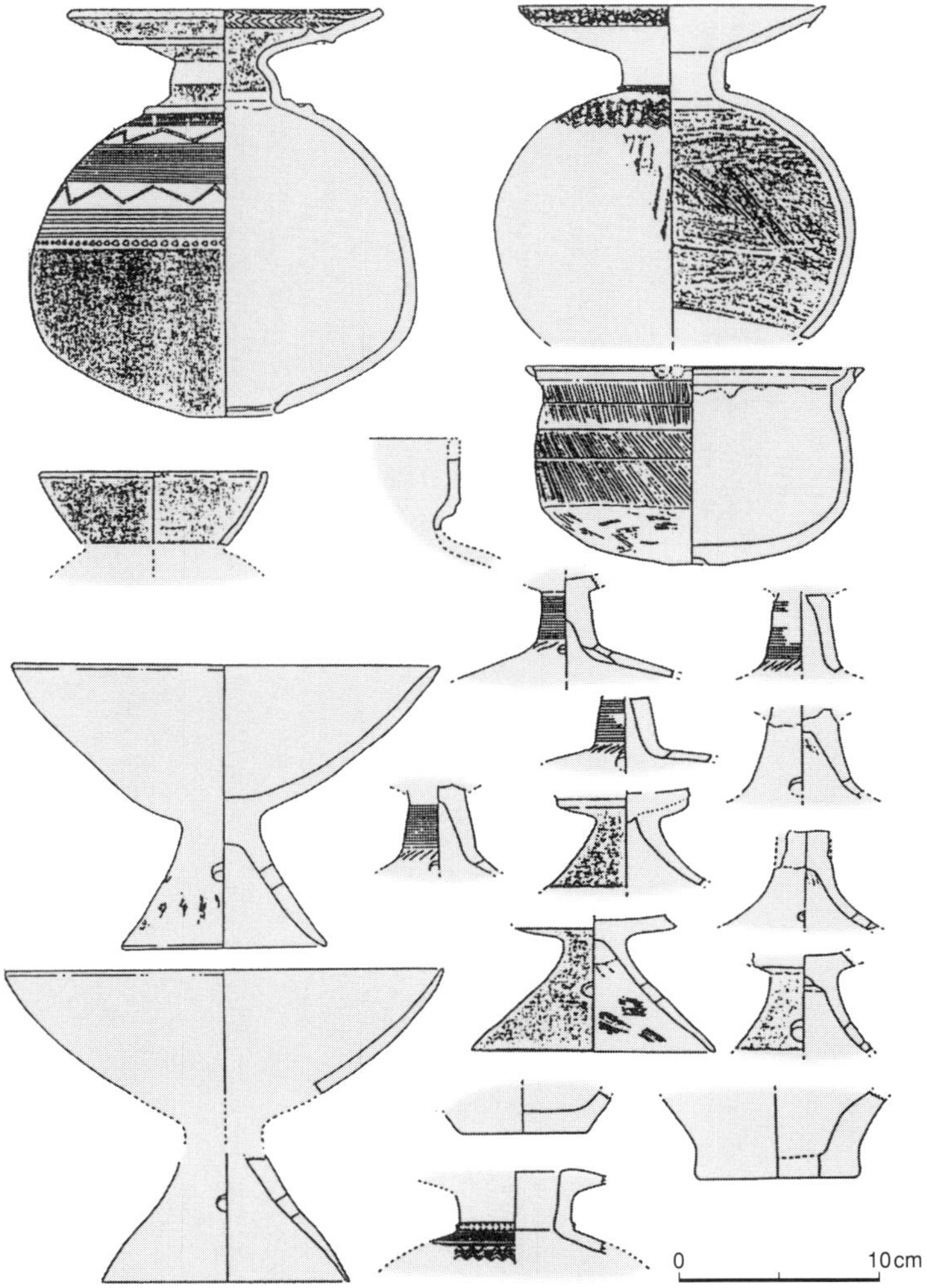

図 17　弘法山古墳出土土器

おそらく、弥生時代の終わりごろには、たとえば吉備地方、山陰地方といったような範囲に、ある程度の地域的な統合を成し遂げた地域的な政治集団ができあがっていたのではないかと思います。畿内地方にもできあがっていたでしょうし、北部九州にもできあがっていたと思われますが、こうした西日本各地の政治集団相互の間に、なにがしかの政治的な連合関係ができあがって、その結果として定型化した古墳が出現すると考えているのです。それはまだ国家とよべるようなものではありませんが、日本における国家成立史の出発点をなすきわめて重要な出来事であって、それと古墳の出現は密接な関係をもっていると思います。

古墳をどう定義するかというのはまったく研究者の自由ですが、それはこの時期の歴史の理解にもっとも有効なとらえ方をしないと意味がありません。その意味で、西日本各地に纒向3式の後半ぐらいになって出てくる定型化した画一的な内容をもつ超大型墳丘墓の出現にもっとも重要な画期を認め、それをもって古墳の出現とするのがいいのではないかと考えるわけです。

出現期古墳の出土土器をめぐって

石野　先ほど白石さんはいくつかの古墳をとりあげて、布留1式の段階になるのではないかという指摘をされました。布留1式という段階は古墳の出現を新しく見る人の場合でもここまでくると安心できる段階です。とりあげられたいくつかの古墳をみていきますと、そうではないものもありますが、三角縁神獣鏡などりっぱな鏡の出ている古墳を庄内式に置いておくのは許せないという感じの指摘が大半ではないかと受けとりました。

一つは九州の祇園山古墳ですが、たしかに墳丘の外から甕棺が出ていて、報告書では西新町《にしじんまち》式と書かれています。西新町式というのは九州の一つの土器の形式ですが、たまたま奈良県纒向遺跡でそれが出ています。ただし、残念なことに奈良県の土器との共伴関係のわからない採集資料であるために、厳密な並行関係はわかりません。しかし、それに類する山口県あたりの地域の土器が纒向遺跡で出ていまして、その並行関係から間接にたどっていくと、庄内式の幅のなかに入ると私は考えたわけです。

西新町式そのものに対する考え方として、従来は弥生後期の土器だと九州の人たちは言っていました。そういう目で見ていくと、かつては弥生後期と認められていた土器になりますが、ここ数年の傾向からすると土師器と考えなければなりません。柳田さんは、西新町式を土師器と認める九州でも数少ない研究者ではないかと思います。柳田さんの言うII—A式だと庄内式を含みますが、白石さんは布留1式に並行するとお考えです。並行関係をどうするかということはきちんと考えなければならないという点が祇園山にあるわけです。

同じ福岡の妙法寺ですが、私は鏡のことを勉強しておりませんので、白石さんが祇園山古墳の鏡も妙法寺古墳の鏡も文様が対置式であって、同行式より新しいものだと言われるのだからそうなのだろうと思います。たしかに三世紀中葉と言われたように思いますが、白石さんはそれを布留式の時期に置かれました。

妙法寺古墳の土器は、報告書には柏田Ⅱ式と書かれています。私も九州は好きでときどき行きますが、その地域の土器はいくら勉強してもなかなかわかりません。柏田Ⅱ式というと、私は庄内の新しいほうになるだろうと思っていますが、現物を見せてもらって、若干古い様相を認めましたので、庄内1式（纒向2式）のほうにもっていったわけです。

また、図8を作ったときは鶴尾神社四号墳はまだ発掘されていなかったので入れていませんが、これは非常にありがたい資料です。白石さんが指摘されたとおり、新しくみても確実に纒向3式の段階に入ります。この土器には特色があって、東京国立博物館に同じ香川県の石清尾山猫塚古墳の壺が並んでいますが、あの壺自体ももめています。私はここで石清尾山猫塚古墳を纒向3式にあげていますが、人によってはあれはつぎの纒向4式の段階になるのだと言われます。

そういう点でややこしいのですが、鶴尾神社四号墳の壺の場合は、口縁の内側になでた跡の窪んだ線がずっと見られます。そういう特色を兵庫県川島遺跡で出ている土器の特色と並べて考えますと、新しくみても庄内式のなかに入ります。内心では庄内式の古いほうにいってくれたらいいなと思っていますが、新しくみても庄内2式（纒向3式）のなかに入りますので、確実にこの段階には前方後円墳があるという材料だと思います。

奈良県のものでは、見田・大沢四号墳から、小さな鏡が出ています。この報告書を出すときに、土器を研究している人や、鏡を研究している人が何人か集まって検討会をやりました。そのとき土器に対する意見の違いがたくさん出たので、意見の違いをそのまま表にまとめて報告書に書いていますが、見田・大沢四号墳出土の土器を布留式まで下ろして考えた人はいません。纒向3式の幅のなかで収まっていたのではないかと思います。私は、いわゆる庄内式のなかで収まるものだろうと思っています。

それから、新豊院山D二号墳とか弘法山古墳の土器は、白石さんのお話のように地元では元屋敷式とよばれていますが、実はこの土器型式の実態がわかりません。だいたい土器というのは、なんとか遺跡のなんとかという住居跡、あるいは何号の竪穴から出てきたものを基準資料にして、発掘していて、それより上から出るか、下から出るかということを考えながら年代を決めていくわけです。ところが、元屋敷式はそういう事実が十分蓄積されていない実態不明の型式名です。

元屋敷式は普通は近畿の布留式と並行だといわれていますが、元屋敷式の前に欠山《かけやま》式という時期があって、それが纒向遺跡では近畿の庄内式土器と一緒に出てきました。そうすると、大きくみれば、欠山式と庄内式は現実に完全な土器どうしが同じ穴から出てきているので、並行します。したがって、東海では欠山式のつぎに元屋敷式がくるといわれていますが、ことによったら同じ東海の地域でも欠山式と元屋敷式は前後の関係ではなくて横並びの関係ではないか、欠山式は尾張平野でも東のほうの三河の土器で、元屋敷式は尾張の土器だという可能性もあるのではないかと思います。

名古屋で土器を研究している人にそういうことをいろいろ聞いていますが、いまのところ元屋敷式と欠山式の完全な土器どうしが同じ穴から出たという材料は残念ながらありません。反対に上下で出たものもありません。ただし、型式学的には元屋敷式のほうが新しいのだと尾張の人はだれでも認めています。その辺が実態ですが、ことによったらと思っています。

弘法山古墳から出た土器だといって土器を研究している人にみてもらうと、弘法山古墳は有名ですから、仮に庄内式などといったらたいへんな問題になる、だから布留式ぐらいにしておけということは残念ながらあるかもしれません。土器は先入観にとらわれず、どこの何かもわからず、ひたすら土器の研究をしている人が自分の考えた順番でいくとどこかということを考えていくと、もっとすっきりするのではないかと思います。

私はときどきいたずらをしますが、見田・大沢四号墳から土器が出てきたときも、見田・大沢四号墳から出たということを言わずに、いろいろな土器を研究している人たちに見せたことがありました。そうでもしないと、本当の答えが返ってきません。必ず先入観でものを考える癖がありますので、これから新進の若手研究家が出てきたときに、どこのものとも言わずに一ぺん見てもらったらどうなるかということを楽しみにしています。

それから、同じ静岡の新豊院山D二号墳から静岡県東部の大廓《おおぐるわ》式の土器が出ています。出土したわりと大きな壺は大廓式にあたりますが、それが纒向遺跡では庄内式の新しい段階の土器と一緒に出てきています。ですから、私は新豊院山D二号墳は、その辺にくるのだろうと考えたわけです。

このように、土器によって古墳の時期を考えましたが、これは土器個々の地域での組み立てをしないと本当のことはわかりません。静岡県なら静岡県、香川県なら香川県とそれぞれの地域で出てくる土器の年代の研究をやっていかないと本当のことはわかりませんが、私は土器をもとにして古墳の順番を考えて、**図8**をつくりました。

古墳の編年研究の視点

白石　古墳に限らず各種の遺跡あるいは遺構の年代を考える物差として土器がもっとも有効であるということは否定しません。従来の古墳の編年研究は、主として墳丘の形態・埋葬施設の構造、あるいは副葬品の組み合わせなどを物差にして考えていましたが、それだけではきわめて不十分です。ようやく最近それに普遍的物差としての土器の型式編年をも利用するようになってきたわけで、それは正しい方向だと思います。

ただこの時期の土器の編年研究は、最近急速に進んでいますが、とくにほかの地方との並行関係ということになるとまだまだ問題があって、研究者によってたいへんなずれがあるわけです。

図8で石野さんは、土器の並行関係その他から考えられる幅の上限で、すべてのものを考えておられるように思いますが、土器だけでこの時期の墳丘墓なり古墳の年代を明確にする、とくにその並行関係を明らかにするのは、なかなか難しいことだという気がします。それから、土器だけしかない場合はしかたがありませんが、それ以外に副葬品や埋葬施設が知られている場合は、やはりその両方を考えてしかるべきではないでしょうか。副葬品、土器、あるいは古墳の埋葬施設の構造など、考えられるあらゆる材料を動員してもっとも合理的な考え方をするのが正しい方法ではないかと思います。

そうすると、石野さんの**図8**ではわりあい古い纒向2式にあがっている弘法山古墳などはそんなに上がらないのではないか。定型化した古墳は、纒向3式の後半にならないと出てこないということが明確になるのではないかと考えています。

墳丘墓から古墳へ

石野　白石さんは、墳丘墓の発展段階を三つの段階にまとめられました。結論として、三つめの段階、つまり画一的な内容をもった墳丘墓が出現してくる段階が古墳であり、古墳時代の始まりだと言われました。私は二番目の大型墳丘墓が出てくる段階が古墳の始まりであると考えています。

そうすると、画一的な内容とはいったい何か、たとえば前方後円形であれば画一的なのか、そうではなくて、同じ前方後円形でもこういう格好をしていないといけないということがあるのかということになりますが、その辺はいかがでしょうか。

白石　画一的というのは、こうあらなければいけないということではなくて、現象としての事実関係をとらえた場合、纒向3式以降の日本各地にあらわれる大型墳丘墓は、前方後円、あるいは前方後方というほとんど同じ墳丘形式をもっているということです。さらに埋葬施設についても竪穴式石室がつくられていますが、これは一定の約束事にもとづいて埋葬をおこなった結果、竪穴式の石室が残されているのですから、埋葬施設が同じというよりも、埋葬儀礼そのものが共通であったということを示しています。また、副葬品についても同じです。

ですから、こうでなければならなかったのかどうかはよくわかりませんが、ともかく現象としてそれ以前の纒向1式・2式段階の地域的特色を非常に強くもった墳丘墓のあり方とは明らかに違うと考えているわけです。逆にいえば、一定の約束事にもとづいた共通の首長の葬送儀礼がとりおこなわれ、その結果として画一的な古墳が西日本各地に残されるようになったのだと思います。

石野　古墳の墳形、副葬品、埋葬施設などを全部ひっくるめて考えていく必要があるということはだれでも思っていますが、まず古墳の墳形から入ろうとしたわけです。纒向1式とか2式というややこしい段階は、図8を見ても、四角もあれば、前方後円形もあって、いろいろな形のものがあるから画一化されていないといわれています。

私の場合は弥生時代は庄内式を含みませんが、弥生時代の墓は一〇メートル前後が平均的な大きさであって、大きくてもせいぜい二〇メートル程度です。それなのに、庄内式の時期になると四〇メートルとか六〇メートルのものが出てきて、その差はわずかではありません。円の部分だけでくらべても、一〇に対して四〇あるということになると、長さでは四倍ですが、面積や体積でくらべると、もっと差が広がります。それほど大きいものをつくっています。たしかに形はばらつきがあって画一的ではありませんが、大型墓が出てくるという点は、数百年間の弥生の墓にはいまだかつてなかったことです。それを画期としてみたいと思うのですが、どうでしょうか。

白石　私も第一段階と第二段階を区別しているということ自体からおわかりいただけるように、第二段階における大型の墳丘墓の出現は大きな画期であることは事実だと思っています。ですから、そのことを否定しているわけではありません。

しかし、大きさだけでいいますと、第二段階と第三段階にはさらに大きな差があるわけです。第二段階でいちばん大きいものは纒向石塚墳丘墓や楯築墳丘墓だと思いますが、張出部を含めても墳丘長はせいぜい八〇メートル前後にすぎません。ところが、第三段階になると、箸墓古墳などは二八〇メートルという巨大なものになっています。

これは考え方の相違ですが、大きさだけでいえば、第一段階と第二段階の間の差とは比較にならない大きな差が第二段階と第三段階の間にあるわけです。ですから、大きさだけではなくて、その内容やそのことの歴史的な意味をも考えないといけないと思いますが、纒向1式の段階における墳丘墓の急速な大型化を評価しないわけではありません。

いまは墳丘の問題をとりあげておられるので、墳丘の問題を中心に考えていますが、私が申し上げている内容の画一化は各要素の複合的な全体として意味があるものであって切り離して考えるとまずいわけです。墳丘だけでどれほどの違いがあるかといわれると、のちの前方後円墳に近いようなものがすでに第二段階にたくさん出てきていることは事実です。

しかしながら、何度も申していますように、私はあくまでも墳丘、埋葬施設、副葬品の組み合わせで考えるべきだと思っています。私のいう古墳は、組み合わされた全体としてきわめて画一的な内容をもっていますが、それを個々にばらばらにしますと、墳丘については前方後円的なものがここにあるではないかということになってしまいます。竪穴式石室についてもそれは同じですし、副葬品についても同じですが、あくまでもそれらが組み合わされた全体としての古墳の出現を考えたいわけです。

それから、楯築墳丘墓については、石野さんは纏向1式並行と考えておられますが、私は逆にこれについてはもう少しさかのぼる可能性もあると考えています。いずれにしても、弥生時代後期後半になって、こういった大型の墳丘墓が出てくること自体は、非常に重要なことだと思っています。

前方後円墳の起源

石野　たしかに第二段階に大きくなるということは認める、しかし、その次の第三段階の差のほうが大きく、大きさだけでは決まらないということですが、大きさだけでいきますと、楯築は円の部分が四〇メートルで、出っ張りを含めると八〇メートル前後になると以前からいわれています。そうすると、図8の四番目の欄の備前車塚古墳《びぜんくるまづか》という岡山県の古い段階の前方後方墳と似たような大きさになりますが、量的な違いだ、全体として違うのだということになるのだろうと思います。
もう少し形にこだわりますと、二、三年前の考古学協会の討論会のときに、岡山県の近藤義郎さんが、前方後円形の墓と前方後円墳とは違うのだと言われました。ほかの人が言ったことを白石さんにお聞きするのは変な話ですが、私はそのときそんなことを言われたら現場で掘っている者はいったいどうしたらいいんだろう、前方後円形の墓が出てきても前方後円墳とは違うということになると、いったいどうして見分けたらいいんだろうかと初歩的に思いました。その辺の解説をしていただけませんか。

白石　近藤先生のお考えを私が代弁することはできませんし、近藤先生とはまったく同意見というわけではありませんが、最近、前方後円墳の出現の過程をある程度説明できる材料がだいぶ出てきました。従来は、前方後円墳の起源を説明できる資料はまったくありませんでした。具体的な資料にもとづいて前方後円墳の出現をあとづけるということはほとんどできなかったので、空想や想念にもとづく議論がおこなわれていました。しかし最近になって、大規模な開発にともなって大規模な発掘調査が盛んにおこなわれるようになり、前方後円墳の原形を考えさせうる材料がいくつも出てきたのです。

千葉県市原市周辺で精力的に発掘調査と研究にとりくんでおられる田中新史《たなかしんし》さんの研究成果によって全国各地の方形の周溝墓で、陸橋部、通路部、あるいは開口部を一辺の中央にもつものがあって、その通路がしだいに発達してきて、それが張出部のような形になっていくということが具体的な資料であとづけられるようになりました。

逆に、完成した前方後円墳のほうからいっても、そのとおりです。**図18**に、だれが見ても典型的な完成した前方後円墳の移り変わりを模式図にしたものがありますが、これはだいたい年代順に並べてあります。三世紀の後半から五世紀の後半までの前方後円墳の形態の移り変わりをあらわしたものです。このうち仲《なか》ツ山《やま》や土師《はぜ》ニサンザイのような中期の前方後円墳はいわゆる鍵穴形の前方後円形の墳丘が三段に重なったものです。これはごく典型的な前方後円墳で、一段目も二段目も三段目も同じ鍵穴形の墳丘が重なっています。ところが、出現期の箸墓や外《と》山茶臼山《びちゃうすやま》をご覧いただきますと、必ずしもそういう形になっていません。後円部と前方部は明らかに違います。たとえば、箸墓の場合は四段築成の円丘の上に、さらに五段目のちょっと斜面の傾斜も違う大きな円丘がのっていて、そこに前方部の先端から通路のようなものがのびてきて、この後円部の下から四段目のテラスにつながっているわけです。

その下の外山茶臼山古墳もそうですが、埋葬がおこなわれるもっとも重要な部分は、段の上にのっている円丘で、その円丘は何段かの基壇の上にのっています。そして、そこに至る通路として前方部がずっとのびてきているので、この段階ではその後の前方後円墳のように前方後円形の墳丘が三段に積み重なっているということではありません。このように前方部が通路的な性格をもっているということは、完成した前方後円墳それ自体の変遷からもあとづけられるわけですが、のちの中期の古墳になっても円筒埴輪列の並び方などから前方部は後円部に至る通路であるという解釈が可能です。

そういう意味では、前方後円墳の形態変遷は、田中新史さんが整理しておられる弥生時代から古墳時代初期の方形周溝墓、あるいは円形周溝墓以来の陸橋部分から突出部への変化の方向へとストレートにつながります。したがって、それだけではどこに画期を求めるかといわれて

1

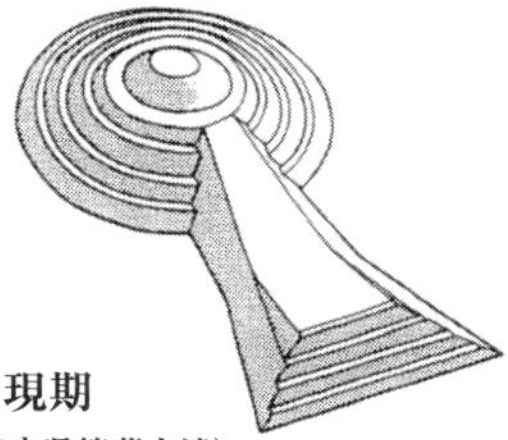

出現期

（奈良県箸墓古墳）

4段築成の後円丘に円壇がのり、
前方部の前面が大きく開く。

2

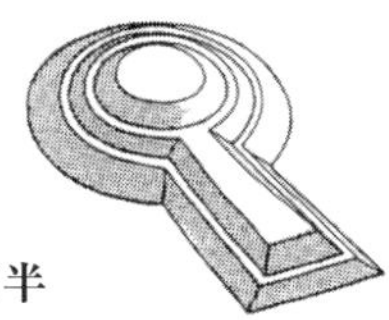

前期前半

（奈良県外山茶臼山古墳）

後円部と前方部の段が一連のものとなる。
前方部は開かない。

3

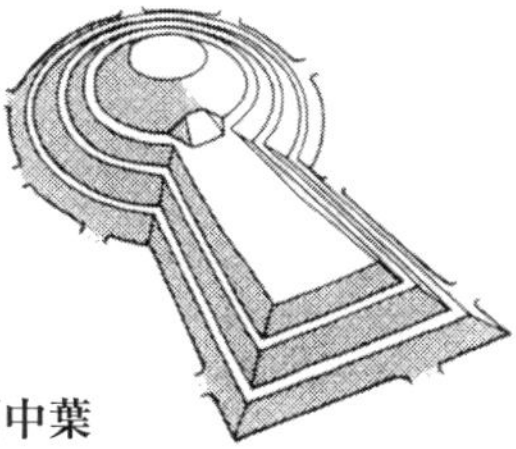

前期中葉

（奈良県渋谷向山古墳）

3段築成の後円部に円壇がのる。
円壇前面の一部が突出し前方部上面に
接続。階段状の周濠が出現。

4

前期後半

（奈良県宝来山古墳）

前方後円形墳丘の3段重ね形態が完成。
前方部最上段が後円部最上段の円丘に接続。
同一水面をもつ鍵穴形周濠が出現。

5

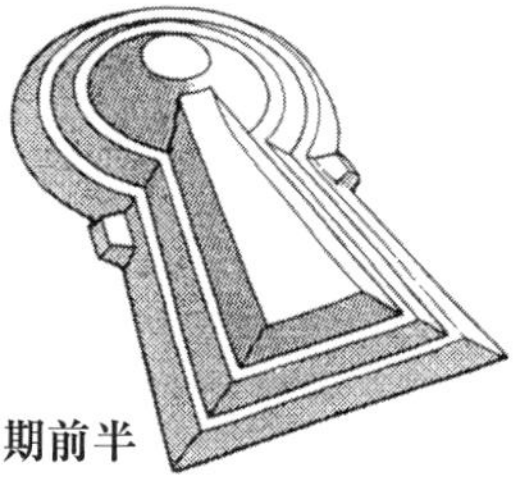

中期前半

（大阪府仲ツ山古墳）

前方部最上段上面が、後円部最上段の円丘頂上
近くにまで達し、くびれ部に造り出しが出現。
同一水面の馬蹄形周濠が出現。

6

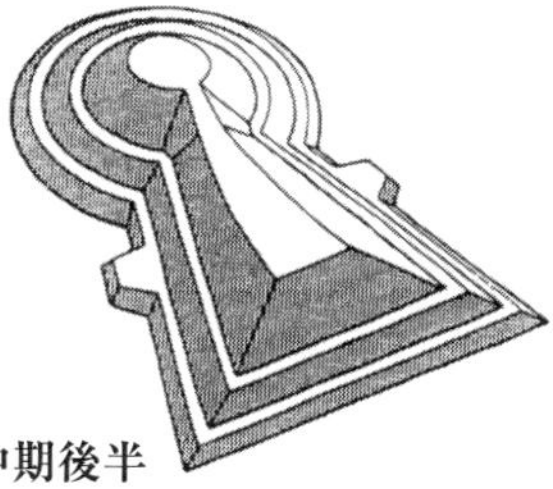

中期後半

（大阪府土師ニサンザイ古墳）

前方部最上段上面と後円部最上段の円丘が、
完全に一体化する。

図18　前方後円墳の移り変わり

も、なかなか難しいわけです。墳丘のあり方だけをみていても、型式学的に編年序列が整理できるということは明確ですが、どこに画期を求めたらいいかは墳丘の形態論だけでは非常に難しいと思います。

肝心の先ほどのご質問に対するお答えをし忘れていましたが、前方後円墳の墳形の出現の経過の意味づけは非常に難しいわけです。通路がどうしてそれほど重要視されて、こういう形になったのかということの意味づけも非常に難しくて、いまの私にはできませんが、前方後円墳の出現過程や変遷過程は弥生時代の墳丘墓からある程度あとづけることができるようになってきています。

したがって、前方後円形のお墓というだけでは、すでに弥生時代にもあるわけです。おそらく近藤先生がおっしゃったのはそういうことであって、単に形態が前方後円形をしているというだけであれば、弥生時代からずっとあとづけることが可能です。近藤先生のおっしゃる前方後円墳は古墳としての前方後円墳で、墳丘以外の要素も含めて画一的な内容をもった前方後円墳の出現を重視されるがゆえに、単なる前方後円形のお墓と前方後円墳とは区別して考えるべきだということを言っておられるのだと思います。

前方後円墳築造の社会的要因

石野　白石さんに無理やり答えていただいたような感じになりましたが、図18をもとに、古墳は単に平面形だけではなくて、土をずっと積んでいるから、立面形も加えて考えるべきだという説明がありました。

古墳については測量をして個々の形を出していきますが、中に入れない古墳もあるので、航空写真によって、墳丘そのものの外側の移り変わりなどを検討しています。古墳の形は外側の濠もですが、地域によって、時期によって、いろいろな違いがあるわけです。単に平面形であっても、それのもとになる資料がいま現地で失われつつありますので、末永雅雄先生監修の『日本史・空から読む』（日本航空写真文化社）のような大きな航空写真は、今日のような話を考えていくときには非常に重要です。

いま白石さんは、墳形だけとか、埋葬施設だけではなくて、やはり全体として考えようと言われましたが、それはまったくそのとおりだと思います。

ところで、このごろ前方後円墳体制という言葉がときどき使われて、墳形は前方後円形で段築、埋葬施設としては竪穴式石室、割竹形木棺、副葬品はこれこれと言われますが、前方後円墳体制ということは白石さんも考えておれるのでしょうか。

白石　私は前方後円墳体制という言葉を使ったことはありませんが、それは古墳とはいったい何かという問題とかかわると思います。逆に石野さんは古墳とはいったい何だと考えておられるのか、古墳の出現は歴史的にどういう意味をもっているのか、石野説ではそれをどういうふうに説明できるのかをぜひ聞きたいと思っています。現在の島根県から鳥取県の範囲にかけて、弥生時代の後期から終末期に出現するある程度の規模をもった墳丘墓は、ほとんど全部四隅突《よすみとっ》出型《しゅつ》とよばれるきわめて特異な形態を呈しています。これは明らかに出雲《いずも》、伯耆《ほうき》、因幡《いなば》の範囲、あるいはもう少し広がる範囲の有力な共同体の首長が死ぬと、その人たちはまったく共通の葬送儀礼で葬られていて、その結果としてまったく共通の墳丘墓が残されたということです。したがって、島根から鳥取の範囲のいくつかの政治集団の間に首長の葬送儀礼を共通にするほど強固な政治的同盟関係ができ、その範囲に一つの政治的な連合体ができあがっていたということを示しているわけです。

さらに、墳丘の形態はばらばらですが、のちに吉備とよばれる範囲に限って、特殊器台・特殊壺というみごとに飾られた大きな土器を首長の墳墓に供献するということを共通にしているのも、同じようなことがいえると思います。したがって、吉備とか山陰地方の範囲に相当強固な政治的なまとまりが弥生時代の終わりの段階にはできあがっていたということがわかるわけです。

それに対して、古墳というのは、弥生時代の終わりごろまでにできあがっていた畿内、吉備、讃岐、北部九州など各地の地域的政治集団相互の間にさらに大きな連合関係ができ、その結果として、吉備の大首長も、大和の大首長も、北部九州の大首長も、共通の葬送儀礼をとりおこなうようになった、その結果としてのこされたものだと考えています。

ですから、これはたまたま前方後円墳という形のお墓として残っているだけで、お墓をつくることそれ自体が最終的な目的ではありませんが、纒向3式後半段階の画一化した内容をもつ前方後円墳の出現は、西日本各地の地域的政治集団相互の間に成立した広範な政治同盟の成立に対応するものだと考えられます。こういう前方後円墳造営の背後にある政治体制そのものが前方後円墳体制とよばれるのだろうと思います。

こうした前方後円墳の出現に反映している政治同盟は、最初は西日本各地の有力な政治集団の大首長たちの間にできあがりますが、四世紀中葉になると古墳の分布は南九州から東日本にも広がりますので、この政治同盟が急速に南や東に拡大したということになるわけです。

その場合、畿内にもっとも大きなものが最初からあるので、畿内を中心に各地の首長たちが参加して、連合が形成されたのではないかと思いますが、近畿地方に最大規模の前方後円墳があって、各地にも相当大規模な前方後円墳が営まれるような体制は、五世紀、六世紀いっぱいまでつづきます。おそらくそういう六世紀にまでつづく、畿内を中心とする部族連合的な政治体制が前方後円墳体制とよばれるのでしょう。

石野　前方後円墳体制という言い方にはいくつか問題があるのではないかと思ってお聞きしたわけです。一つは、それより前の段階にたとえば出雲を中心に四隅突出墓という墓がある一定の地域に同じ形で広まっている。吉備では特殊器台、特殊壺の範囲が祭式を共通にしているというお話がありましたが、そうすると、範囲や地域は違うけれども、前方後円墳体制と同じようなものが出雲を中心とする一定の地域、吉備を中心とする一定の地域にあったのではないか、それをなぜ四隅突出墓体制とよばないのかという問題です。

もう一つは、先ほど白石さんが説明された**図18**に出てくる箸墓古墳とか渋谷向山、仲ツ山古墳のような大型墓のなかでも、箸墓は後円部も前方部も同時に積み上げて、二段とか三段に積み上げているので、積み上げ方も違うし、できあがった形も違ってきます。そうすると、同じ前方後円形の墓にも違うものがたくさんありますが、それ以前の墓の形の違いを問題にするのであれば、単に前方後円であっても、こんなに違うではないかという問題があるわけです。あるいは、古墳時代中期になっても、前方部の片方だけが直角のものがあったりするという妙な墓がありますが、大型の前方後円墳にさえそういうものがあるのに、それでも前方後円墳体制といえるのでしょうか。

埋葬施設の場合でも、外形は前方後円なのに、中身は箱形石棺だというものがあって、外向きだけはその体制のなかに加わっているような顔をしながら、中向きは加わっていません。いったいそれはどういうことなのか。そういうもろもろの点があるのではないかと思いますが、どうでしょうか。

白石　私自身は前方後円墳体制という言葉は使いませんが、使うのなら当然四隅突出墓体制という言葉を使ってもよいと思います。これは基本的に同じことであって、島根、鳥取の範囲の首長たちが政治的な結び付きを確認し、それを強化するのに共通の形式の墳墓を営むことが有効であったということを四隅突出墓の分布のあり方は明確に示しているわけです。それがさらに列島単位にまで拡大されたのがまさに前方後円墳体制ですから、そういう意味では、四隅突出墓体制、あるいは特殊器台体制とよんでもいっこうにさしつかえないと思います。

それから、同じ前方後円墳といっても、いろいろ型式差、あいるは地域差があるのではないかとおっしゃいましたが、これまた当然です。考古学的な材料として前方後円墳がありますが、それには地域により、時代によってさまざまな形態差があるわけです。その場合、われわれは前方後円墳を一つの資料として考古学的な研究をしていますが、それから歴史学の問題としていったい何を知ることができるのか、ということがいちばんたいせつだと思います。

纒向3式の後半の段階に、それまでのきわめて地域色の強い墳丘墓とは性格、内容を異にしたものがあらわれます。もちろん、それらを母体にして出てきているのですから、つづく面は当然ありますが、それらを母体としながらも革新された内容をもつ画一的な前方後円墳が西日本各地に営まれるということの歴史的な意味を重視し、これが汎西日本的な政治同盟の成立と関係があるのではないかという解釈をしているのです。

問題は、そういう解釈が可能なのかどうかということです。石野さんがおっしゃっている前方後円墳のこまかな型式差があれば、いま私が言ったような認識はできないのかどうかということが問題で、私はそれはいっこうにさしつかえないと思っているわけです。

逆に、石野さんは纒向1式、あるいは2式における前方後円墳的な要素をもつ墳丘墓を古墳とよんでおられますが、石野さんのようなとらえ方をすれば、それは日本における国家形成史のなかでいったいどういうふうに意味づけられるのかということをお聞きしないと、どちらのとらえ方がいいのかということを皆さんに評価していただけないのではないかと思います。

石野　その辺の話になると、破壊的な返事をすることになるので、最後に回そうと思っていました。（笑）

大型の墓が纒向1式の段階に出てくるので、その画期を重くみたいと考えていますが、それは歴史的に何なのかということだと思います。弥生時代とか古墳時代とかいう時代がどういうふうに変遷し、弥生なら弥生、古墳なら古墳は歴史全体のなかでどういう意味づけができるのかということかもしれませんが、私は千年ほどあとの日本史研究家は、弥生か古墳の時代のどちらかをなくすのではないかと考えています。

飯島武次《いいじまたけつぐ》先生との対論（「東アジアの墳丘墓」『古墳発生前後の古代日本――弥生から古墳へ』大和書房）

のときにも、講演会場から、前方後円墳になぜいつまでもこだわっているのか、そんなアホなことはやめろという指摘がありましたが、もしかしたらそれはあたっているのではないかという気がします。縄文時代以来ずっとつづいてきたいろいろな生産体制が変わり、弥生に入って農業を始めるようになりますが、その変わり方は非常にはげしかったのではないか。それと大きな墓をつくるという点をくらべると、さほど大きな変化にならないのではないか。つぎの大きな変化は、法と秩序で全体を治めようとした律令の段階であって、大きく括《くく》ると弥生時代も古墳時代も一緒になって、たかが古墳の形がちょっと変わっただけだと将来の歴史家が言う可能性はあるのではないかと思います。

それでもなお古墳の出現について、二、三考えたりしていますが、一九八五年段階の日本史では、郡単位か県単位のまとまりが、弥生墓の段階で、東海道とか山陽道のような道単位ぐらいのまとまりをもつようになった、その段階が纒向1式の段階であって、それはそれ以前までずっとつづいてきた県単位程度のまとまりにくらべると、はるかに大きい、このまとまり方の大きさこそ時代を区切るものと考えていいのではないかと思っています。

なぜ画一化された古墳が出現したか

白石　私も「四隅突出墓体制」の成立が非常に重要であることを否定するわけではありません。

しかしながら、そこにみられるきわめて顕著な地域性と古墳にみられる地域性の消失の差を重視したいと考えるわけです。地域的な特色をもった墳丘墓の成立が歴史的に重要であることは確かです。ただ、そういったものがそれぞれの地域に成立する時期には、これまた大きな地域差があるので、纒向1式の時期だと簡単に言うことはできないと思います。

もう一つは、そういった地域的なまとまりの成立と、全国的と言ったら正確ではないので、一応汎西日本的と言っておきますが、汎西日本的な政治的なまとまりの形成のどちらを重視するかという問題です。これはその人の考え方で自由ですが、石野さんは先ほど農耕の成立と古代律令国家の成立が日本の歴史において非常に重要な画期だとおっしゃいました。これはまさにそのとおりですが、そういう単純なとらえ方だけでいいのなら、何も古代史の研究をする必要はないわけです。農耕社会が成立し、そのなかから階級が生まれ、政治的なまとまりとしての原始的なクニとよばれるようなものが生まれてくる、そういった各地のクニグニの間にやがて同盟関係が結ばれて、部族同盟的な体制ができあがる。次にそうした各地の部族同盟相互の間にさらに大きな政治的連合関係が形成され、日本列島の中央部が一つの大きな政治的まとまりを形成する。さらに、そのなかで畿内を中心とする勢力がだんだん強大化していって、ついに律令国家の形成へと向かっていくという歴史的過程とその特質、さらにはそうした動きのなかでの各地域の動向なりを具体的に明らかにするのが私たちの仕事だと考えています。

そういう立場に立って考えますと、少なくとも紀元前後から七、八世紀に至る、日本における政治的社会の形成の時期から古代律令国家の成立に至る過程のなかでは、定型化した前方後円墳の出現にみられる広範な部族同盟的な体制の成立は、きわめて重要な画期であると思います。もちろん、その前段階にそれぞれのブロックごと、地域ごとにそういったまとまりが出現していたのは当然ですから、そのことの重要性を否定しているわけではありません。

石野　そこに至る過程を大事にすべきであるというのは、そのとおりだと思います。

今日の話はなんとなく量と質の話になっていて、私は大きければいいという非常に単純な言い方をしていますが、白石さんは質を問題にされているという感じがします。白石さんは、非常に慎重で、古墳の祭式とか儀礼という言葉は一言も使っておられないのではないかと思います。墓の形は前方後円で、埋葬施設はこれこれで、副葬品にはこういうものがある、それは首長を納める段階でも、墓穴を掘るとき、石を積んでいくとき、粘土を敷くとき、棺を置くとき、副葬品を置くとき、蓋をするとき、土を置くときといったさまざまな各段階の儀式があって、そういう祭式を共通にする範囲がある、そこには一つの政治が反映されているのだとお考えのように思います。

私もある段階以降はそういうことがおこなわれていると思いますが、具体的にある地域に前方後円墳があって、そのさまざまな段階の儀礼の何かが抜けている場合、それは地域色である、それぐらいの変化はどうでもいいのだと言ってしまったら、全部一つの祭式に収まります。それが非常に大事なものであれば、大事なことを全部やらなければいけないのではないかと思いますが、どうでしょうか。

白石　なぜ画一化された古墳が出てくるのかということですが、いま石野さんに整理していただいたように、各地の首長たちの間に、部族同盟ともいうべき政治的なまとまりができあがって、それに加わっている首長たちが共通の葬送儀礼にもとづいて埋葬された結果、そういったことになるのだろうという解釈をしたわけです。

それでは、そこでおこなわれた儀礼の意味は何かということですがこれはなかなか難しくて、その解釈はそう簡単にはできません。今の私にはそれをうまく説明することはできませんが、おそらく同盟関係の原理としての擬制的同族関係の確認・強化に、共通の葬送儀礼の執行や同型式の墳墓の築造が有効であったのではないかと思います。

それから、出現期の前方後円墳はたしかに画一的な内容をもっていますが、時代が下がるとその画一性はしだいに失われていって、地域性がしだいに強く出てきます。これはある意味では当然で、そのことが律令的な体制と部族同盟的な体制との違いを如実にあらわしていると思います。

たとえば、前方後円墳という形は採用していても、埋葬施設は地元独特の型式を保つという古墳が古墳時代の中ごろすぎになるとたくさん出てきますが、それの実態を追究するというのは、古墳時代における地域性を考えるうえで非常に重要な仕事です。古墳が成立したからといって、古墳に反映している各地域の首長の葬送儀礼が完全に画一化され、地域色がまったく失われるなどとは考えておりません。しかし、少なくとも出現期の古墳のあり方を検討する限り、古墳の成立の背後にそういった歴史的背景を考えざるをえないというのが私の考え方です。

石野　私はその辺に若干のまやかしがあるのではないかと思います。前方後円墳というもろもろのものを含み、質を含んだ共通性があって、それによって非常に広い範囲で共通のことをやるようになった、それが一つの大きな変化だということですが、具体的に古墳を発掘していった場合、まったく同じものはありません。たしかに鏡があり、いろいろな石製品があり、刀剣類もあるけれども、埋葬施設、墳丘形態、あるいは各段階にいろいろなものが埋められる場所にしても、変化球が多すぎて、ストレートにそっくりなものはないわけです

もし、変わっていくものであったら、できたものがすぐなくなっています。近畿のある古墳が見本であるとすると、それとまったくそっくりなものは全国にほとんどありません。埋める場所が一センチ動いたらいけない、鏡が三枚であったのが二枚になっていたらいけないということまで言っているわけではありませんが、あまりにも変化が多すぎます。もし、前方後円墳というのが一つの法律であるとすれば、棺の形が違うというのは、まるっきり法律の一部を無視しているようなものではないかと私は前から思っていました。本当に質を問うていった場合、その辺はどう解釈するのか、そこにいろいろなバラエティーがあるのだったら、それは前段階のバラエティーと質的にさほど変わらないのではないかと思います。

白石　逆に言うと、それぞれ相当の地域差はあるにしても、前方後円墳というものが三百年も

の間、列島の各地につくられつづけたことの意味がそれでは説明がつかないのではないかと思います。背景に政治的な意味がまったくないのだ、単なる流行にすぎないのだと考えますと、三百年もの間、前方後円墳という墳墓の型式が曲りなりにも保たれつづけたということの意味が説明できないのではないでしょうか。

前方後円墳の終末

白石　今日は出現期の話をしていますが、終末期についてもやはり同じです。前方後円墳の終末の問題を考えてみましても、従来は関東地方などでは前方後円墳の終末の年代は近畿地方より半世紀ぐらい後れるのではないかというのが通説でした。しかしながら、副葬品のあり方その他を厳密に検討し直してみますと、そんなことは考えられません。関東地方も近畿地方と同じように前方後円墳の終末は六世紀の末葉頃で、ほぼ同じ時期に前方後円墳は全国一斉に姿を消してしまうわけです。私に言わせると、これは出現期の様相とまったく同じであって、単なる流行というようなことでは到底説明がつかないと思います。

そうすると、一斉に前方後円墳が姿を消してしまうのは、石野さんのお考えではいったいどういう説明がつくのかということを逆にお聞きしたいわけです。

石野　前方後円墳に政治性を認める、単なる流行、文化現象ではないというのは、まったくそのとおりだと思います。ですから、いま言われたように、前方後円墳がなくなる段階でも偶然なくなったのではなくて、一斉になくなるというのも当然意味があると考えています。先ほど言ったのは、単なる文化現象だ、流行だという意味ではなくて、画一的な前方後円墳が出てくる段階以降が古墳時代だということに対して、それ以降でもさまざまな変化型の前方後円墳がある、その前段階の大型墓出現の段階には変化が多くて、形がさまざまに違うから、大きな画期は認めないほうがいいと言われていたけれども、画一的な内容をもつ墳丘墓といわれているものにもかなりの変化型がある、それならその前段階の大型墓が出てくる段階と似たようなものではないかという意味で言ったわけです。

白石　結局、どちらの画期を重視するかということになるのだと思います。何度も申しますように、私もけして地域的な大型墳丘墓の出現の画期を軽視しているわけではありません。しかしながら、現象として見た場合、纒向3式後半の段階における画期は歴然とあらわれているわけです。しかも、そこではそれ以前の段階の墳丘をもつ首長墓にみられる顕著な地域性が消えてしまって、日本列島の相当広範囲にわたって、画一的な内容の古墳が出てきます。このことは、日本列島の相当広範囲の部分に、ルーズなものであっても一つの政治的なまとまりが形成されたことを示すものと考えられるわけで、私はそこに大きな画期を求めたいということです。

石野　白石さんは、古墳の出現に関して、日本の研究者のなかで若干古く考えられている立場の方です。大多数は**図8**でいうと古墳の出現は纒向4式だと言っておられます。私はもっと古いと言っていますが、白石さんは3式段階の後半だと言っておられるので、私に若干近いほうかもしれません。しかし、質的にはかなり違うのだなということは、私もわかりましたし、皆さんもおわかりいただけたのではないかと思います。量が勝つか、質が勝つか、これからまだまだたいへんですが、これで終わります。

補記

古墳時代の始まりはいつか、が本項のおもな論点になっています。

私は、弥生時代の方形墓の世界から円形墓の世界への移行を重視し、纒向1式（纒向1類）＝従来の弥生5様式末の画期を古墳時代の始まりと主張しています。具体的には吉備の鬼川市3式期に築造された全長八〇メートルの楯築墳丘墓を中円双方形の古墳と認識し、二世紀末を古墳時代の始まりと考えています。

（石野博信 2012.7）

（白石太一郎 2012.8）

この対談は一九八五年におこなわれたもので、その後二七年もの年月が経過した。この間における考古学的研究の進展は著しく、資料は大幅に増加し、研究も飛躍的に進んだ。この対談についても大幅に手を入れたい衝動に駆られるが、それではこの段階におこなわれた対談としての意味がなくなってしまう。そのため内容についてはまったく修正していない。こまかな事実関係については修正を要するところは少なくないが、「古墳」をどのようにとらえるかという点については、私の考え方はまったく変わっていない。

弥生時代というのは日本列島に初めて本格的な水田稲作農耕が伝えられ、生産経済の段階になった時代である。その結果各地にムラが生まれ、有力なムラが周辺のムラムラを統合してしだいに大きな政治的まとまりとしてのクニが形成されるようになった。政治史的にみれば、弥生時代というのはまさに政治的統合が進展した時代にほかならない。

私の理解では邪馬台国時代というのは、西日本に邪馬台国を中心とする小国連合としての邪馬台国連合が、東日本にはおそらく濃尾平野にあった狗奴国を中心に狗奴国連合が形成されていた段階であろう。卑弥呼の晩年のこの両勢力が争って統合され、日本列島の中央部が初めて一つの政治的まとまりとしてのヤマト政権を形成するのである。定型化した大型前方後円墳を中心とする古墳の出現は、まさにそれに対応している。

古墳時代はこの「古墳」の出現から始まる。西の邪馬台国連合で纒向石塚など前方後円形墳丘墓が、東の狗奴国連合で前方後方形墳丘墓が営まれていた邪馬台国段階は、まさに地域的統合の進展の最終段階、すなわち弥生時代の最終段階と理解できる。画一的な内容をもつ定型化した大型前方後円墳の成立という墳丘墓の変遷過程の中での最大の画期と、列島の中央部が一つの政治的まとまりを形成した時期はみごとに一致しているのである。

1986

古墳はなぜつくられたか

石野博信・原島礼二（司会）
柳田康雄
菅谷文則
橋本博文
鈴木靖民

高地性集落をめぐって

高地性集落について

石野　まず、古墳が出てくる前の高地性集落という弥生時代の山城（図19）がもつ意味について若干討議をし、鏡を中心とする古墳時代の副葬品の問題、あるいはそれにからんで各地方の前方後円墳をはじめとする古墳と各地域との相互の関係、さらにそれにからんで土器をはじめ物の交流というか移動をどう考えるかということでシンポジウムを進めていこうと考えています。

では初めに高地性集落に関する問題から始めます。原島さんは、庄内式の段階に高地性集落がなくなってくる、関東・東北には少ないことを指摘されています。また、一八〇年を前後する「桓霊の間」と中国の文献に出てくる倭国大乱の時期には、大和や吉備の中心部に高地性集落がきわめて少ないということも指摘しておられます。

私は「桓霊の間」の二世紀は弥生時代の後期だと考えています。佐原真《さはらまこと》さんと田辺昭三《たなべしょうぞう》さんが一九六六年、河出書房新社の『日本の考古学』で年代観を出されました。そこでは弥生中期の動乱が二世紀の動乱であって、中国文献と対応するのだと言われました。

私も当時はそういう考え方をとっていましたが、その後、弥生、あるいは古墳の初めの年代について考えていくと、上げて考えたほうがいいと思うようになりました。全部上げて考え直してみると、一七〇〜一八〇年というか、二世紀という段階は弥生後期と考えたほうがいいのではないかと思います。そうすると、弥生中期段階にはたしかに大和には高地性集落が少ししかありません。しかし、弥生後期として考え直すと、五、六カ所ぐらいあるので、少ないとは言い切れません。ただ、吉備の場合は弥生中期にはありますが、後期にはありません。

また、庄内段階に近畿の高地性集落がなくなるという考え方はいまも変わっていません。庄内段階の高地性集落が近畿にはありませんが、もう一つ前の纒向1式（従来の弥生5様式末）の段階からないようです。その段階で世の中が変わるのだという思い込みがかなり入っていますが、そのように考えています。ただし、北陸や山陰、山陽の西のほうの地域には庄内並行期の高地性集落が事実としてあるようですから、その辺の地域を分けて考える必要があるのではないかと思います。

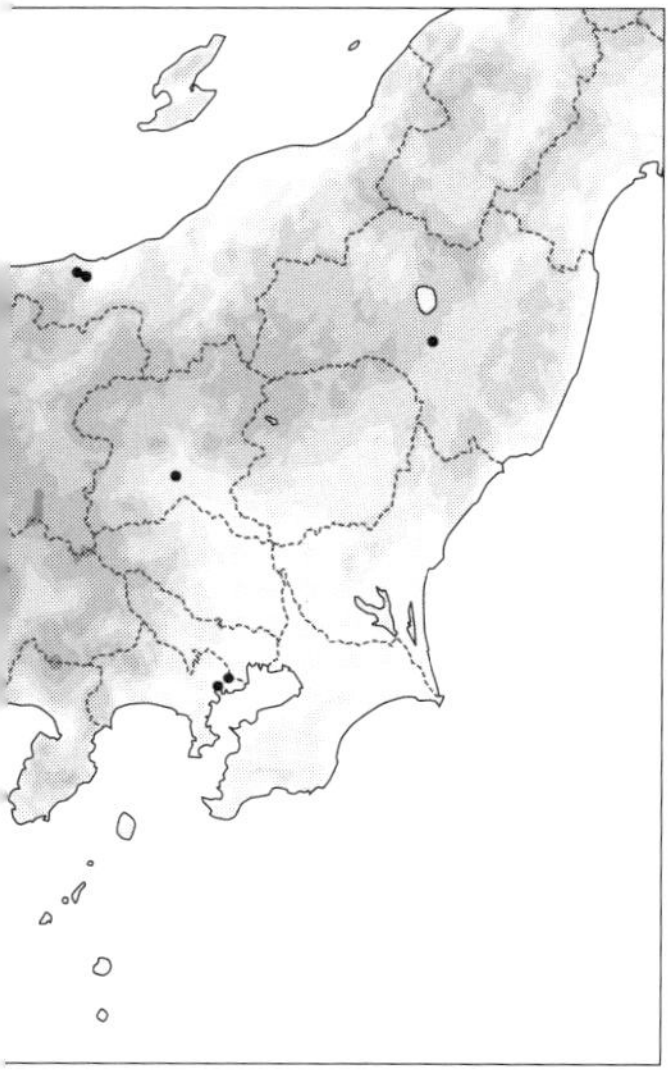

それから、関東には高地性集落が少ないというか、ないという感じがしますが、たとえば東京都内をみても、あるいはかなり中のほうに入っても、群馬まで行けば別として、高い山はありません。仮に高地性集落がいったん事あるときに逃げ込む城であったとして

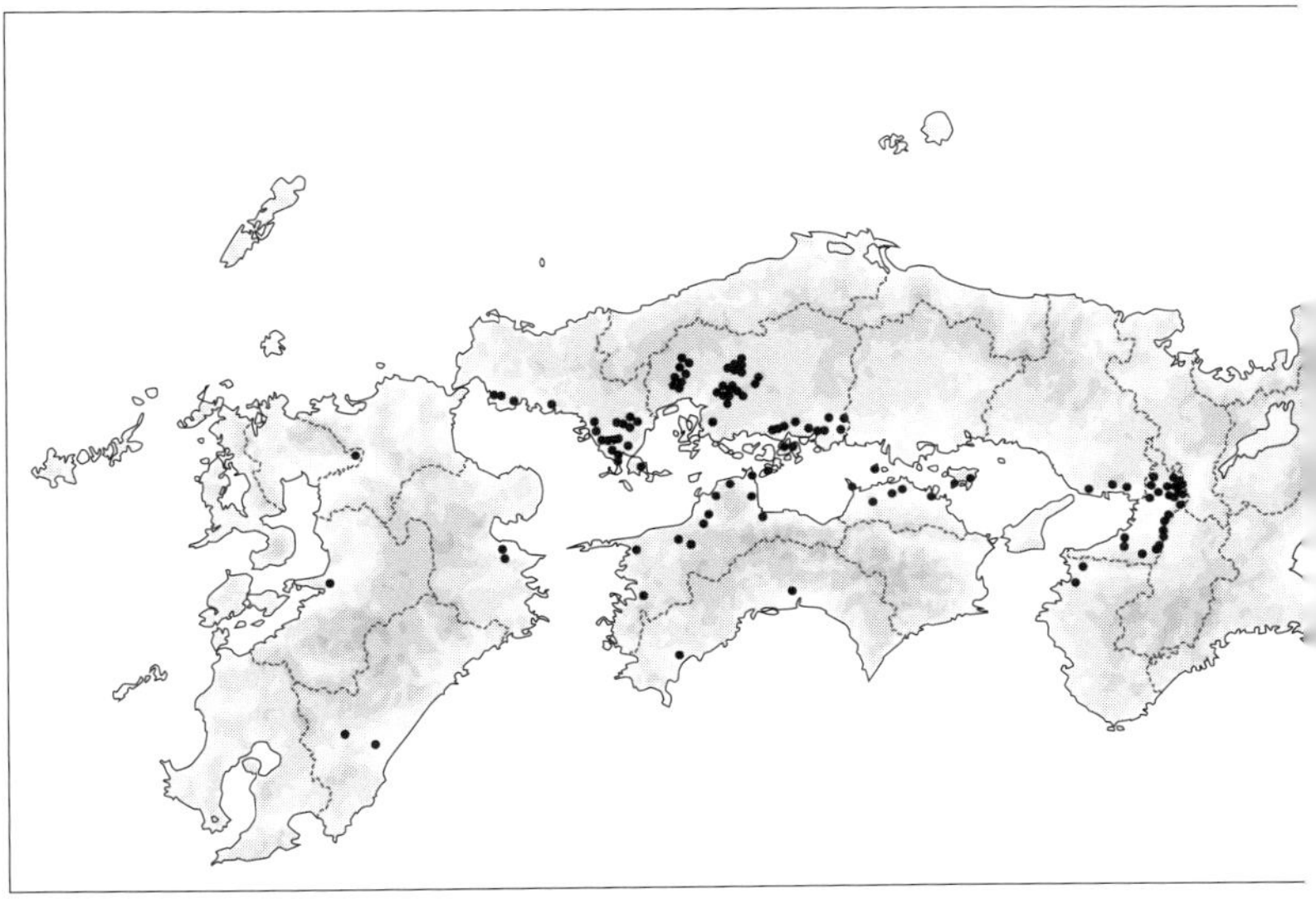

図19　弥生時代の山城

も、そこに住んでいる人は群馬まではとても逃げていけません。したがって、自分の領域の中に城をつくるとすると、物理的に低いところにしかつくれません。高い山はないので、関東にたくさんある丘の上ぐらいにしかつくれません。もしそこにつくるとすれば、村を溝でとり囲むということで防禦の機能をもたせるよりほかに方法はないわけです。高いところに村がないというのは、山がないからしようがないということになりますが、同じ機能をもったものがはたしてあるのかどうかということで見直さなければいけないのではないかと思います。

九州も高地性集落についてはどちらかというとノーマークの地域です。原《はら》田大六《だいろく》さんは、もう二〇年か三〇年ぐらい前に、九州が大和を含めて東を攻めるわけですから、攻める側の九州には城は要らないと言われたことがありました。

まず、関東、九州の高地性集落についてお聞きしておきたいと思いますが、柳田さん、いかがでしょうか。

なぜ北九州に高地性集落がないか

柳田　高地性集落については、いま言われた原田大六さんとすべてが同じではありませんが、やはり攻める側に城は要らないと思います。現に北部九州にはわずかしかありません。小野《おの》忠凞《ただひろ》さんが『高地性集落跡の研究』（学生社、一九七九）に出された地図には、熊本の阿蘇山の周辺にはあるようになっていますが、阿蘇山は北部九州の周辺地域であると同時に山の上でも普通の平地と同じように住めますから、私は高地性集落だとは考えていません。高地性集落にかわるものとして環濠集落が考えられますが、北部九州の環濠集落は集落の一部分を囲むもので、むしろ集落内における特定集団の存在を考えるべきあり方を示しています。
石野さんの研究によると、高地性集落は中期のころだということですが、北部九州のほうで考えますと、その時期は一世紀のある段階だと思います。それは九州産の青銅器がいちばん広く分布する時期ですが、ちょうどその時期にあたる高地性集落が瀬戸内を中心に大阪湾まで分布し、青銅器の分布もそれに非常に似た分布をしているのです。

一例をあげると、高地性集落が少ない地域ですが、島根県荒神谷遺跡《こうじんだに》（出雲市）の大量の銅剣は、地元の方も、そのほかの地域の方も、大半の方は山陰でつくられたと考えておられます。しかし、現に九州の佐賀県姉《あね》遺跡（神崎市）から鋳型が出ています。これは、いままで細形銅矛だと思われていた鋳型ですが、最近明らかに銅矛ではないということがわかりました。私は青銅器の研究会（埋蔵文化財研究会）でその一部を発表しましたが、どうやら山陰で出土する中細銅剣も九州でつくっているようです。さらに、そのつぎの型式の中広銅剣まで九州でつくっているのは明らかです。九州に製品はないけれども鋳型はあるわけです。このように九州色が少ないといわれていた山陰でも、北部九州産の青銅器が分布していることが明らかになりました。

これは銅鐸でも同じです。九州に銅鐸の実物はありませんが、北部九州出土の鋳型と同型式の銅鐸が中国、四国に分布するという事実があります。九州産の青銅器が瀬戸内、あるいは山陰、それから朝鮮半島にまで分布しているということは、北部九州が制海権を完全に握っていたといえると思います。一世紀段階あるいは二世紀以前では、近畿地方、あるいは北部九州以外の地域が大陸と直接交渉をおこなうことは、おそらくできなかったのではないでしょうか。やはり北部九州を経由するか、北部九州が銅なり鉄なりの材料を仕入れて、それが近畿地方に流れていくのではないかと考えています。

そして、二世紀後半の倭国大乱は卑弥呼《ひみこ》共立の直前だろうと思いますが、この時期は石野さんによりますと、畿内を中心に高地性集落が分布しているということです。この時期に九州に高地性集落はありませんから、どうやらその時期に九州の勢力が近畿に到達するのではないかと考えています。

その後の第三回目の高地性集落は、石野さんによると、近畿以外の地域、たとえば広島や長野あたりに分布しているので、今度は全国統一とまでいえるかどうかはわかりませんが、そういう方向に向かっての争乱ではないかと考えています。

高地性集落と軍事征服説

石野　いま柳田さんから、単に高地性集落があるかないかというだけの話ではなくて、弥生時代の青銅製の祭り用の道具の広がりも含めて話していただきました。話はいろいろなものをからめて進んだほうがいいと思います。中期段階は九州の攻撃に対処して山口あたりから防禦を始め、後期になると近畿が包囲されて必死に守ろうとしたという雰囲気のお話でしたが、もしそうだとすると、原島さん、どうでしょうか。

原島　もう少しほかの方に実際はどうなのかということをうかがいたいと思いますが、私の基本的なものの考え方を言いますと、九州から近畿に攻めていったとか、近畿から九州へ攻めていってとかいうのはシンポジウムはおもしろくなっても、かなり実際とは違うのではないかという動物的な勘がなんとなく働きます。

つまり、片方が片方を攻めて征服したというかたちは、一種の大和朝廷による四世紀の全国統一を裏返しにした格好になって、今度は九州による全国統一説になるので、どちらに転んでも同じことだと思います。はたしてそういうふうになるのかどうかということに根本的な疑問をもっています。それを石野さんがとり上げてくださったのは非常にありがたいわけです。

いま柳田さんがおっしゃった論理でいくと、出雲には高地性集落がない、そうすると出雲も攻める側だったのか、東日本は一応おくとしても、高地性集落がないところは攻める側に立っていたのかということになりますが、そういうふうに説明できるのかどうかという疑問があります。

石野　動物的な勘というのは、かなりいい線を突かれているような感じもしますが、柳田さんはどうでしょうか。

柳田　いまの私の発言は、それこそ挑戦的な言葉を使いましたが、北部九州には高地性集落が時期的にも都合よくある、そして北部九州産の青銅器がその時期に分布するということで私は言っているわけです。たしかに攻めていった、征服していったという証拠はありません。卑弥呼を共立しているので、連合というかたちがあったと思いますが、鏡の副葬、あるいは青銅器を墓に入れる、武器形の青銅器を祭りに使うという精神的な面が東の地域に伝播したということで、高地性集落と結びつけると私の結果が出たということです。

石野　高地性集落の問題については、弥生時代の文化全体の流れとして、国鉄のように、「ひかりは西へ」ということなのか、近畿から西へ行っているのか、あるいは九州あたりから、「ひかりは東へ」なのかというのは、いろいろ議論のある問題です。

それと同時に、私はいつも不思議だなと思っていますが、九州でも、近畿でも、弥生時代の墓から鏃や石剣が骨に突き刺さった状態でよく出てきます。しかし、いまのところ九州人には九州の武器が突き刺さっていて、近畿人には近畿の武器が突き刺さっているので、相互乗り入れがありません。最近どこかで一例ありましたが、近畿の人間に九州の武器が突き刺さったというのは非常に少ないわけです。

そうすると、近畿などの小さな地域同士の戦いはかなり恒常的にあったのではないかということになりますが、それと大きな戦いを区別することが必要だろうと思います。先ほどの原島さんの指摘はそのあたりを突かれたのかなと聞いておりました。どちらにしても、九州か、吉備か、近畿か、関東かという大地域だけをとりあげて問題にしてはいけないということでもあるのかなと思います。

高地性集落と関東

石野　その点について関東の様子を橋本さんにお聞きしておきたいと思います。

橋本　先ほど石野さんがおっしゃったように、地形的な要因か、それとも機能・性格的な問題からか、いずれにしても高地性集落という概念でとらえられるものは確認されておりません。

関東平野には、「港北台地」とか、「大宮台地」とか、いわゆる台地がいろいろありますが、そういうところは低地からの比高が数メートルから十数メートルです。むしろ、環濠集落のような防禦的な色彩の濃い集落址が最近比較的多く検出され、関東地方ではいまのところ数十例確認されています。

環濠集落は、南関東では港北台地を中心として神奈川、東京、千葉、それから埼玉でも最近出てきています。北関東のうち、栃木ではいまのところ未検出ですが、群馬では私が知っている限りで三例あります。群馬のなかの三例は高地性集落に相当するような山の上かというと、そうではなくて、比較的山間部に近いところですが、その地域にあって「環濠集落」という名称でよんだほうがよい立地です。時期的には、後期初頭段階と後期の末の段階に、ある程度集中しています。

環濠集落について

石野　いま環濠集落のことを同時に説明していただきました。中世などに村の周りを幅五、六メートルか一〇メートルぐらいの溝でぐるっと囲むというものが奈良県あたりにもよくありますが、中世も戦争の時代であったわけです。それと同じように、弥生時代に村の周りを幅三、四メートルの溝で囲んでいますが、山の高いところにあるものが山城《やまじろ》であるとすれば、それは平城《ひらじろ》という意味づけができるかもしれません。

しかし、有名な福岡の板付遺跡《いたづけ》では弥生前期の最初の段階から、村の周りに溝をめぐらせています。したがって、稲作農耕が始まるわりあい古い段階から村を防禦していますので、これをもって即戦争と言っていいのかどうかという問題があります。弥生時代がつねに戦いの絶えなかった段階であるとすると、平地の環濠をもった村がいつあらわれていつ消えるかということも同時に考えていく必要があるだろうという意味でマークされている遺跡です。

ですから、それがいつ消えるのかということが問題ですが、関東の例では後期が多く、そして後期の末ぐらいということですから、古墳が出てくるころには消えています。これについては、都出比呂志《つでひろし》さんも環濠集落の解体ということを指摘しておられますが、そういう意味での環濠集落です。

その辺をひっくるめて、鈴木さん、いかがでしょうか。

『魏志』倭人伝の倭国大乱

鈴木　『魏志』倭人伝しか弥生時代の段階に関連する文献史料はありません。『魏志』倭人伝の「其の国もとまた」うんぬんとあるところを読むと、邪馬台国を中心とする倭国には長い間、男の王がいた、ところが倭国が乱れて長いこと攻め合ったとされています。それが倭国大乱とか倭国争乱だと言われているもので、ほかの文献には後漢の桓帝と霊帝の間のころだと書かれています。これは後漢の末期的な時代をあらわす表現とされますから、それを絶対年代としてて疑う説もありますが、私は疑う必要はないと思っています。

これは卑弥呼が出現する直前の出来事ですが、つぎに卑弥呼が亡くなった後、男の王が立ったけれども国中が服さないで、また殺し合いがあり、多数の人が死んだと書かれています。文献にはその二つが知られるのです。

ついでに言いますと、その前のところに、邪馬台国などが、その南にあると思われる狗奴《くな》国と戦争をしたという記事があります。倭人伝には正始八年のところにありますが、魏の帯方郡に使いを遣わした一つの目的は、狗奴国をやっつけるために帯方郡、ひいては皇帝のお墨付きをもらうということにありました。実際に帯方郡に行って、相攻撃する状《さま》を訴えたと書かれているので、これも倭国争乱の一つに数えられるのではないかと思います。

史料的には争乱を伝えるのは三回ですが、どのレベルの争乱、大乱があったのかということを考える必要があります。魏の人たちが認識したのはこうしたことですが、もっとさまざまな地域的な争乱も考えていいと思います。なぜ争乱がおこるかというのはいろいろな理由があるでしょうが、平等的な部族社会の段階から国ができるという段階になると、階層や序列など、人間の身分的な上下関係があらわれて、歴史が進みます。それに対する揺れ戻しというか、権力がある程度のレベルに達した首長を引きずりおろして社会をもとに戻すということが論理的に考えられると思います。人間にたとえると産みの苦しみですが、国家的なものに向かっていく陣痛のようなものですから、そういう意味では別に二回とか三回に限定する必要はありません。それから、二〜三世紀の日本列島の国にはさまざまなレベルがあり、とくに小さい国が各地域ごとにあるわけです。したがって、地域間の争いなどもあってしかるべきだと思います。

つぎに、高地性集落なり環濠集落なりとどう関係するのかわかりませんが、『魏志』倭人伝からどういう景観が想像できるかというと、卑弥呼が立ったあとの記事のところに、居処・宮室・楼観・城柵を厳かに設けて、つねに兵隊が武器をもって守衛していたと書かれています。これが文献から想像できる王の居住する集落の様相ですが、それが考古学的な高地性集落とか環濠集落と結びつくのでしょうか、イメージとしてもっとすごいものを想像したほうがいいのかという程度しか考えつきません。

もう一つ、戦いがあったということの文献的な証拠は、魏との交通の記事です。まず、景初二年に卑弥呼が使いを遣わしたときに、男の生口が四人、女の生口が六人献上されています。正始四年のところは、ただ生口とありますが、壱与のときに男女の生口三〇人を献上しているのです。生口というのは、中国の史料をいろいろ検討すると、人間であり、捕虜的なものだと考えるのが妥当だと思いますが、こういう奴隷のような身分が生じるのは戦争が最大の要因であろうと考えています。卑弥呼たちは戦いに勝ち、捕虜をもっていたのでしょう。これが文献から発言できることです。

石野　弥生時代の戦いは地域同士の戦いかどうかという問題がありますが、私は中期の段階は地域間同士で、後期の段階は近畿を中心に、と意図的に分けて考えています。これについては反対意見があり、後期の段階も近畿だけに集中しないで各地域に戦いがあったのではないかという考え方もあります。

それについては土器の認定のしかたの問題になって、話はややこしくなりますが、仮に後期段階は戦いが近畿に集中し、それが一七〇～一八〇年で、倭国大いに乱るという記事に対応するならば、倭国は近畿にあるということになると思います。文献上、そういうふうに読むことは可能でしょうか、まったく不可能でしょうか。

邪馬台国と倭国大乱

原島　私は、邪馬台国が別にどこにならねばならないとは考えていません。あれは究極的な目標です。いま富士山の六合目ぐらいまでしか行っていないのではないかと思っていますが、鈴木さんは九州説をとっておられるようですから、鈴木さんにバトンタッチさせていただきます。

鈴木　たとえば『魏志』倭人伝に邪馬台国に至る道のりを南とあるのを東というふうに変えて解釈するのは文献史学からいけば史料を改竄するのですから、邪道です。したがって、できるだけ『魏志』倭人伝という文献史料の枠組みを生かして解釈すれば、邪馬台国はやはり九州になるということです。ただ、それは『魏志』倭人伝がそう書いていると考えられるのであって、邪馬台国がどこにあったかはわかりません。実際には、日本列島のどこにあってもかまいません。

従来の研究では、いわゆる邪馬台国論争で邪馬台国の所在地を一カ所だけ探すのが普通ですが、私は日本列島内の歴史のなかで国家がどういうふうにしてできるかということに関心をもっているので、邪馬台国なみの社会構造をもつ国はどこでいくつ発生し、存在してもかまわないという意味で、かまわないというわけです。もちろん近い将来、邪馬台国の「邪」でもいいから発掘で新たな文字史料が出現してくるといいのですが、まだ決定的な証拠がないというのが本音です。

それから、これは考古学の先生方にうかがいたいのですが、一元論的に邪馬台国を求めるということに対して、下条信行《しもじょうのぶゆき》さんや寺沢薫《てらさわかおる》さんなどは、青銅器や土器などの遺物、場合によっては遺跡は、北部九州と近畿の対立ということではなくて、並立、あるいは交流という歴然たる事実を語っているといわれています。そういうことと、いま問題になっている争乱の問題は、どうかかわっているのでしょうか。同じ弥生の時代に争乱もあるし、共存の状態もあるので、まったくの閉鎖社会ではありません。そういうことをとくに注意すべきです。先ほど柳田さんが言われた荒神谷遺跡にあらわれるように、山陰や瀬戸内などのあり方も同じでしょう。弥生から古墳の時代に移るときの大和の状況はどのようなものだったか。このあたりのことをもう少し突っ込んで考古学の方から教えていただきたいと思います。

石野　邪馬台国所在論にいきなりいくつもりはなかったのですが、なんとなくそうなりました。少しもとに戻ったほうがいいと思います。

いま鈴木さんが言われたように、一カ所、あるいは数カ所だけに絞るのではなくて、弥生時代にはそれぞれの地域、たとえば筑紫、出雲、吉備、関東、東北と、それぞれの地域にその地域の勢力があったと思います。それがからんで、やがてどこかに大きな前方後円墳があらわれ、やがて律令国家が出てくるわけです。

弥生の段階については、高地性集落をとりあげて地域相互の関係を考えてみようということで今日は出発しましたが、幸い荒神谷の話が出てきましたので、青銅製祭具の話もからめて、菅谷さん、どうですか。

菅谷　私は青銅器というのは皆さんほどは見ておりません。銅鐸は、たいへんむずかしい。銅剣、銅矛もよく知りません。銅鐸も時間幅がありますが、高地性集落のある時期の分布圏と非常に近いわけです。最近荒神谷でたくさん出てきましたので、島根県に高地性集落が一つしかないように図示されているのは困りますが、分布圏はだいたいよく似ています。

私は高地性集落についてはいつも疑問を感じています。どういう疑問かと言いますと、奈良盆地の周辺には高地性集落がたくさんありますが、それ以前の平地の人たちを収容しうる遺跡数はないわけです。ですから、今後もう少し高地性集落を発見していく努力をしないといけないのではないかと思っています。また、平地の集落にくらべて面積が小さい。

それから、先ほど鈴木さんが生口は戦争によってのみできるとおっしゃいましたが、遣唐使が中国へもっていったもののなかにも生口があるわけで、これは歌うたいであるとか踊り子さんです。そういうものがあるということを指摘しておきたいと思います。また三国の呉《ご》では、徴発に名を借りた人狩も盛んでした。

石野　生口は必ずしも戦いの捕虜だけではないから、それによって文献にひきずられて、戦争を無理に考える必要はないということですか。

菅谷　そうです。現代風に言うと、階級間の矛盾の問題などによって、やむをえず、あきらめて生口になった人もありそうです。

石野　鈴木さん、その辺はどうですか。

鈴木　そういうお考えはあるかもしれませんが、この記事だけではありません。具体的には笠《かさ》井倭人《いわじん》さんの研究があるのですが、このほかのいろいろな中国史料に出てくる生口の記事の分析から、先ほど述べたようなことが言われています。もちろん、ほかにも生口ができる要因はありますが、捕虜説がもっとも都合がいいというのが本当のところでしょう。

それから、舞姫のことは史料では遣唐使というか、渤海《ぼっかい》への使いにともなうものだったと思います。この舞姫も朝貢品の役割を果たしていますが、なによりも歴史的な条件が違います。八世紀か九世紀のことですから、違う性格のものだと考えたいと思います。

高地性集落の構造

石野　高地性集落についてあまり時間をとってもいけませんが私は弥生後期には近畿に集中す

ると主張していますが、事実として兵庫県北部に一例（大森山《おおもりやま》遺跡）、鳥取県西部に一例（妻木晩《むきばん》田《だ》遺跡群）、弥生後期の高地性集落が最近わかってきました。土器そのものを比較すると、次の庄内期に並行するというものではなくて、弥生後期におさまるというものがあります。そういうものが広島、山口あたりでもあるかもしれません。そうすると、思い込みではなくて、相対年代でくらべる場合でも、土器の編年の組み立てをして、相互に比較してものを言っていく必要があるので、まだまだ課題は残されているということかと思います。

それから、高地性集落の村の中の構造がわかっている例は案外少ししかありません。村の構造について、兵庫県芦屋市の会下山《えげのやま》遺跡（図20）では、尾根のいちばん高いところにこの村の中でもいちばん大きな部類の住居がつくられています。そして、一抱えもあるような石で築いたお祭りをした場所ではないかと思われるものが家の後ろにあり、大きな家の前には柱穴状の穴がいくつか出ているので、柵状の施設がつくられていたことがわかります。あとは点々と家が何軒かあって、墓がつくられていたり、火をたいた場所があったりします。弥生時代後期の会下山の村の場合は、青銅製の鏃をもっているのは大きな家です。しかも、この家だけが大きなりっぱな炉をもっています。弥生後期の高地性集落のなかでは、同じ村の中ではあるけれども、一つの大きな家を別扱いしているという階層化がみられます。

こういう村の構造が一般的なものなのか、特殊なものなのかということも考えていく必要があるだろうと思いますが、その辺は比較材料がいまのところまだ少ししかありません。

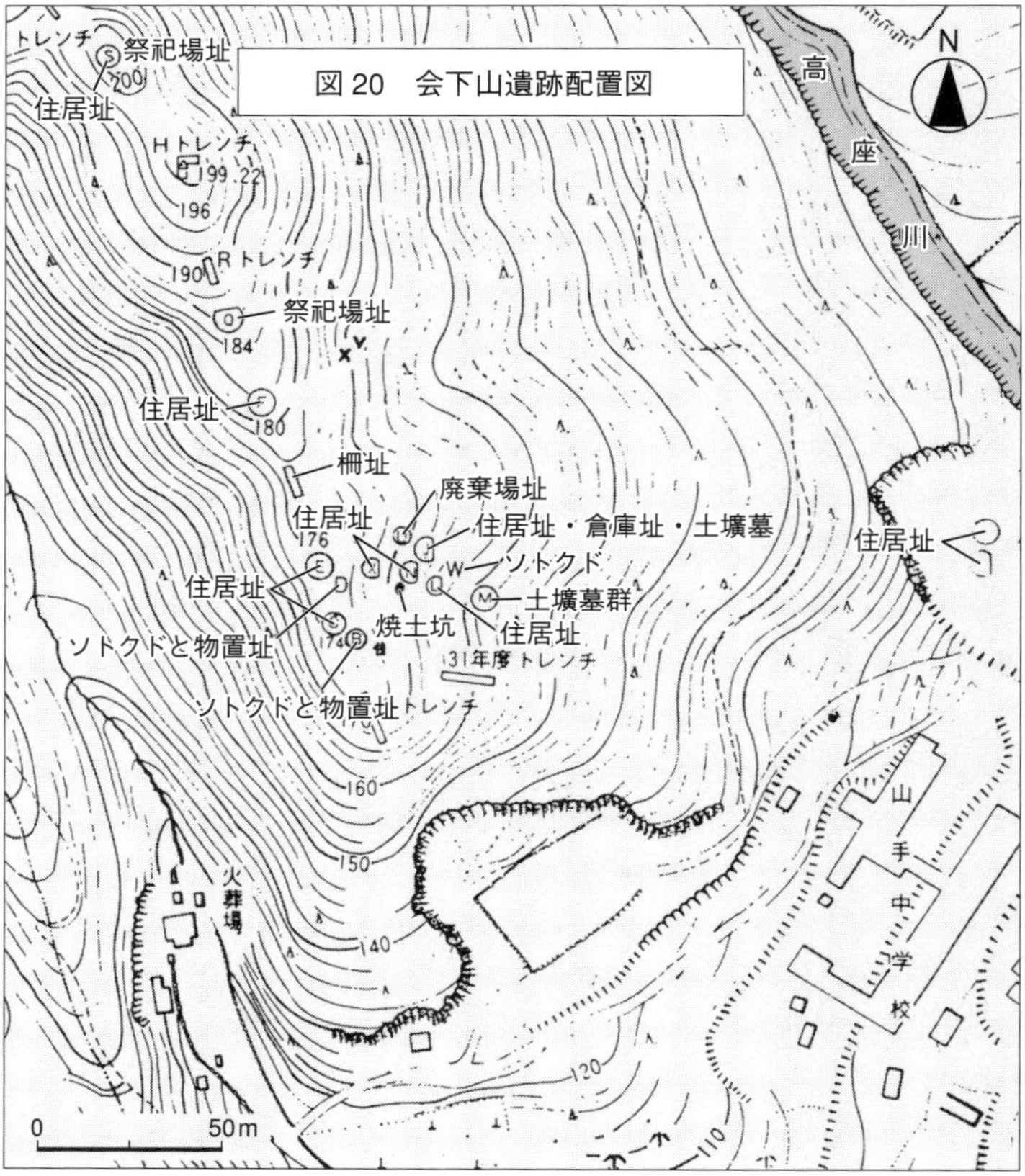

図 20　会下山遺跡配置図

また、戦いの村であるとすると、戦いが現実におこって、火をつけられて一村全部が燃えてしまったということもありえます。二、三年前に、弥生から平安時代ぐらいまでの焼けた家を集めてみたことがありますが、高地性集落で一村丸焼けという例は、全然みつかりませんでした。一軒か二軒焼けているというのがありますが、これは普通の村でもよくあることで、とくに高地性集落が焼けている率が多いということではありません。焼けているとしても焼け方がいろいろあって、戦争で焼けたと思われる焼け方をしているというのはほかにはありますが、高地性集落では、そううまくはみつかりませんでした。

そうすると、私を含めて高地性集落が軍事的な村であるという言い方は全部ダメになるのかもしれません。これは私にとっても困りますので、上の村までは戦いは押し寄せてこなかった、下でやっていたという苦しいところもけっこうあるわけです。ですから、いろいろな面からの検討がまだまだ必要なのだろうと思います。

前方後円墳をめぐって

ヤマトと北九州の初期古墳

石野　高地性集落はこれぐらいにして、二世紀、三世紀ぐらいの段階に高地性集落が消えるのとほぼ同時期ぐらいというと、ちょっと話がうますぎますが、古墳が出てくるわけです。その出方のほうに入っていきたいと思いますが、柳田さんが九州の初期の古墳である福岡県の那珂《なか》八幡《はちまん》古墳（福岡市、**図21**）、原口《はらぐち》古墳（筑紫野市）、妙法寺《みょうほうじ》古墳（那珂川町）、津古生掛《つこしょうがけ》古墳（小郡市、**図32**）などが奈良県の纒向《まきむく》の地域にある古墳群の墳形と非常によく似ているということを指摘されています。

これを都合よく解釈しますと、庄内式という弥生時代か古墳時代かでまだもめている土器の時期の段階に、すでに大和の纒向の古墳タイプと同じものが九州にあるわけです。そうすると、庄内段階に単に前方後円墳が大和にできたというだけではなくて、九州地域に同形の古墳ができるような連帯関係があったのかもしれない。それが千葉県の神門《ごうど》四号墳（**図22**）と同じタイプであるということを寺沢さんなども墳形の企画性を論じて書いています。

そうだとすると、関東から北部九州という広い範囲に同墳形の古墳があるということになりますが、庄内段階にそこまであるというのは、わたしも少し考えすぎではないかという気もします。しかし、たしかに古墳の形が似ていますので事実は事実です。柳田さん、それはどうでしょう。どこまで踏み込みますか。

柳田　北部九州では、纒向古墳群に似た古墳が何例かみつかっていますが、確実に主体部まで全部発掘したという例はありません。かつて盗掘されて三角縁神獣鏡が出たということですが、那珂八幡古墳だけは重要遺跡確認調査で一部を発掘して、庄内の新しいところであろうと思われるものが第二主体部から出ました。第一主体部はもっと古いのではないかと考えています。

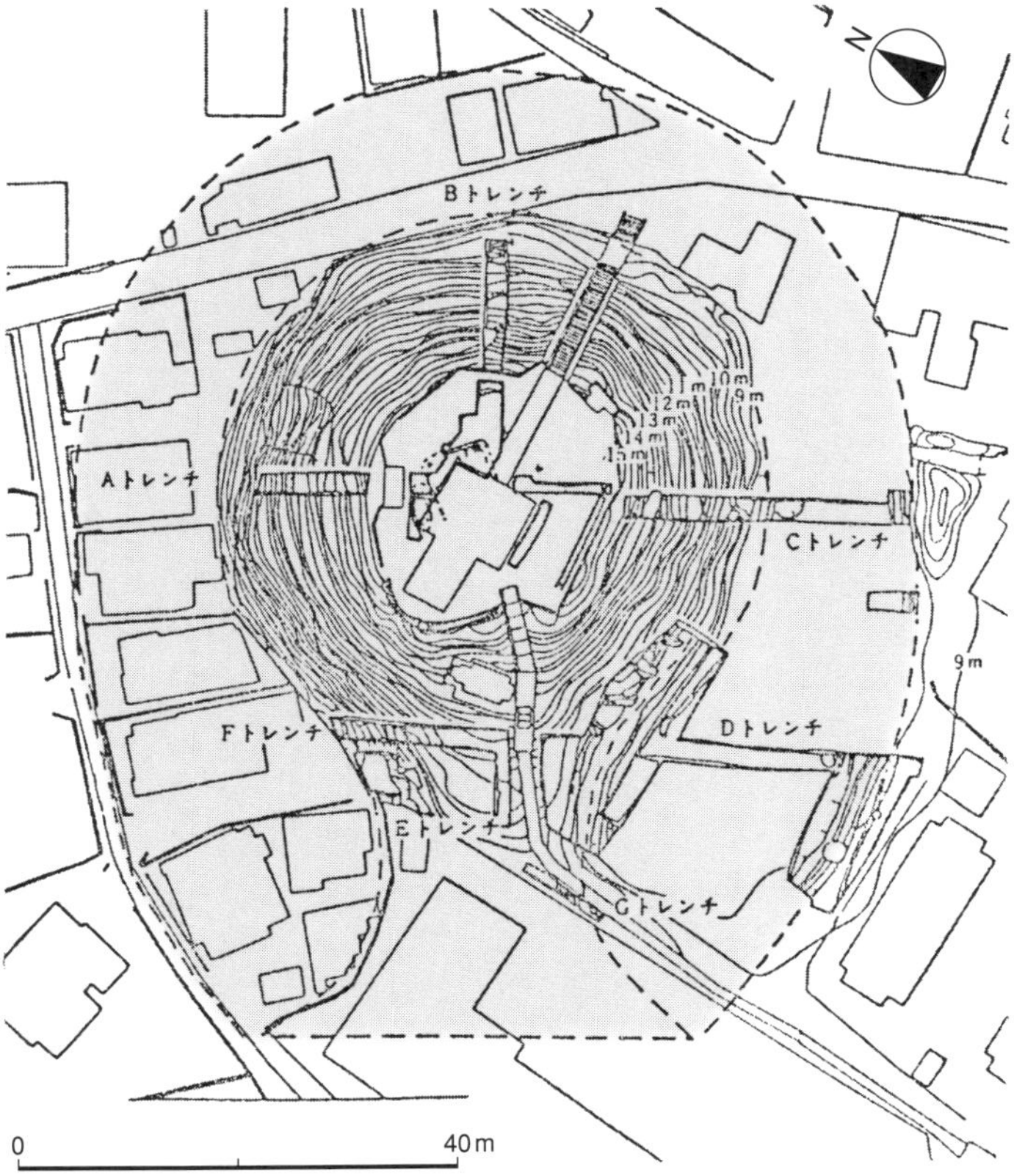

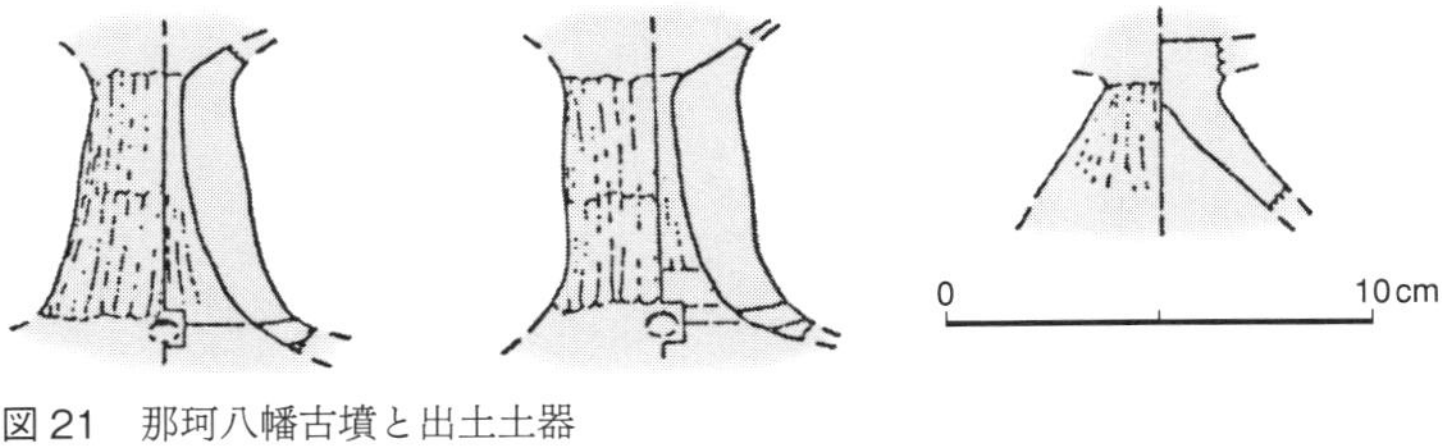

図21　那珂八幡古墳と出土土器

ところが、墳丘が似ているというだけではなくて、庄内式土器が汎日本的に広がっています。とくに北部九州の前期古墳がある福岡平野、糸島平野には集中していますが、岡山あたりは少ししかありません。ですから、九州までは来ているけれども、途中は少なかったりするので、九州と初期ヤマト政権は非常に深いかかわりがあるということを墳丘、あるいは土器あたりから言いたいわけです。

石野　前方後円墳が布留式の段階にあるということに関しては、ほとんど意見が一致しています。その段階の前方後円墳は単なる墓ではなくて、前方後円墳体制とよべるような一つの政治的な体制ができた象徴である、それは定型化した前方後円形をしていて、三段築成である、埋葬施設は非常に長い竪穴式石室で、死者は割竹形木棺に納められている、副葬品は鏡や刀や玉がきちんと入ってくる、そういう前方後円墳体制とよべるようなものが布留式の段階に仕上がってくるのだという考え方があるわけです。

それでは、庄内段階について、副葬品や埋葬施設まで布留式の段階と同じようにいえるのかどうかというと、柳田さんが言われたように、そこまでの材料がありません。大和でも発掘していませんからわかりませんし、九州でも最近それが注意され始めた段階ですから、まだわかりません。ですから、その比較はこれからですが、わかっている古墳の形だけをとりあげると、きわめてよく似ているという意味です。

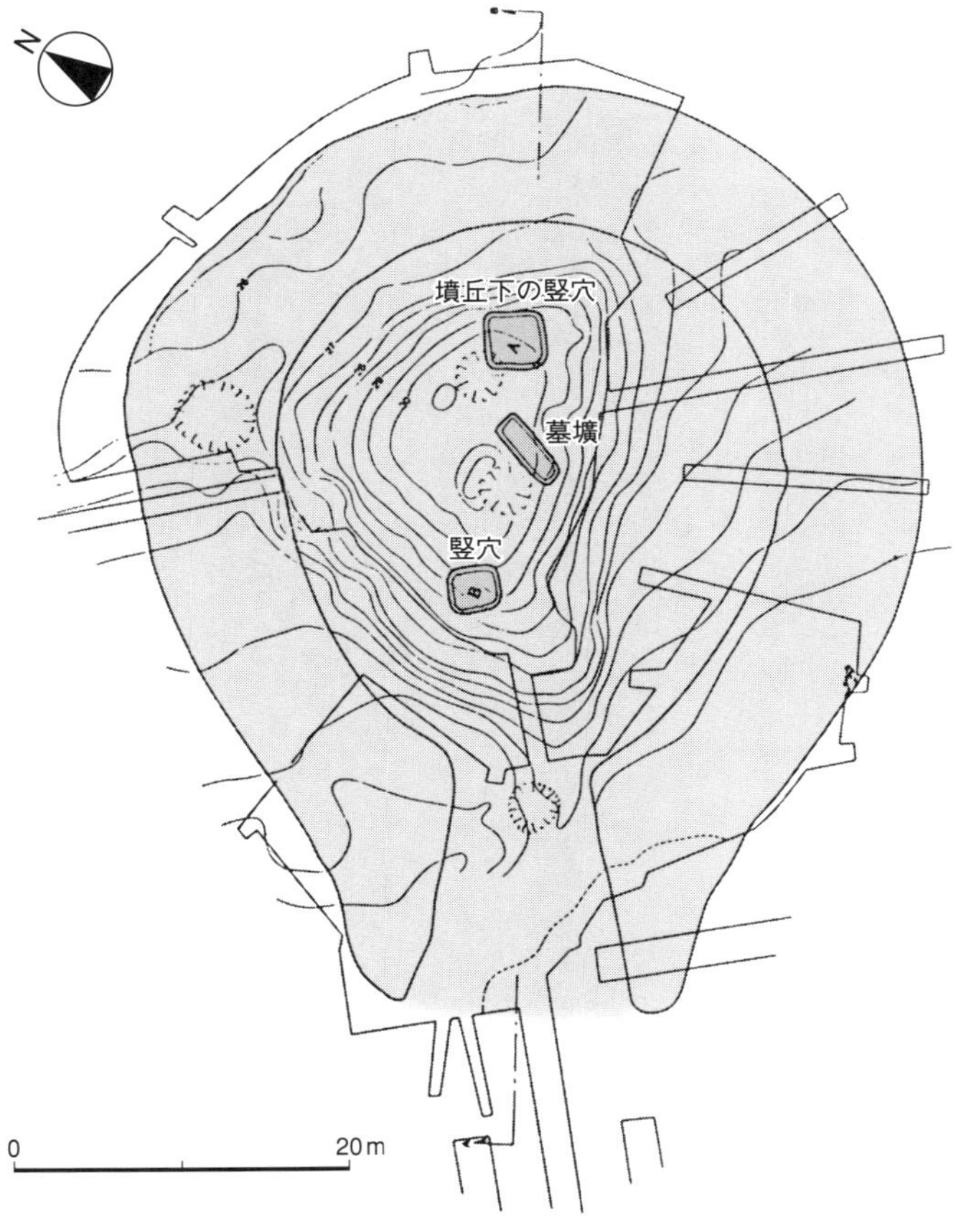

図22　神門4号墳

石野　その似ているものの一つが千葉県の神門四号墳です。これについて、橋本さんは弥生時代というふうに言われたと思いますが、その辺の意味も含めてお願いいたします。

橋本　わたしは近藤義郎《こんどうよしろう》先生や都出比呂志先生の考え方に比較的近い立場に立つ者の一人です。政治的な画期をどこに求めるかということですが、前方後円墳体制の施行前と後というような考えでみているわけです。それ以前に、列島各地に地域性の非常に強い墓がそれぞれありましたが、地域相互の交流のなかから、互いの要素をとり入れながら、違った墓をつくり出しつつあったと思います。

それはある程度画一的な形であって、一つは前方後円形にプランを仕上げるということ、それから段築の問題、長大な竪穴式石室をもつとか、割竹形木棺を入れるとか、鏡の大量埋納とか、埴輪を樹立するとか、いろいろな要素があります。そういうものを極力そろえようとし、また、地方に一つの定式化したものを送り出す段階に画期を求めたいと考えているわけです。その意味で、神門四号墓なり、五号墓の段階は、その直前の段階だと考えています。

ここでちょっと補足的に墳丘の問題について言いますと、北関東の群馬の芝根《しばね》七号墳（玉村町）の墳丘形態は、基本的な形態として前方後円形を呈していますが、後円部は長楕円形のプランをもっているので、神門四号墓の形に比較的近いものです。それから、畿内の定型化した古墳のなかでも最古式の古墳に数えられる京都府の椿井大塚山《つばいおおつかやま》古墳（木津川市）は、同笵鏡をたくさん副葬していることで著名ですが、それも後円部が長楕円形です。尾根上にあるということで、そういう制約を受けているのかどうかという問題もありますが、墳形の類似度ということでは注目しています。

ただし、芝根七号墳の場合は、前方部前端が確実に切り離されています。ですから、ブリッジとして周溝外につながっていくということではありません。つまり、神門四号・五号墓のような陸橋というかたちで外側と連結しているという状態ではありませんので、より定型化した形の前方後円墳として出てきていると思います。しかし、前方部が比較的短いのです。帆立貝というほどではありませんが、比較的短い形態をとっています。それと先の後円部の形態から古式だと考えています。

石野　前方後円墳の後円部が長円形になるというのは、纒向石塚《まきむくいしづか》（図4参照）や柳田さんが言われた九州の初期の古墳の形と若干近いと思います。簡単に言いますと、後円部が丸くて、前方部にちょっと伸びていって卵形になって、その先端に三角がくっついて前方後円の形になりますが、そういう感じの地割りが初期に出てきている可能性があるわけです。いま橋本さんが言われたのは、そういう意味ではないのかもしれませんが、そういう類似性です。

それから、それとは別に、橋本さんも菅谷さんも言われておりますが、前方後円墳が明らかに成立して以降、関東に前期の前方後円墳がいくつかありますが、前方後円墳体制の一つの大きな要素である竪穴式石室のまともなものがありません。そうすると、関東は前期古墳の段階、およそ四世紀の段階には前方後円墳体制に入っていなかったのかということになりますが、その辺について、橋本さん、どうでしょう。

橋本　埋葬施設では竪穴式石室の問題や木棺構造の問題があるわけです。それから、副葬品、外部施設の埴輪類の問題がありますが、前方後円墳体制といわれているものの諸要素をすべて満たしているものは、ほとんどありません。ですから、極力そういうものに近づけようとして、そういうものをもっているところもありますが、竪穴式石室の問題に関しては、粘土槨なり、木棺直葬の場合は、工人を招けなかったとか、より緊密度が低かったとか、ランク的なものとかがあるのかもしれません。比較するのはあまり適当でないかもしれませんが、朝鮮半島の新羅の墓制のなかでのランクづけ的な埋葬構造の違いのようなものが地方に反映されているのではないかと考えています。

そのほかの要素として、副葬品のなかの鏡の問題があります。中部以東、関東・東北の前方後方墳といわれるものからは三角縁神獣鏡が出土した確実な例は、今のところ一例もありません。必ずしも前方後方墳が三角縁神獣鏡をもたないということではなくて、湯迫車塚《ゆばくるまづか》古墳（岡山市）とか新山《しんやま》古墳（奈良県広陵町）、東海地方では愛知の東之宮《ひがしのみや》古墳（犬山市）という前方後方墳で三角縁神獣鏡を数面出土しています。それは拠点的なというか、規模もかなり突出していますが、そういう前方後方墳は三角縁神獣鏡をもったり、鏡の副葬数も多かったりするわけです。

しかし、それ以外の中部、関東、東北にかけてのいまのところの前方後方墳の調査例をみますと、鏡の種類ないし副葬数に関しても、かなり前方後円墳との間のギャップが大きいのではないか、そこになんらかの政治的なグレードを反映するような意図的なものがあるのではないかと思います。

石野　その辺は墳形なら墳形だけではなくて、埋葬施設も含めて、全部で考えたほうがいいと思います。非常に刺激的な言い方をしますと、大きな要素として指摘されている埋葬施設がきちんとしていなくても、大和政権の前方後円墳体制というのだったら、庄内段階でも当然いえるだろう、ことによったら弥生前期段階の方形周溝墓の段階でも考える必要があるだろう、あるいは境目に出てくる四隅突出墓《よすみとつしゅつぼ》という山陰を中心にした墓制についても四隅突出墓体制を考える必要があるのではないかということになるわけです。菅谷さん、どうですか。

前方後円墳について

菅谷　前方後円墳についての考え方が橋本さんと私では基本的に違うと思います。橋本さんは日本の学界のオーソドックスな考え方に立っておられますが、私はやや違います。最近いろいろな研究者がいろいろな論文を書いておられます。それは大和朝廷が被服属者に下賜したということで、器物や祭儀形式の伝播を理解しようというもので、言いかえると、中央政権が当時のすべての生産と流通を管理していたという考え方です。それを列挙すると、揺籃《ゆりかご》から墓場まであるので、私は冗談めかしてよくこのように言っています。まず死んだら、設計図か工人が下賜され、前方後円墳が造営される。棺桶そのもの、またはグレードとともに石棺などが下賜される。墳丘も前方後円墳や前方後方墳をくれる。これは墓場です。もちろん鏡もくれる。古墳の中に入っている甲冑や武器類もくれる。ちょっとあとの時代になると、耳輪もくれる。初期の須恵器も大和朝廷がくれる。着物は残っていませんが、これもくれたとすると、地方の豪族は霞を食って生きられたわけです。

いろいろな論文があります。鉄鏃の論文もあれば刀の論文もありますが、そのすべての結論は、だいたい大和朝廷がくれたということになっているので、揺籠から墓場まで全部もらえました。私は古墳時代がこのような社会であったというのはきっと間違いだと思っています。なぜ間違いだと言えるのかということですが、それは、原材料の入手から制作、そして製品化と、その消費先の決定までを一貫しておこなえる政治機構が全国的規模で存在したことは歴史上一度としてあったことはないからです。たとえば前方後円墳についてみると、前方後円墳は見よう見まねでつくれるものだと考えているからです。

たとえば、大和や河内にある前方後円墳が基本的な形だとすると、関東の古墳はなぜ濠がないのでしょうか。葺石はないのでしょうか。なぜ埴輪を初期にはつくらないのでしょうか。中途半端な四角い濠があったりしますが、九州へ行っても馬蹄形周溝という関西にある将棋の駒の上をつぶしたような周溝はありません。それから、三段築成といっているものは、実は四段ですが、関東でいちばん美しい古墳としてよく知られている千葉県内裏塚《だいりづか》古墳（富津市）には段築がいっさいありません。あれは誉田御廟山《こんだごびょうやま》古墳（応神陵）の形をコピーしているのだというのが皆さんのご意見ですが、のっぺらぼうな古墳です。また、群馬の天神山《てんじんやま》古墳（太田市）も墳丘斜面がのっぺらぼうな古墳です。

ということは、巨大前方後円墳の時代ですから、河内・大和と設定しますと、そういう古墳は見よう見まねでつくったということです。日本の古代社会では流行とか自然的な伝播は認められないというのが皆さんのだいたいの解釈ですが、そうではないと思います。私はある論文で、このような考え方に反論したことがあります。いちばん安っぽいイヤリング（金環）を大和朝廷が配ったとする論文に対してです。その論文は金は非常に高価なもので、なかなか手に入らないものだから、大和朝廷が地方の人に耳輪をくれたというものです。私はそれは間違いだという論文を書いて、まだ決着がついておりません。

それから、大和や河内に大きな古墳があるというイメージがありますが、大和、河内にどういう大きな古墳があるかと考えますと、大和では一般に崇神陵といっている行燈山《あんどんやま》古墳、景行陵といっている渋谷向山《しぶたにむかいやま》古墳、箸墓、メスリ山古墳、桜井茶臼山古墳、あるいはちょっと時代が新しくなりますが、佐紀古墳群と葛城の古墳のいくつかがあります。しかし、これらを除くと、大きな古墳はありません。せいぜい一〇〇メートルぐらいです。

河内はどうかというと、その時期には一〇〇メートルの古墳はありません。九〇メートル程度です。有名な景初三年の鏡を出した和泉黄金塚《いずみこがねづか》古墳（大阪府和泉市）でも八六メートルですから、大きな古墳はありません。

そうすると、関東の土着的な古墳とほぼ同じ大きさです。神門の古墳はだいぶ古いのですが、四〇メートルとか、五〇メートルとか、六〇メートルありますから、それでも大きいわけです。大和朝廷をピラミッドのピークにして物事を考えたとすると、大和にピラミッドにつづく部分がすぐにありません。突出したいくつかの古墳がありますが、残りの古墳は横並びの古墳です。それはだいたいどの程度の範囲にあったかと言いますと、東京都北多摩郡とか奈良県山辺郡とか、大阪府三島郡のような郡単位ぐらいに前期の古墳群があります。大阪沿岸で高地性集落がある六甲山系の海岸線沿いに処女塚《おとめづか》古墳、求女塚《もとめづか》古墳（神戸市）というふうに一〇キロぐらいの間隔で全長八〇メートルから一〇〇メートルぐらいの古墳が並んでいます。

ですから、私は古墳文化を地方へ押しやったのは中央政権の力社会ではないと思います。模倣社会というか、コピー文化ですね。関西にある手の切れるような古墳、設計図で見ると角がピッと立ったようなものは、いくら大きくても関東にはありませんし、九州にもありません。その辺を考えると、庄内期の古墳で九州にある那珂八幡古墳とか、原口古墳とか、妙法寺古墳とか、生掛古墳とか、円墳に撥《ばち》形のものがついて、濠はそこまでいかないというものは神門古墳もそうですから、九州の端と千葉県とではよく似たものをつくっていたわけです。

もし古墳に表現されている社会が統一社会であったと考えると、銅鐸のときにすでに考えなければなりません。それこそどんどんさかのぼってしまいます。いずれあとの討論でまた述べる機会があると思いますが、われわれが学生の時代に習った高塚墳墓の発生が日本の初期国家の成立だ、初期国家イコール高塚墳墓だという言い方について、考え直さねばならない時期がきていると思います。いままでは四世紀以前のものはないと思っていたので、それでよかったのですが、神門と同じものが東京都にあるのか、神奈川県にあるのか、静岡県にあるのかというと、もうあまり出てこないのではないでしょうか。これだけ東京の周辺で発掘して、神門しかないわけです。〝しか〟と言うと、ちょっと誤解があるかもしれませんが、なぜ関西から千葉県へ行く途中にないのでしょうか。

たとえば、伊都国の一大率のように天降って、ポンと飛んでいくのかというと、当時はヘリコプターも飛行機もありませんからできません。やはり古代社会における模倣性というものも考えなければなりません。それを煎じ詰めて、社会体制ということにいってしまうと、縄文晩期の亀ヶ岡系の土器は関西にありますし、北陸にもあるので、北回りで亀ヶ岡人が亀ヶ岡式土器をもって攻めてきたということになってしまいますが、これはちょっと考えられないと思います。

ですから、個別具体的な高塚墳墓がそのまま社会体制を反映しているとするのはダメだと考えています。関東の前期の前方後方墳でいちばん古く発掘された能満寺《のうまんじ》古墳(千葉県長南町)は、たしか木炭槨です。このほかに木槨があり、礫槨もあります。礫槨というのは関東にはわりあい多いと思いますが、関西で私が知っているのはたった二つしかありません。その一つは五世紀の後半の古墳で、もう一つは新沢四八号墳（橿原市）で五世紀初めの古墳です。

もしグレード社会であったとしたら、木炭槨はどこにグレードするのでしょうか。竪穴式石室、粘土槨、そのつぎに木炭槨、礫槨になっていくのかもしれませんが、ちょっとこのように並べる合理性がみられません。

前方後円墳のつくり方

橋本　見よう見まねでということをおっしゃいましたが、そのわりには酷似する部分がかなりあるわけです。それをどういうかたちで見たのか、その辺はまた問題になりますが、墳丘企画のうえでのプロポーションの類似は、おそらく設計図が手に入らなければ達成しえないという問題もあると思います。

それから、内蔵する木棺の構造や石室の構造も、古墳を築造している段階に居合わせて、実際に見るとか、設計図を手に入れるとか、技術者を連れてくるとかしないと同様なものはつくれないという問題があるわけです。また、そこでおこなわれている祀りのスタイルに比較的似ているものが採用されていますし、つくる際の技術上の問題も在地のなかで対応しきれるのか、そのまま、まねてつくれるのかという問題があると思います。

可能性としては、畿内の王陵の築造に参加、ないしは葬送儀礼がおこなわれる祭祀に列席するという部分があって、そこで見てきたものをこちらでまねてつくるということがあって、そういうものにより近づけたいという願望はあったと思います。が、畿内と地方とのつながりの緊密度を在地の共同体の内外に示すうえで、技術者の招請等、グレードとしてそれが反映されてくる部分が多いのではないかと私は考えているわけです。

菅谷　先ほどは十把一からげふうに言いましたが、まったくのコピー文化だと思っているわけではありません。前方後円墳のつくり方は非常にむずかしいとよく言われていますが、これについては上田宏範《うえだひろのり》先生のご研究や甘粕《あまかす》さん、宮川徏《みやかわすすむ》さん、石部正志《いしべまさし》さんの研究があるわけです。そのうち、いちばん簡単なのは、宮川さん、石部さん、堀田啓一《ほりたけいいち》さん、田中英夫《たなかひでお》さんの共同研究です。数年前に石部先生などが指導されて、大阪の小学生が縄と棒杭を使って小学校の校庭に前方後円墳の実施設計図を実大で描きました。六分割などはすぐできます。

違う時代のものを言うのはおかしいかもしれませんが、国分寺はわが国で国軍をもった統一国家が統一的につくらせた最大のモニュメントだと思います。ところが、これの統一設計図は全然ありません。五重塔が一つとか、二つとか、右にいったり、左にいったり、薬師寺式のタイプがあるかと思えば東大寺式があったり、千差万別です。全国に五〇しかありませんが、今知られているすべてがまったく違います。したがって、統一国家が統一理念でつくらせても、それぐらいの差異は各地方でできるわけです。各地の技術体系や思想形態、長い期間の生産形態とその後背の条件は、中央政権によって一朝一夕にかえられるものではありません。

これも時代が違うとみんなに怒られますが、お城の設計図はいちばん秘密で、江戸時代には徳川家のものは中井家というお抱え大工がきちんと管理していましたが、外に漏れています。日本で天守閣がはじめてできたのはどこかということについてはいろいろ議論がありますが、すぐさま全国でコピーしてしまいます。地下に穴蔵があったり、外から見ると三階だけれども、中は五階だというようなまったく同じものがコピーでできていきますから、私はわが先祖の創造性を大いに評価したいと思います。

そうしない限り、地方文化、地方というものがないということになってしまいます。それから、古代社会はいまのように通信の手段、交通の手段がありません。せいぜい馬に乗る程度で、どこに行くのも歩きました。ですから、古代社会は都会と田舎という文化の区別ができない社会です。

池袋は不便だとよく言いますが、たしかに関西から来ると不便です。電車に四〇分近く乗らないと行けませんから、東京の田舎だと思いますが、関西のわたしからみると新宿も不便です。最近は地下鉄ができたので速くなりましたが、それはみんな交通手段を基準にして考えるからです。

古代の人はどこへ行くのも一歩一歩、歩いていったわけですから、文化はコピーしなければなりません。たとえば、棺の材木を大和から運んでくるわけはありません。イスラム社会では数千キロも棺桶をメッカまで運んでいくということはありますが、橋本さんが言われたように、すべて大和朝廷なりの統一基準というのは、私はあまり認めたくありません。それならそれで、前方後円墳の大きさが七〇メートルクラス、五〇メートルクラス、三〇メートルクラスときちっとグレードがないといけませんが、中途半端な数字が多すぎます。

橋本　すべてがすべてということではなくて、貫徹度がかなりゆるかったということを私は言いたいわけです。そのことで「前方後円墳制」のすべてが、満たされているわけではなく、そういう部分もあると思うのです。もちろん、コピーの段階もあるので、かならずしも中小規模の古墳まですべてが規制のうえにつくられたということではありません。在地の首長クラスの者はより近いものを志向して築造していきますが、その配下の者もコピーのコピーというかたちでより崩れたものというか、それが貫徹されたものとはほど遠いものをつくると考えてもよいと思います。

たとえば長持形石棺は非常に政治性が強い棺だととらえていますが、畿内の大王陵クラス、いわゆる天皇陵とよばれている古墳を中心として、かなり大形の規模の墳丘をもつ古墳（とくに前方後円墳）に採用され、地方においても最大級の古墳に内蔵されています。部分的には円墳クラスのものにも入っていなくはありませんが、関東地方においても東日本最大の古墳である太田天神山《おおたてんじんやま》古墳（群馬県太田市）とか、伊勢崎地域最大のお富士山古墳（群馬県伊勢崎市）のようなその地域最大クラスの前方後円墳に確認されています。したがって、大王陵のものと同一の形態・構造をもつ石棺を採用するということについては、なんらかの政治的な格づけがあったのではないかと考えられるわけです。

前方後円墳の「伝播」について

石野　菅谷さんの言い方はきわめて異端的であって、本人も言っているように、こういう考え方をする人間は考古の世界では非常に少ないわけです。どちらかというと私も少ないほうに傾いているほうで、きわめて異端的だと自覚しています。多くの人は、橋本さんが言われたように考えています。菅谷さんは、前方後円墳というのは単なる文化現象だ、政治性を強く考える必要はないと言っているわけです。

そういうふうに思いたいのですが、事実として三、四世紀以降、前方後円墳がつくられて、似たような格好のものがあっちこっちでつくられています。その事実に対して、一般的には政治的な解釈がおこなわれているわけです。細部の点では違っても、前方後円という奇妙な形の墓が内容豊かなものをもつ大きい墓で、それが各地域に広まっていっているということは、単なる文化現象とは考えられないというのが多くの人の考えです。

ただ、それがあまり強く出すぎていて、なんでもかんでも前方後円、なんでもかんでも大和政権という言い方が強すぎるものですから一〇〇歩ぐらい下がって文化現象として考えると、いったいどうなるのかというのが菅谷さんの提案であろうと思います。それに対して、そんなことをされたら、全部ひっくり返るというのが、橋本さんが言われたことです。

原島さんもある段階の古墳は序列がきちんとしてきたと言われますが、文化現象として考える部分が多いとなったときには、その辺はどうなるでしょうか。

原島　やはりある程度のルールはあると思います。もしなかったら、もっと多様性が出て、新羅《しらぎ》と百済《くだら》と高句麗《こうくり》がそれぞれ違うものをつくっているのと同じように、前方後円などとまったく関係のないものが出てこないとおかしいわけです。

そういう意味では一定のルールがあると思いますが、ルールイコール支配だとしてしまうのは問題です。若い考古学者のなかには、庄内とか布留がきた、したがって大和王権の力が伸びてきて支配したと軽く言う人も多いのですが、ここがよくありません。私は似ていても似ていなくても構いませんが、同質性のなかにそれぞれの地域の求心性のようなものが働いて、選択はその地域がする、というふうに日本の場合は理解したほうがよさそうだと思います。

つまり、違うものを探していって、朝鮮三国のようなかたちで、それぞれの自主的なものを選ぼうとすると、いまの考古学者に支配的な、同じものにいく考え方には対抗できないのではないでしょうか。いま石野さんがおっしゃった考え方のなかで、私がいちばん気に入らないのはそこで、同じでもなんでも構いません。あるいは、菅谷さんが言われるように違っても構いませんが、問題は支配・従属関係というかたちで、古墳を四世紀の段階でとらえるということは、文献の研究とは全然合わないということです。そこのところが、冬の陣か夏の陣か知りませんが、いちばん最後のところです。

したがって、おっしゃっていることは両方ともそれぞれ当たっていると思います。ただ、いまの考古学界の状況からいうと、菅谷さんが強調して言われましたが、あのくらいジャンジャン言ったほうがいいと思います。そのほうが目が覚めます。これはやはりものすごい力です。三〇代の学者でも、二〇代の人でも、教えた先生はみんな戦中派で、ヤマトタケルの物語も、神話も知っているので、その範囲内でしか発想しないわけです。

それで、さっき柳田さんにも嫌味を言いました。柳田さんは非常に勇敢で、私は高く買っていますが、だいたい近畿から九州へ攻めていくということになっています。そうしないと、高句麗の好太王との戦争はありえないと教科書にいっぱい書かれています。九州から攻めてきたというのは、それに対する一つの反対論ですが、言っているうちにわからなくなってきたので、しようがないからもとに話を戻します。(笑)

そういう質の同じもののなかにある独立の問題、自立の問題、そして連関の問題というふうにとらえると、菅谷さんが強調された文化伝播は非常に理解しやすい面があると思います。関西には礫槨は二つしかないとおっしゃっていましたが、関東のほうは石もたくさんあるしというので適当にやったと考えれば、これは一つの自主的な現象です。

文献のほうでは、そういうものが最終的に切れてくるのは六世紀以降ではないかという感じをもっていますが、その点で鈴木さんと私の考えは大局ではそんなに違いません。現場を見ながらいつも感じるのは、そのあたりの食い違いです。そういう意味で、いま橋本さんと菅谷さんからお話をうかがいましたが、九州の柳田さんからも、九州はどう考えているかということを聞きたいと思います。

九州の初期前方後円墳

柳田　九州のほうで考えますと、最古式の前方後円墳は纒向古墳群の墳丘形態と非常によく似ています。一般に言われる最古式の前方後円墳の典型は石塚山《いしづかやま》古墳（福岡県苅田町）ですが、石塚山になってはじめて長大な竪穴式石室、あるいは割竹形木棺もおそらく採用していると思います。しかし、それ以前の最古式古墳は箱式石棺と粘土槨がいちばん最初に出てきます。ただ、九州の場合は、粘土槨と言っていいかどうかわかりません。きれいに粘土で被覆した例は九州にはまったくなく、粘土を使っても目張り程度ですから、木棺直葬というのがいちばんいいのだろうと思いますが、最初の古墳はどうもそういう形を採用していたようです。

しかし、割竹形の木棺はありますが、割竹形木棺がどこから発生するかということはちょっとわかりません。平原《ひらばる》遺跡（福岡県糸島市）がもし弥生時代だとすれば、すでにあるわけですが、その辺がまだ不明です。

副葬品のことはあとで出てくると思いますので一応触れませんが、まねはできないと思います。前期古墳の副葬品のセットは、精神的な文化のなかに入りますので、あるいは中央から下賜される部分があるのではないかと考えています。

前方後円墳はつくったか、つくらされたのか

石野　前方後円墳はみずからの意思でつくったのか、つくらされたのかということにもなると思いますが、これはなかなか話はつきませんし、あとでまた出てくるかもしれませんので、この辺にしておきます。ただ、仮にまったく同じものが現実にある場合、中心地が大和であったとしても、大和を利用したほうが都合がよいと各地の王が判断したときにはみずからの意思でつくるということはありうると思います。それを私は以前に、「背景としての権威」と表現しました（「古墳の発生」『歴史公論』一九七八）。それを物、あるいは遺構のうえでどう証明するのか、みずからつくったものとつくらされたものを考古学的にどう証明するのかというのはむずかしいと思いますが、そういうこともありうるのではないかという気もします。

私はそれがほとんど全部ではないかと思いますが、柳田さんが最後に言われたように、どうしても単なる文化現象とは考えられないというものもあるかもしれません。その辺がからみ合っているというと、いいかげんな手の打ち方ですが、そういう部分もあるのではないかと思います。

菅谷　先ほどお二人から反論されましたので、一分間だけ言わせていただきます。私がそのように考えている根拠は、日本政府には七世紀になるまで軍という軍隊がなかったということです。つまり、どういう戦争もすべて豪族連合体というかたちでやっていたわけです。中央政府の個別具体的人身支配ということではないし、戦争のときも中央軍というのはなかった。です

から、各地方の豪族が自分に武器が連続して供給されるルートをもっていたとしか考えられません。こう考えてみますと、全国に複数の武器供給のネットワークがあり、割合に強いのが大和でしょう。この点は否定しません。国軍がなかったと考えているということを申し上げておきます。武器調達法のない軍は存在しないのです。

鏡をめぐって

景初四年銘鏡について

石野 これから、鏡を中心とする副葬品の話に入ることにします。最近、景初四年銘鏡が出ましたし、橋本さんからは鏡の例をたくさん挙げていただいています。柳田さんも鏡についてはー言ありそうですし、鈴木さん、原島さんも文献とからめてどうかということをきっと発言していただけると思います。まず、菅谷さんから今日（一九八六年一〇月一二日）新聞で報道された広峯《ひろみね》一五号墳（京都府福知山市）出土の景初四年銘鏡（図23）を含めてお願いいたします。

菅谷 今朝の七時半にある人から電話がかかってきました。「東京新聞を見たか」と言われました。ホテルのフロントに行くと、東京新聞は置いていなかったので、この会場に来てから見せていただきましたが、同型鏡が宮崎の古墳から出土し、兵庫の銅鐸のコレクションで有名な辰馬考古館にあるというニュースでした。入手の時期、経緯はまったくわからないということです。岡崎敬《おかざきたかし》先生の鏡の目録にあったものです。

わたしの直感ですが、これはたぶん戦後にお集めになったものだと思います。辰馬コレクションは戦前と戦後すぐのものが多く、その後はあまり購入していません。辰馬先生はもうお亡くなりになりましたが、京大の考古学の創立期の方です。この収集品はすべてといっていいぐらい銅鐸を中心に梅原先生が調査されています。辰馬考古館の資料は銅鐸がメインですが、戦後、梅原先生が宮崎出土のものにご関係があったようですので、案外宮崎は正しいのではないかと思います。

これは紀年銘ですが、破片のままで修理がなされていません。戦前の年号鏡で、もし中国で出て日本へ山中商会など骨董屋さんを通じて入ったのだとすると、だいたい補修されています。宮崎といいますと、戦後の開墾によって持田《もちだ》古墳群（高鍋町）が全滅しています。持田古墳群の報告書は梅原先生がお亡くなりになる寸前に出ましたが、出土品はすべて散逸してしまいました。だから、宮崎というのは案外正しいのではないかというのが、今日新聞を読んだときの直感です。

梅原先生は戦前に『漢三国六朝紀年鏡図説』という漢代と魏・南北朝、六朝の年号の入った鏡の図録をおつくりになって、そこにはアメリカのものなども入っています。その図録に漏れたものを中心に、戦後気づいたものを昭和三八年（一九六三）に、「考古学雑誌」に発表されて、新資料が何点か入っています。そのときにこれに気づいていないということは、それ以後に入

（径 16.8 cm）

図 23　広峯 15 号墳出土の景初四年銘鏡と出土状況

ったのかもしれないと思います。

しかし、辰馬先生がお亡くなりになる寸前は、新たなコレクションをふやすという作業をやめておられたと聞いていますから、終戦直後の混乱期に入ったのかもしれません。直木孝次郎先生が、同じ鋳型でつくられる同笵鏡は五枚が限度で、もし当時五枚つくったとすると、残り三枚が出てくる可能性があるが、困難だろうという談話を発表しておられます。五枚という数字は皆さんもどこかで何度か聞いておられると思いますが、八枚目が出た三角縁神獣鏡（岐阜市円満寺古墳、椿井大塚山古墳など）がありますから、五という数字にはこだわらないほうがいいわけです。

ところで景初三年（二三九）、四年という年号を打った鏡は全部日本で出たことになりますが、これについては京都の綜芸舎の社長をしておられた藪田嘉一郎《やぶたかいちろう》さんが、和泉黄金塚古墳の景初三年の鏡を疑われた論文を「古代文化」に書いておられます。そのなかで、景初三年という年号は日本の古代人にとっては非常に有意義でよく知られていた年号だったので、奈良時代のインテリにとっても大事だったし（『日本書紀』に記載している）、五世紀のインテリにとっても、四世紀のインテリにとっても大事だったので、四世紀になってから日本で景初三年という年号を付けてつくったという論文をお書きになりました。この考え方を積極的に肯定する人はいませんが、肯定に近いご意見の先生は案外おられるようです。

なぜそういう複雑な言い方になったかというと、前期古墳の年代が四世紀以前ではダメだからです。その理由は、卑弥呼とつづく壱与の時代は、天皇系譜にいっさい関係がないからです。このため古墳の始まりは、四世紀とされたのです。そうすると、鏡の年号と約一〇〇年間の差があるので、それを解決するために考え出されたのが藪田さんの後世鋳造説です。もう一つの鋳造時期と埋葬時期の時間差を解決するのが小林行雄先生以来の同笵鏡一時保管説、つまり魏の皇帝から下賜されてから、大和のどこかに一括保管されていて、王権が固定する時期に、被服属首長に大和朝廷との関係を証明するために、下賜したという考え方です。

学生社から出た『古鏡』という本を読みますと、口語体で書かれているので、先生のご本心が出ていますが、手なずけるためという言葉を使っておられます。これは巨大な権力をもった人が服属させるために与えたという意味です。

三角縁神獣鏡は、九州での柳田先生のご研究でも明器である、副葬品用につくったという結論に達しておられますし、私は奈良で研究していて、そういう結論に一〇年以上も前に達していたのです。光文社の『古代史ゼミナール・下』に根拠を明示して発表しています。

そうしますと、問題はいわゆる仿製鏡といわれている質の悪い鏡との関係です。銅の色も原則として錆の黄緑色をしています。三角縁神獣鏡にも、だいたい黒光りしたようないい色のものと青錆色のものと両方あります。いままで大阪府枚方市鷹塚山《たかつかやま》遺跡などから出土した仿製鏡の一群を三角縁神獣鏡より古くおいていました。しかし、こういうものが日本で同時につくられてもいいのではないかと思います。

古代社会においても、工房間や工匠間の技術格差はあったと思いますが、いま日本ではそれをまったく認めないで、時代の前後におき換えています。橋本さんは、いままでは珠文鏡は五世紀のあとのほうだと言われていましたが、出土状態からみると古いと言われています。その時期に家屋文鏡とか、手の切れるような直弧文鏡がありますが、これはちょっとやそっとではできません。中国鏡よりいいと思います。当時の中国鏡は白銅に近いものをつくっていませんが、これはほぼ白銅質で、錆び方も異常な錆び方をしています。分析がないからわかりませんが、銅の質が違うのだと思います。

ですから、古墳時代の基本的な問題として、工房間に技術の格差があったのです。技術の格差には腕の格差もありますし、原料入手ルートによる格差もありました。当時日本には銅原料がなかったので、朝鮮半島か中国大陸からもってきていますが、それがすべて九州あるいは大和の港に一括しておろされたのかどうかという問題があると思います。

もう一点は、おろされたあと、それがすべて大和なり九州なりで保管されていたのかどうかという問題です。もし鏡はすべて大和朝廷のどこかの工房でつくっていたとすると、あまり模様間のバラエティーは出ないだろうし、大中小がきれいなかたちで、古墳のグレードに応じて分配されていくと思います。私たちがいまいちばん重視しているのは年号のある鏡ですが、年号のある鏡が出た古墳を考えてみますと、すべて中途半端な規模の古墳です。

一つは蟹沢《かにさわ》古墳（群馬県高崎市）ですが、これは消滅しています。私は遠望しただけですが、山の上であまり大した古墳ができそうなところではありません。呉の年号を持つ山梨県の鳥居《とりい》原狐塚《ばらきつねづか》古墳（市川三郷町）も山本寿々雄《やまもとすずお》先生のご研究では小さな古墳です。和泉黄金塚は一〇〇メートル以下の前方後円墳です。それから、兵庫県宝塚市の安倉《あぐら》古墳もあまり大きくない円墳です。今度出た広峯一五号墳は木棺直葬墓で、箱形木棺のようですが、二〇メートル程度の古墳です。森尾《もりお》古墳（兵庫県豊岡市）は丘の頂上部が古墳です。

　われわれは大和朝廷の皇帝クラスの墓をすでに発掘しているわけです。メスリ山古墳も掘りました。茶臼山古墳も掘りました。行燈山《あんどんやま》古墳（崇神陵）の陪塚だと思われる天神山《てんじんやま》古墳も掘って、二三面の鏡を掘り出しました。時代的にはちょっと新しいものですが、佐《さ》紀陵山《きみささぎやま》古墳（日葉酸媛陵）は、たまたま盗掘されて鏡が全部出てきました。それが仿製の三十何センチというＴＬＶ鏡や方格規矩文鏡や直弧文鏡ですが、もし年号鏡が非常に重要なものであったとすると、そういう古墳に集中的に出てこないといけないわけです。たとえば関東では、いちばん古いといわれる千葉県能満寺古墳にあってもよさそうですが、ありません。静岡県三池平《みいけだいら》古墳（静岡市）ぐらいに入っていたほうがいいのに、それもありません。

　したがって、藪田さんが言われるように年号鏡が非常に貴重視されていたとは私は思いません。並の鏡の一枚だったと思います。そうすると、日本人は文字を知らなかったとかならず言われますが、私は四世紀には文字は知っていたと考えています。いずれにしても、古代人はどういう鏡を重視したかというと、その判断の基準は年号の有無ではなかったようです。

それでは、三角縁神獣鏡かといいますと、三角縁神獣鏡ほど日本にたくさん出る鏡はありません。珍しい珍しいと言いますが、四〇〇面ほど出ていますし、毎年一、二枚出ています。その点、中国から渡ってきたことがはっきりしている半円方格帯神獣鏡や画文帯神獣鏡といっている一五、六センチの鏡はあまり出ません。本格的な竪穴式石室を採用し、グレードが高いという三池平古墳にもありませんでした。

中国の江南からダイレクトに日本にやってきた半円方格帯神獣鏡もしくは画文帯神獣鏡といわれているすばらしい鏡が一面、椿井大塚山古墳から出ています。三角縁神獣鏡ではありませんが、和泉黄金塚の年号のある鏡は、中央槨の粘土の中に塗りこめられていて死体にともなっていませんでした。死体にともなっていたのは、一五、六センチの画文帯神獣鏡です。いまは鏡の年代論ではなくて鏡の使われ方の問題をお話ししていますが、使われ方からみますと、三角縁神獣鏡は特別にあつかわれる鏡ではありません。もちろん一枚のときは別です。

それから、鏡のグレードを考える場合には、珠文鏡とか四神鏡のたぐいの鏡が日本で三〇センチを超えるようなりっぱな仿製鏡がつくられたときに同時につくられているということを重視して、鏡がどういうかたちで地方に伝播したか、あるいはもち運ばれていったかということを考えなければならないと思います。そういう意味で工房間に格差があった、それは技術と銅の入手の差ではないかと考えているわけです。

九州の三角縁神獣鏡

石野　菅谷さんの鏡に対する考え方も、どちらかというと少数派です。しかし、少数派は大事です。景初四年鏡に対する菅谷さんの見方は、かなり説得力があるのではないかと思います。ただ、そういう鏡が国産であるということがわかったとしても、小林先生は同笵同型の同じ文様の鏡が各地の古墳に分有されているという事実を指摘して、それによるいろいろな連合関係を想定しておられます。その解釈の部分は別としても、そういう事実はあるわけです。

それに関連して、柳田さんは弥生時代にも鏡の同笵同型関係があって、中期後半以後、北部九州では伊都国を中心に配布されているのではないかというお考えです。そうすると、さかのぼってそういう政治的な関係を考えるのか、分有の事実はあっても別な解釈をしていくのかということになりますが、鏡を使っての文化現象というか、政治現象の問題は弥生・古墳を通じて、柳田さん、どうでしょうか。

柳田　九州には、たしかに前漢鏡、後漢鏡に同笵鏡があって、糸島を中心に分布しています。しかし、大量に鏡などを輸入した場合、同笵鏡、あるいは樋口隆康《ひぐちたかやす》先生のいわれる同型鏡がまじってくる可能性は十分あるわけです。三角縁神獣鏡は今後さらに数がふえるという点で、日本でつくられたものではないかと思っています。わたしは三角縁神獣鏡は国産であるということは、いままであまり積極的には言っておりませんが、一部では国産であろうという可能性を論じています。

私が三角縁神獣鏡をはじめて掘ったのは、福岡市の西のほうの糸島の地域にある若八幡宮《わかはちまんぐう》古墳です。この古墳から一枚の三角縁神獣鏡が出てきたわけですが、いままで前漢鏡、後漢鏡を見てきた目でその模様を見ますと、どうもかなり幼稚な模様です。しかし、きれいに銘帯があって、銘文があるので、当時はこれは舶載の三角縁神獣鏡であると報告したわけです。

つぎに、朝倉市の神蔵《かんのくら》古墳という前方後円墳を掘ったときに三角縁神獣鏡が出ましたが、同笵鏡などを調べ回っている間に、同じ同笵鏡といわれているものでも仕上げのしかたが違うということに気づきました。神蔵古墳の報告書を書くときは、いままでに舶載といわれているものにどこかで線を引きたいけれども銘文が入っていれば舶載とせざるをえないということで、九州の出土鏡で舶載といわれているものを一部落としております。たとえば、銘帯がないものは舶載ではないと思ったものがあったので、故意に仿製鏡として落としたわけです。

最近、舶載といわれている三角縁神獣鏡は、どうやら日本製ではないかと思いはじめたのは、弥生時代に明らかに九州でつくった小型仿製鏡があり、そのなかのいちばん新しい型式の鏡の一枚に、非常に質のいいものが出てきたからです。小型仿製鏡は文様をフリーハンドで描くので、文様が一定しておりませんが、同笵といわれているものもあるわけです。全体に青錆がなくて、舶載鏡のようにポコッと錆が浮き出るという錆び方は一般の小型仿製鏡には見られませんが、久留米市の西屋敷《にしやしき》遺跡の土壙墓から出土した鏡だけはピカピカ光っていて、いかにも質がよさそうに見えました。そして、その錆び方がどうもおかしいということで、たまたま鏡の中に含まれている鉛の同位体の研究をしておられる東京国立文化財研究所の馬淵久夫《まぶちひさお》先生にお会いする機会があったので、分析を依頼したわけです。

まだ分析研究結果は公表されていませんが、一応私が依頼したということで、ここでお話ししますと、舶載の三角縁神獣鏡といわれているものと仿製の三角縁神獣鏡といわれているものの鉛の産地が違うそうです。また、一般の弥生時代の小型仿製鏡は前漢鏡タイプといわれて、前漢鏡と同じ鉛を使っていますが、これは中国の北部のほうの鉛だそうです。それに対して、後漢鏡になってくると、中国の南のほうの鉛だといわれています。そればかりとはいえないようですが、舶載の三角縁神獣鏡もそれに近いところにあって、わずかに違います。最初少ない枚数を調べたときはバラつきがあって判然としなかったそうですが、数を調べていくと舶載といわれているものは一点にかなり集中するということがわかってきました。そして、西屋敷遺跡で出た小型仿製鏡もそれに合っているわけです。つまり、いままでの小型仿製鏡とは違う質のもので、明らかに九州でつくられたものが舶載の三角縁神獣鏡と同じ材料が使われているということがわかりました。

それから、舶載の三角縁神獣鏡と一緒に出る青銅品に銅鏃がありますが、これも質がよくピカピカ光っています。仿製の三角縁神獣鏡よりは、舶載といわれている三角縁神獣鏡の銅の質にはるかに近いものです。しかし、この銅鏃は中国でつくられたとは考えられません。そういう材料がかなり大量に入ってきて、日本でつくったと思われます。舶載といわれている三角縁神獣鏡は日本製ではないかと考えはじめた根拠はそういうところにあるわけです。
うと思います。

鏡の材料の入手先

石野　いまの話は、景初四年鏡とともにここではじめて公に語られたということになるのだろ

これまで三角縁神獣鏡舶載説と国産説がありました。その一つの根拠に、鏡に含まれている鉛を分析すると産地がわかるという研究成果がありました。簡単に言いますと、いままで三角縁神獣鏡のなかの鋳上りのいいものは中国産だといわれていました。それが中国鏡であるということの一つの論拠として、鏡に加えられている鉛の産地比定が最近新たに加わってきていたのですが、国産だといわれていた小さな鏡から中国産の鉛が出た、さらに古墳から出てくる銅鏃でも当然日本でつくったと考えられているものに同じ結果が出ている、これはいったい何事か、それならりっぱな鏡だといわれているものも全部国産ではないのかということをいま柳田さんが指摘されたわけです。これは菅谷さんは大喜びだろうと思いますが、コメントをどうぞ。

菅谷　馬淵先生が最初に鉛の同位体元素によって、中国ものと日本ものが分かれるのだという発表をされたときに、わたしは馬淵さんに「鉛はどっちにしろ外国のものだ。外国から入ってくるルートが一つであったとおぼろげに考えていたのが、華北の鉛も入ってきているし、江南の鉛も入っていたのだ。鉛にいくつもの原産地があるというのはあたりまえでしょう」と言っ

たことがありました。

これは鈴木先生におっしゃっていただいたほうがいいと思いますが、私なりになぜそういうことを言ったのかということをお話しします。『三国志』の中に『魏書』東夷伝倭人条が入っていますが、『三国志』の目次を見ると巻一から巻三〇までが『魏書』で、巻三〇のいちばん最後に『魏志』倭人条があります（『魏志』は通称）。そのあとは『蜀書』が一五巻あります。そのあとに『呉書』二〇巻がきて、あわせて巻六五までです。

外蛮伝、つまり外国のことを載せているのは『魏書』しかありません。『三国志』を書いたのは陳寿という人ですが、この人が書いたのは西晋の初期です。晋は魏の禅譲を受けてできた王朝ですから、西晋からみると魏だけが正統王朝で、蜀と呉は地方王朝にすぎません。したがって、外国との交渉は建て前上、やっていないことにせざるをえないので、『呉書』と『蜀書』には外蛮伝がないわけです。もし『呉書』に外蛮伝が付いていたとすると、あるいは日本のことが書かれていたかもしれないというのが中国史の大庭《おおば》脩《おさむ》先生の考えです。飛鳥時代以前の日本では、中国のことをさすのに呉《くれ》といっています。モロコシというのは、もちろん唐以後です。

そうしますと、日本のブロンズの原料は、すでにその時期に江南から入っていたと思います。文献資料でそれを確認することはできません。それから、北方の鉛が三角縁神獣鏡のいわゆる舶載鏡に入っていますが、どういう成分のインゴットで日本に入ってきたかはわかりません。

純銅というインゴット、鉛のインゴットで入ってきたのか、青銅に合金されたインゴットで入ってきたのかはわかりません。錫と鉛は平安時代まで日本では発見されていなかったので、輸入していたことは間違いありません。*

いまの柳田さんのお話でありがたかったのは、鏃まで含めて銅がいろいろなところから入っているということです。つまり、インゴットの輸入ルートが一元的ではなく複数のルートがあったということを表現しているのではないかと思います。わたしの解釈は何度も言っているように異端です。外国との通商関係を前方後円墳に代表される大和朝廷だけがやっていたのではないという証拠を、いまのど元に突き付けていただいたので、たいへんありがたいご発言だったと考えているわけです。

*錫と鉛については、考えを変えている。

『魏志』倭人伝と鏡

石野　『三国志』の解釈なども出てきましたが、鈴木さん、どうですか。

鈴木　『魏志』倭人伝だけしかないので、なんら新しい史料は提示できません。前方後円墳体制に関する菅谷さんと橋本さんに代表される論争がありましたが、わたしは三世紀の段階と四、五世紀の段階は同一には論じられないと大和王権史の側から思っています。

『魏志』倭人伝に出てくる鏡に関する記事をおさらい的に申しますと、まず景初二年（二三八）

に帯方郡に女王の使いが行って、魏の皇帝のいるところ、つまり問題の洛陽に行かせてくれと言って、送っていってもらっています。そして、暮れにお返しとして、「親魏倭王」の称号をはじめいろいろなものを使いがもらってきますが、その中に「五尺刀二口」とともに「銅鏡一〇〇枚」があります。

そのつぎに正始元年（二四〇）ですが、これは問題の景初四年にあたります。このときは帯方郡の使いが皇帝の詔とお返しに印綬、つまりひもの付いた判こをもって倭にやってきて、卑弥呼を仮に倭王に拝していますが、この仮という字が大事だと思います。先ほどの景初二年のところでも、「金印紫綬を仮す」と仮という字がありますし、使いの難升米なども仮に銀印青綬をもらっているのです。正始元年の記事にも刀と鏡がありますが、これは倭から行ってもらってきたものではなくて、魏のほうがもってきたものです。

先ほど文字を知っていたかどうかというお話がありましたが、『魏志』倭人伝を信頼すれば、「詔書」や「上表」がみえるので外交文書をやりとりしています。とくに倭王が上表文を出して皇帝の使いに答えているということがわかりますが、たぶん渡来人が倭の政治権力に参加していたのだろうと私は思っています。

鏡の記事はそれだけですが、正始四年（二四三）にも行ったという記事があります。ただ、これだけではどこへ行ったかわかりません。ところが、六年の記事は郡に付して仮授したとあるので、帯方郡だということがわかります。八年に狗奴国との戦いを報告するために行ったときも、郡に出かけていって、対立の様子を訴えています。そして詔書などを与えられていますが、やはり使いの難升米が仮に何かをもらっています。

それから、壱（台）与のときは台、つまり都まで行っています。しかし、かならずしも魏の都まで出かけていったとは限らなくて、帯方郡止まりということもあるのです。ですから、全部洛陽まで行って鏡などをもらってきたとは限らないので、そうしたことと先ほど柳田さんなどがおっしゃった産地はどこか、あるいは原料はどこかということも考え合わせなければいけないと思います。つまり、鏡は魏の周辺地域での生産も可能性があるということです。

前方後円墳出土の鏡

石野　鏡の話をもう少しつづけていきたいと思います。橋本さん、関東あるいはそれ以外の鏡について、いま菅谷さん、あるいは柳田さんが言われたようなことを含めて、どうでしょうか。

橋本　小型仿製鏡は、和歌山・北田井《きたたい》三五号住居址の例、石川・田中Aの例、千葉・戸張一番《とばりいちばん》割《わり》三〇号住居址の例、静岡・小深田《こふかだ》第七地点D―二三号住居址の例のように、住居址の覆土中から出ている例がけっこうありますが、三角縁神獣鏡が住居址とか包含層から出土した例は、知りません。小型仿製鏡は墳墓以外に、住居址の覆土中などから出てきているので、性格的な違いがあるのではないかということが一点ひっかかってきます。

菅谷さんは、三角縁神獣鏡の鈕孔が整えられている例がないということで、明器ではないかとおっしゃっていますが、小型仿製鏡で例にあげたなかには、そういうものは比較的少なくて、ほとんどが実用的に使われています。たとえば、東京都宇津木向原《うつぎむこうはら》四区五号住居址出土の鏡や埼玉県明花向《みょうばなむかい》遺跡出土の鏡は、鋳造段階かどうかという問題がありますが、使用ずれして鈕が欠損しています。そういうものもけっこうみられるわけです。

三角縁神獣鏡と小型のこの種の仿製鏡について比較すると、前者は明器的なものと認めていいものがありますが、後者は実用に供された鏡が集落からも出土しています。よって実用に供された小型仿製鏡が前方後方墳からも出てきているということに意義を認めたいと思います。

それでは、前方後円墳からどういう鏡が出土するのかということをみていきますと、この種の重圏文鏡が出た例はよく知りませんが、四獣鏡を三角縁神獣鏡とセットでもつ例がけっこうあるわけです。小型仿製鏡の四獣鏡ないし舶載といわれている四獣鏡系統の鏡が、神奈川県の真土大塚山《しんどおおつかやま》古墳（平塚市）、静岡県の松林山《しょうりんざん》古墳（磐田市）、福島県の会津大塚山《あいづおおつかやま》古墳（会津若松市、**図24**）、群馬県の前橋天神山古墳（前橋市）などにみとめられます。明器的なかたちで入ってくる三角縁神獣鏡と実用的な小型仿製鏡とが組み合わさっているので、かならずしも前方後方墳だけに小型仿製鏡が副葬されるということではないわけです。その辺の入手経路として、先ほど菅谷さんがおっしゃったように、製作工房がはたして違うのかどうかということがかなり問題になると思います。

重圏文鏡に関しては、大阪の鷹塚山《たかつかやま》遺跡の資料がありますが、弥生の小型仿製鏡のなかで位

(径 21.4 cm)

(径 9.5 cm)

図 24　会津大塚山古墳出土三角縁神獣鏡（上）と変形四獣鏡（下）

置づけると、九州の研究者などは、この手の分布が瀬戸内から近畿地方に偏るのではないかということで、畿内で製作されたのではないかといわれています。その意味で、それ以降の新型式の重圏文鏡の製作工房は近畿地方のどこかにあるのではないかと考えています。

鏡が古墳に副葬されているのは?

石野　またこの辺で菅谷さんに聞かなければいけませんが、鏡によって古墳時代の政治的構造を語るということは、かなり強く主張されているわけです。それに対して、菅谷さんは以前から、単なる明器である、墓をつくるときに墓用につくった鏡にすぎないと言っておられます。

そうしますと、古墳に同種の鏡が分けもたれているということについても、菅谷説でいくと、鏡つくり屋がそこへ売ったにすぎないということになるのでしょうか。あるいは、もっと別なことを考えておられるのでしょうか。

菅谷　そこがいちばんつらいところです。売り買いという資本主義の言葉を使うとあまりよくありませんが、単純に言うと売り買いだと思います。それには傍証がありまして、三角縁神獣鏡以外の明らかに中国の鏡だと考えられる夔鳳《きほう》鏡、獣帯鏡や内行花文鏡の銘文に、この鏡を買った人は家が豊かになり、子どもが出世すると書かれています。これは中国の話ですが、中国ではすでに鏡が売買の対象になっていて、宣伝の文句を銘文に刻んでいるわけです。

たとえば、景初鏡も、陳是という工人もしくは工房がつくって、この鏡を手に入れた人は、位が三公に至ると書かれています。三公というのは、いちばんトップの三人です。大尉も含めて、軍事や行政の面の最高級の役人になる、子孫が繁栄する、長生きできるというふうに、道教で言う咒符《じゅふ》を書いていたわけです。

『魏志』倭人伝のなかにも、「汝の好む所の」と書いてあるので、日本人は鏡好きだったと思います。しかし、よく注意してみると、詔には皇帝が格式によって下賜した印綬、貢物に対する礼品、そして汝の好むものとあり、鏡はその第三番目のものの、最末に書かれています。このことは、中国皇帝が下賜したものの最下位に鏡がランクされていたことを示しています。また、弥生時代には三雲南小路遺跡で五七枚の前漢鏡が出ていますが、五七枚の鏡を二人でもっていたというのは異常です。中国の前漢墓の発掘でいちばんたくさん鏡をもっていたのは定県四三号墓の三枚です。* これは前漢の時代ですが、三枚しかありません。ですから、日本人が異常に鏡を好んだことは間違いのない事実です。しかし、弥生時代の九州から古墳時代にかけてこの風習はうすれてゆく趨勢《すうせい》にあります。この傾向について、いままでは、ほとんど言われておりません。

そうすると、日本国内でも弥生時代から重圏文鏡というかたち、あるいは前漢鏡のコピーという鏡をつくっていたわけです。先ほど柳田さんはフリーハンドでつくれる鏡とおっしゃいましたが、その手のものを朝鮮半島の一部と日本の九州の一部でつくっていたので、権力のある人は鏡をたくさん入手したのだと思います。資本主義の言葉の売買ではありませんが、そういうかたちで全国にいったのではないかと考えています。

ただ、自主流通によって鏡を購入したとする私の考え方では、その代償はなんであったかということを解決する必要があります。たとえば黄金ということも考えられますし、琥珀《こはく》など鉱物資源的なもので支払っていたのか、原島さんがおっしゃっておられるように、労働力で支払ったのか。わたしが生口は戦争以外にあると言ったのは、これを言うための含みだったのですが、支払いをするものは何かというのは、実は考えがまとまっておりません。

小林先生は、それは支配の服属だと言っておられますが、日本では米ではないと思います。米は日本国内ではほとんど移動しておりません。米は国際的にみても、その歴史的変遷からみても移動の少ない食物です。米は自給自足型の農作物で、貿易比率が小さい作物です。中嶋千尋《なかじまちひろ》氏によるとコメの全世界の外貨率は千分の三・七で、麦は千分の二百です。つまり麦は全世界の総生産量の二割が非自給のもので国境を越えています。もちろんアメリカ合衆国のムギ輸出の比率が大きいので、古代に直接さかのぼらせることはできませんが、コメの生産は土地密着型ですが、ムギはやや流動性が高いようです。古い史料がないのでわかりませんが、律令時代になっても米は原則として中央へもってゆきませんから、古代社会で食糧が大きく移動するということはあまりないようです。食糧のないところには人は住みません。食糧があって、それでまかなえる人数だけが住むわけです。

たとえば、東北地方などは四道将軍やヤマトタケルの征服伝承を下敷にしないで考えると、無人の地帯が仮にあったとしたらそこに入るのは屯田です。日本では明治時代の北海道の屯田兵が有名ですが、中国の文献ではずっと古くから屯田はあります。屯田もまた鏡の移動の地盤として考えなければならない問題かもしれません。弥生時代の遺跡がまったくないところに古墳があるという三重県美旗《みはた》古墳群（名張市）や霞ヶ浦北岸の例がありますが、それはあるいは屯田が行ったのかもしれません。あるいは、まったく想像もつかないところに一基だけ前期古墳がある例があります。会津大塚山古墳のように、直後の世代の古墳がないことがあります。これはそういう例を考えなければならないかもしれないと思います。それこそ初代の開拓王として自分だけが古墳をつくる。ところがその後は屯田を派遣した側あるいは、屯田兵の母集団の収奪にあうという図式になるのではないでしょうか。

ともかく、鏡をだれかが背負ってもっていったのだと思います。一つは商人が移動する場合、第二は生産地に直接、間接おもむいて入手する方法とがあります。その代償の一つは鉱物資源、一つは人間資源だろうといまは思っています。

＊一九八三年に発見された南越国王墓から三九枚が出土した。

石野　鏡について、支配・被支配の考え方に対して、文化現象であるという考え方があるわけです。そうすると、支配・被支配という考え方から組み立てられた非常に精緻な論文の組み立て方がどうなるのかということは、三世紀史なり四世紀史において、かなり動くと思います。これは文献のほうの先生方もかなり依拠して使っておられる部分でもありますし、それぞれのお考えを聞かせていただかなければいけませんが、時間もきましたので、後半のほうで原島さんご自身の司会で進めていただけたらと思います。

鏡と土器をめぐって

鏡について

原島　前半は、鏡の問題や古墳をめぐる相互の関係の問題が出ましたし、景初四年鏡に匹敵するような新情報が飛びかったので、たいへん会場が盛り上がりました。石野さんのけんかのさせ方が非常にうまくて、大成功だったということで、後半は気楽にやっていきたいと思いますが、せっかく鏡の問題をかなり詰めてまいりましたので、もう少し鏡について皆さんにお話しいただくことにいたします。

橋本　先ほどは三角縁神獣鏡と小型仿製鏡の出土のしかたや使用のしかたが違うのではないかということを認めたうえで、両者の製作工房の関係についてはお話ししませんでしたが、やはり製作工房が違っているのではないかと私は考えています。

それから、三角縁神獣鏡の明器説に対して、小型仿製鏡は実用に供したものではないかと言いましたが、実用という意味は宝器としてではなく、また鏡本来の姿見的な実用ということでもなくて、まつりの道具として使われたという意味での実用です。

柳田　先ほどの鏡の話の補足をさせていただきます。一つは、北部九州の最古式の古墳ではすでに三角縁神獣鏡をともなっていますが、この時期には近畿地方に三角縁神獣鏡はありません。肝心の纒向古墳群をはじめとする大和の初期の古墳が掘られていないので、この辺はまだはっきり言えませんが、九州では一例だけではなくて何例も出ています。たとえば、那珂八幡・原口・妙法寺古墳がありますし、石野さんは神蔵古墳あたりもあげられていますが、明らかに三角縁神獣鏡が庄内式の新しい時期に出てきています。

それから、筒形銅器も現在のところ近畿地方より先に布留式のいちばん古いころに出ています。また、小型仿製鏡のうちの珠文鏡も舶載の三角縁神獣鏡とほぼ同じころに出てきます。つまり、布留式の古いころにも確実に九州の場合は仿製鏡があるようです。

鏡の原料の鉛のことをちょっと言いましたが、弥生時代の伝統のある小型仿製鏡が舶載の三角縁神獣鏡と同じ材料を使っているので、九州で早く三角縁神獣鏡をつくる可能性もあるわけです。しかし、現実の問題として、近畿地方を中心に三角縁神獣鏡が分布しているということは動かせない事実です。ただ、その中枢が椿井大塚山古墳だとすると、これは当時の二級の古墳ではないかと思います。肝心の箸墓古墳などにどういう鏡が入っているかが問題ですが、ひょっとしたら後漢鏡が中心であるかもしれません。天皇陵といわれているクラスの古墳のいちばん古いところがわかっておりませんので、まだまだはっきりしたことは言えませんが、現在のところ九州は上級の首長墓がもつ副葬品のセットがかなり早く出てくるということは言えるようです。

初期ヤマト王権と鏡

菅谷　箸墓にどういう鏡が入っているか、天皇陵にどういう鏡が入っているかという問題提起をされましたが、それが少しわかるのは、崇神陵といっている行燈山古墳の陪塚です。これは陪塚かどうかということについて森浩一《もりこういち》先生と北野耕平《きたのこうへい》先生の論争がありますが、その天神山古墳から二三枚の鏡が出てきました。これにはいろいろな鏡式があります。主流をなしているのは方格規矩文鏡ですが内行花文鏡もありますし、獣帯鏡もありました。ところが、二三枚のなかに一枚も三角縁神獣鏡がないという事実があります。二三枚もあったら一枚ぐらいあってもいいと思います。

山辺《やまのべ》の古墳で鏡がわかっているものとしては、もう一つ柳本大塚古墳《やなぎもとおおつか》がありますが、そこには三七・五センチの国産の内行花文鏡が入っていました。これは後漢の内行花文鏡を日本で拡大コピーしたものです。

その後の布留式の段階になると、三角縁神獣鏡がたくさん入ります。桜井茶臼山古墳の鏡の組み合わせの量的な主流は三角縁神獣鏡だと思います。メスリ山古墳からの鏡の破片が三片しか出ていませんが、一片は三角縁神獣鏡です。あとの二片はともに仿製の内行花文鏡です。いずれにしても布留式の段階になると関西の天皇陵級の古墳には三角縁神獣鏡が入りだすという事実があるわけです。

それから、関東の前方後方墳の鏡の話が出ていましたが、三角縁神獣鏡のなかできわめて特異なものの一枚は、奈良県の新山古墳という前方後方墳から出た三角縁二神二獣鏡（図25）でこれには尚方作竟佳且好……ではじまる銘文があります。直径は二二・四センチで、京都府東車塚古墳（八幡市）出土の一枚、他にもう一枚の同型鏡があります。私はそうだとは思っておりませんが、もし三角縁神獣鏡が魏の皇帝からもらったものだとすると、その候補になる一つです。これは、「尚方作鏡」という銘文があるので、字面どおり読みますと、官の工房でつくったという鏡ですが、各種の証拠から官工房のものではありません。この鏡は三角縁神獣鏡のなかでは異常な鏡です。

これの同型鏡が出土している京都府の東車塚古墳は、前方後円墳です。もう一枚は福原家がもっておられて、合計三枚出ていますが、片方は前方後方墳に入り、片方は前方後円墳に入っています。どちらもその地域を代表する規模の古墳ですが、大古墳ではありません。

わたしはかつて椿井大塚山古墳と同笵鏡を共有している古墳について、墳丘と出土場所を調べたことがありました。椿井大塚山は先ほど柳田さんがおっしゃったように超一級の古墳ではありませんが、椿井大塚山古墳といわゆる同笵鏡を共有している古墳は、北は東北福島県会津大塚山古墳から南は九州の持田四八号墳までズラッとあるわけです。その古墳のなかには円墳もたくさんありますし、当然のことながら前方後円墳もたくさんあり、前方後方墳もあります。

図 25　新山古墳出土三角縁二神二獣鏡（径 22.4 cm）

しかし一定のルールに従って一定の規模・構造の古墳被葬者に配布されてはおりません。ですから、これは単に分布しているのであって、配布という行為はなかったという根拠の一つにしています。

三角縁神獣鏡のなかには鏡式がたくさんあるので、十把一からげに三角縁神獣鏡は国産だというのはいけないと小林行雄先生たちはおっしゃっています。こまかい分析をしろとおっしゃいますが、わたしはこの鏡について大事なのは、内区ではなくて外区だろうと思っています。景初四年の鏡は、外区が途中で欠落していて、複線波文帯で終わっています。鋸歯文帯・櫛歯文帯を付けるとちゃんとした三角縁竜虎鏡になります。わたしが学生のころ、三角縁神獣鏡という言葉が学界でもあまり一般化していなかったときは、三角縁神獣鏡は複線波文帯神獣鏡という名前でよばれていました。複線の波文に特色があるということで、報告もそういう名前でされたことがあります。三角縁神獣鏡は外区をどんどん大きくして面径を大きくしている面径水増しの鏡になるわけです。

これはもう少し新しくなってからですが、一般に四世紀の終わりごろに編年されている四仏四獣鏡という仏像を描き出している変わった鏡が出ています。千葉県木更津市の祇園大塚山から出た鏡がいちばん大きくて、直径は三〇・四センチです（図26）。これは長野県の御猿堂《おさるどう》古墳（飯田市）とか、大阪の金剛輪寺がもっている鏡などのぐるりに帽子のつばのような素文帯を付けて、直径を六センチばかり大きくしている変わった鏡です。このように面径をどんどん大き

図 26　祇園大塚山古墳出土四仏四獣鏡（径 30.4 cm）

くするという習性がどうも日本にはあるようです。

中国をみますと、たしかに前漢の時代には大きい直径の鏡もありますし、中国本土よりも楽浪で出る鏡のほうが平均すると面径が少し大きくなっていますが、中国本土では三国の魏の時代、呉の時代、蜀の時代になると、鏡はどんどん小さくなっていきます。もう一度大きくなるのは隋の時代で、巨大な鏡がつくられています。それから、中国の南斉の建武五年（四九八）という鏡がありますが、この鏡も面径を非常に大きくしている特殊な鏡です。

また、朝鮮半島では五二三年に死んだ百済の武寧王の墓からも、後漢の鏡に新しく模様を組み込んだ鏡をつくったものが出ています。このように、中国本土で鏡が小さくなっていくときに、日本や朝鮮ではどちらかといえば大きくしていきます。その辺に大きな違いがあるわけです。

三角縁神獣鏡というと、魏というたかだか四五年ばかりしかなかった国のうちのさらに後半の明帝の時期だと限定していますが、一つの鏡の型式がどれほどつづくかということで、ちょっと資料をつくってみました（**図27**）。獣首鏡と夔鳳鏡という変わった鏡は、日本ではあまり多くは出ていませんが、沖ノ島や長野県で出ています。この鏡は年号をもつ鏡がたくさんあって、漢の永嘉元年（一四五）から始まって、永康元年（一六七）、熹平二年（一七三）、甘露四年（二五九）、甘露五年（二六〇）まで一一〇年間、ほぼ同式の鏡式がつくられつづけています。したがって、中国本土においても三角縁神獣鏡の議論のベースになっているように、ごく一時期しか

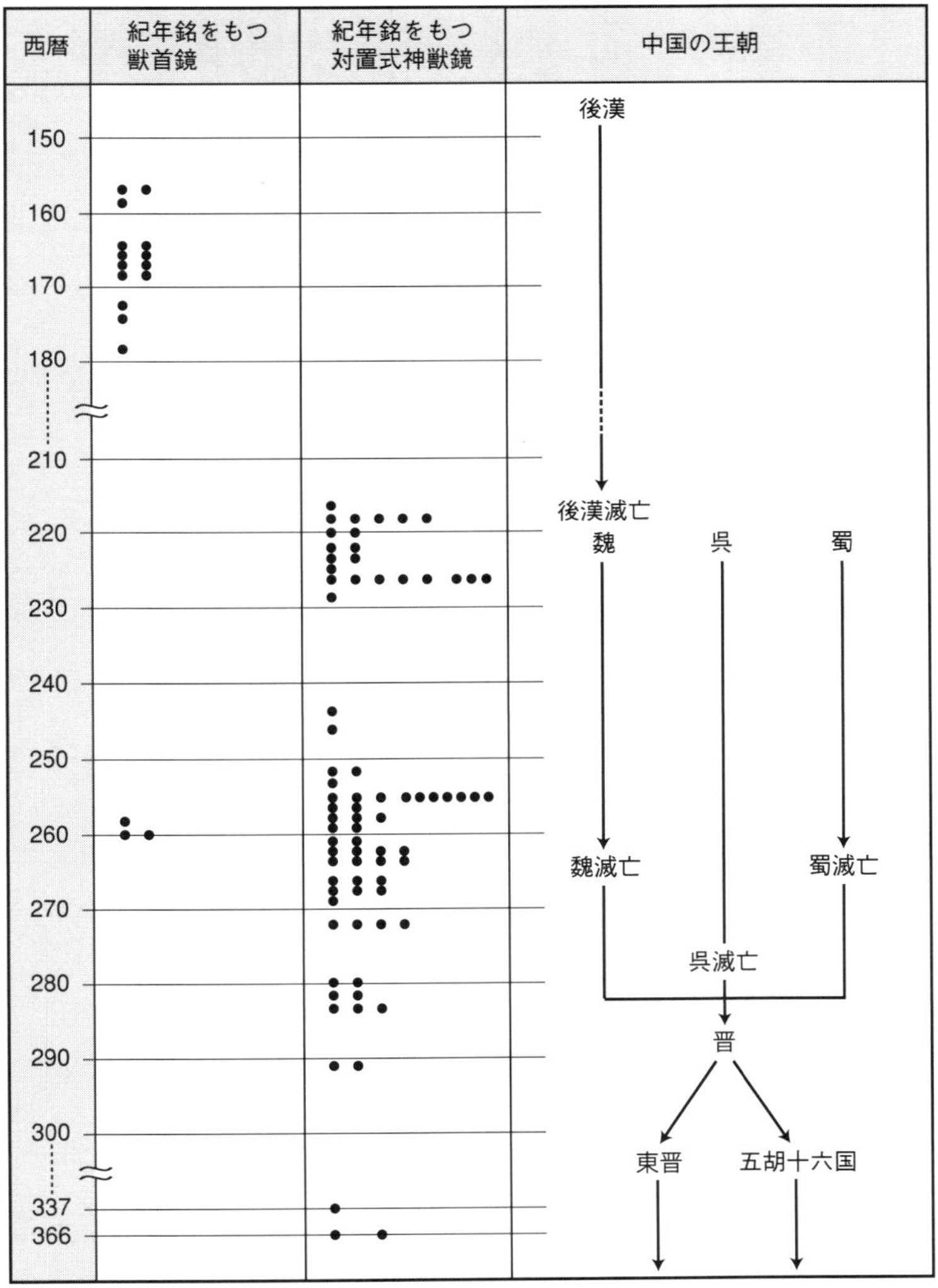

図27　中国の紀年銘鏡形式の継続

つくられなかったという鏡は、どうもないようです。

いま三つの話をしましたが、まとめてみますと、山辺の初期王朝の鏡にはどうも三角縁神獣鏡は含まれていなかったらしい、九州と同じように後漢鏡を中心として、仿製の鏡を混ぜているというのが一点です。ただし、九州の庄内期には三角縁神獣鏡がありますので、初期王権の構造ともかかわりますが、調査例の増加を待ちたいです。

それから、中国本土では面径が小さくなる傾向にあるのに、日本ではどんどん大きくする傾向があるというのが第二点です。五世紀になると日本の鏡は小さくなりますが、これは四世紀以前の話です。

第三点は、一つの鏡式がかなり長い間、製造されつづけているということですが、その点がいままで三角縁神獣鏡を議論する場合に漏れ落ちていた点です。

鏡に関する問題点

石野　私は鏡について勉強したことがないのでよくわかりませんが、菅谷さんの景初四年鏡に対する考え方によって、三角縁神獣鏡が魏鏡であるということが粉砕されたとしても、小林先生の分有関係に関する指摘はやはり残るのではないかと思います。根拠をあげて、それもダメなんだということを言われましたが、分有の事実はあっても、政治的な解釈がダメなんだという意味だと考えています。

その点は残るのではないかという思いと同時に、本当かなと思うこともあります。たとえば福岡市藤崎遺跡の方形周溝墓から三角縁神獣鏡が出ています。たかが方形周溝墓です。時期は明らかに前方後円墳がつくられている布留式の段階ですが、その段階に方形周溝墓からりっぱな三角縁神獣鏡が出ています。三角縁神獣鏡の出る古墳はりっぱなものだとよくいわれますが、菅谷さんも言われたように、普通の小さい古墳もあるようですし、方形周溝墓から出たものもあるわけです。そうすると、そのときはたかが鏡ではないのかという気がしました。

先ほど柳田さんが言われた筒形銅器は、前期古墳の段階で王が持つ杖の部品になるものですが、九州ではこれまた方形周溝墓で出ています。そうすると、九州では下層の者も近畿では王しか持てないものを持っているということになるのか、たかが筒形銅器、たかが鏡ということになるのか、もしかすると、〝たかが〟のほうではないかという気もします。

また、三角縁神獣鏡は大和政権が配布したといいますが、菅谷さんが言われたように、大和政権の本拠である桜井茶臼山古墳から三角縁神獣鏡が出ています。そうすると、三輪山麓の大和の政権は、川一つ隔てた向かいの二、三キロも離れていないような桜井茶臼山の地域さえ支配できていないのか、鏡をやって手なずけないといけないような対象になっているのかということになってしまいます。行燈山古墳（崇神陵）のそばの天神山古墳に三角縁神獣鏡がないというのは、配布論者にとってはいいわけです。しかし、ごく近くにあるので、大和政権はたかがそれだけのものかということにもなると思います。

もしかすると、〝たかが〟ではないか、それにしては前方後円墳は日本中によくあるものだなという辺で悩んでいます。あまり重く見すぎると矛盾点もある、しかし軽く見るにしてはかなりの広がりをもっているというものではないかと思っているわけです。

原島　鏡の問題について四人の先生方からお話しいただきましたが、これ以上やっても水掛け論になりそうです。論点がはっきりして、違う意見が出ているので、今度は少し物を変えましょう。最後に石野さんが言われたように、たかが鏡ですから、もう少し別のものでいきましょう。

土器の移動

原島　土器の移動の問題は、最近は九州でも関東でも大きな話題になっていますが、そのあたりの問題でやると、本当に〝たかが〟なのか、きびしい規制があって、いただいているのかという問題がまた別の方面から出てくるかもしれません。土器だけに限りませんが、三、四世紀の状況をそれぞれの地域のほうからご発言いただきたいと思います。

石野　土器の移動は、地球上至るところにありますし、日本でもずっとあるわけです。日本の場合の大きな移動としては、東北地方には、亀ヶ岡式とよばれている縄文時代晩期の土器がありますが、その土器が関東、東海、北陸、そして近畿から九州まで来ています。奈良県の橿原遺跡などの場合は、かなり大量です。最近は、津軽王朝という本もできているようですが、考古の人間としては、なかなかそうはいきません。しかし、非常にきれいな土器をつくっています。縄文をやっている人によると、世界史のうえでもあの段階であれほどの土器をつくっているのは、かなり文化が高揚しているとみてもいいということですから、王朝論は別にしても、それだけの発展力をもっているわけです。

弥生の始まりの段階ですと、遠賀川《おんががわ》式土器という弥生前期の土器が九州のほうからどんどん東へ行って、東海地方の名古屋のあたりまではたくさん出ています。最近では青森県からも出ています。その中間はいまのところあまり出ていませんが、かなり東へ広まっています。これは米づくりにともなって、日常の容器がずっと広まっていったと考えられていて、政治的に、九州王期による全国制覇だとは言いませんが、そういう文化の動きがあるわけです。

そのつぎの大きな移動が庄内式の段階であろうと思います。そのあとは、五世紀から六世紀にかけて須恵器の移動がみられます。これについては大和政権によってという解釈もありますが、ものの売り買いとして動いている可能性もあるかもしれません。ともかく、須恵器が大阪の窯を中心にして動いています。

その間に挟まれる庄内式の時期の土器の移動をどう考えるかということが、古墳の出現とからめて注目されています。奈良県纒向遺跡の場合は、山口県から関東までの範囲の土器が出てきています（図28）。

それでは、近畿地方のほかの遺跡はどうなのかというと、纒向遺跡の調査以前から、大阪で

図28　纒向遺跡へ搬入された各地の土器

東海系の土器が出ているという例が知られていました。ただ、弥生中期段階ぐらいによその地域の土器がちょっと来ているのと同じぐらいの量だったので、同じような現象がつづいているのだという程度にしか考えられていなかったわけです。

そのあと、量的に出てくる遺跡がいくつかあって、大阪府岩田《いわた》遺跡（東大阪市）とか、中田《なかた》遺跡（八尾市）とか、垂水南《たるみみなみ》遺跡（吹田市）から岡山系や山陰系の土器が出てきています。奈良県では柳本古墳群の中心地からも最近出てきました。古墳群のあるところからちょっと平野に寄ったところですが、そこでも瀬戸内系、山陰系、北陸系、東海系の土器が出てきています。

このように、量の多少を問わなければ、近畿地方で庄内式段階の遺跡で大きな面積を発掘すると、必ずよその地域の土器が出てきます。ですから、いまはよその地域の土器が出てきても、さほど驚きません。また出てきたかという程度です。

それでは、量的にはどうだろうかということですが、出てきた土器を重量であらわせば、やはり纒向がいちばん多いわけです。それを質と言い換えますと、遺跡の質が違う可能性があるのかということです。わからないと言いながら、自分が掘った遺跡ですから、だんだん我田引水になってきそうですが、纒向遺跡は都市的な遺跡であるという言い方を寺沢薫さんなどはしています。私はそこまでなかなか踏み込めませんが、規模は藤原宮と同じぐらいであって、都市的な性格をもっているという考え方をしています。

都市的という言い方は別にしても、ここ一〇年ぐらい継続的に掘っていますが、竪穴式住居がいまのところ一棟も出ていません。庄内式段階の住まいは竪穴式住居が主流です。掘立柱の住まいもありますが、関東も九州も日本中だいたい竪穴式住居が主流です。それなのにいまだに一棟も出ていないので、もしかすると掘立柱の住まいがこの遺跡の主流になる建物かもしれません。そういう遺跡の性格から考えますと、これだけ広い範囲の外来系土器の集中は、縄文土器とか、須恵器のような単なる土器の移動とは違う移動をするという意味があるのかもしれません。

それでは、いったいそれはなぜかということですが、一つは、大型古墳をつくるために各地から人間を集めたという考え方です。土器は女性がつくったのだという考え方がありますが、そうすると夫婦ともども引っ張ってきたということになるわけです。古墳造営キャンプという言い方があるので、纒向遺跡は古墳をつくるために人を集めて、そこへ住まわせたというキャンプ場になるのかもしれません。

これは思いつきですが、文献のほうの先生方がおられますので、あとで批判していただくためにあえて申します。文献のうえでは采女《うねめ》を貢上するという話がありますが、女性が土器をつくったとすると、各地から庄内段階の大和政権に対して、采女を献上した、それにお付きの女中がいっぱい来て、土器もつくったということは文献のうえからありうるのか、ありえないのか。またご指摘いただけたらと思います。

そういうことを考えて、都合のいい資料を探しますと、纒向遺跡の中に直径三、四メートルの穴がありますが、その穴は必ずきれいな清水がわくところまで掘っています。深さ一メートル三、四十センチ程度ですが、砂の層で、水がこんこんとわく層までかならず掘っています。その中にはさまざまなものが入っていて、よその地域の土器、機織りの道具、丹塗りの大きな花の模様をつけた高坏、船のミニチュア、鳥の頭をつけた船形の木製品、多量の籾殻などが出ています。まるでのちの新嘗祭のときの『延喜式』などに書いている品物と類似しています。機織りをして新しい着物を織り、新たに脱穀して御飯を炊いています。

各地域の人びとが各地の産物をもって大和に来てそれぞれ祭りに参画したのでしょう。岡田《おかだ》精司《せいし》さんがオスクニニイナメ儀礼ということを指摘されていますが、各地の豪族が王のもとに集まり、ともに祭り、ともに食するという儀礼が文献上あるのだそうです。そういうことがここでおこなわれた可能性があって、それを考古資料としてあらわしているのが広い範囲の各地域の土器ではないかと考えてみたいと思います。オスクニイナメ儀礼のほうは報告書にさりげなく書いておきましたが、そういう可能性はあるのではないかと思います。

土器の移動について、纒向だけはそうで、よそはそうではないというのでは片手落ちです。似たような性格の遺跡は纒向以外にもありうるのではないでしょうか。別に前期古墳と結びつかなくてもありうるのではないかと思います。関東でも、東海でも、九州でも外来系土器を多量に出す遺跡は、同様の儀礼をおこなっていた中心的な「都市」だと思います。

九州の土器の移動

原島　土器の移動の問題は、問題点がはっきりしてきました。先ほどのお話があった寺沢薫さんが、纒向の遺跡は都市で、突然始まっているのは西のほうから移動してきたからで、これが山辺の道の王朝だという想定をしておられたような気がしますが、そのあたりを含めて、九州のほうからお話しいただけますか。

柳田　土器の移動の話になると、がぜん九州は旗色が悪いわけです。というのは、遠賀川式以後、九州の土器は動いていません。私の考え方を示した本もありますが、土器は都出比呂志《つでひろし》さんが言われるように、女性が基本的につくるものですから、女性が移動したのであろうと思います。もちろん、土器の移動は、そのほかに交易というか、交流というかたちで動くものもあるかもしれませんが、どうも土器は女にともなって動いているようです。

しかし、三、四世紀になるとどうも違います。まず最初に九州によその土器が入ってくるのが九州の後期の中ごろ、西暦一〇〇年前後だと私は考えています。それについて、九州にとっては非常に都合のいい中国の記事があるわけです。一〇七年に北部九州の国の一つと考えられる面土国王が生口一六〇人を献ずという記事がありますが、一六〇人というのは邪馬台国と比較しても数倍する最高の数です。今日、生口は戦争による奴隷だということを聞いて、非常にうれしく思います。というのは、戦争によって北部九州に集められた生口にともなって土器が移動したと考えられるからです。

後期前半ごろに九州に入ってくる土器は、岡山を中心とした土器です。これは高坏が多いのですが、高坏がかなり入ってくるというのは一つの問題があるのかもしれません。もちろん、ほかの壺などもあるようです。そして、九州の高坏が消えていって、後期後半は岡山を中心とした高坏の系譜が九州の高坏になっていくわけです。しかし、ほかの壺、甕あたりは変わりません。この辺がちょっとおもしろくて、面土国王が献じた生口一六〇人がそれ以前にあった後期の初めまでつづく争乱による奴隷であれば、私にとっては非常に都合がいいと思います。

一方、九州産の青銅器は、岡山はわりあい少ないのですが、中国・四国地方に動いていますし、近畿地方にもあるはずです。というのは、中細銅剣をまねたような有樋式《ゆうひしき》の石剣があるわけです。あるいは、唐古遺跡から最近中細銅矛をまねた石矛が出ています。私だけが石矛だと思っているのかもしれませんが、真っ黒な石で、いかにも銅矛らしくつくっています。こういうものがあるところをみますと、明らかに近畿地方に九州産の青銅器が入っています。それがあとで銅鐸などの原料に使われていくのではないかと考えていますが、そこまでいくと話が難しくなるのでやめておきます。

つぎに庄内式土器が大量に入ってくるということはお話ししましたが、はたして女性だけが動いたのかということが問題です。しかし、今度は纒向古墳と似た古墳が築造されているわけです。二世紀の初め前後は、中国・四国、あるいは近畿地方のものは土器だけしか来ておりませんから、女性が移動したと考えましたが、どうやら現状では九州では前方後円墳は成立しないようです。近畿地方、とくに大和の古墳の墳丘の形態が来たということになると、単なる女性にともなう移動ではないと考えています。

関東の土器の移動

原島　今度は東のほうにいきましょう。もともと関東地方から東海や近畿の土器が出るというのが始まりで、これは大和の朝廷の将軍が軍隊を率いて攻めてきて、その将軍は関東各地に前方後方墳をつくったという高橋一夫さんという方の論文があります。これは教科書の叙述と非常に関係して、大きくとりあげられる可能性のある問題をはらんでいます。そういう意味では、考古学の専門の舞台だけで議論する問題ではなくて、古代史と考古学がいっしょになって全体の評価をしながらこれからの発掘例の増加を待つことにしないと、ある意味で非常に危険な要素をもった事例です。

橋本さんは、その辺を前から非常にくわしくやっておられますので、中間のまとめをしていただければと思います。関東でいまどれくらいのことが言えるのか、あるいはどれくらいのことしか言えないのか。高橋さんの意見についてもちょっと意見を出していただけませんか。

橋本 古墳時代前期の関東における在地の土器と外来系の土器が最近非常に問題になっています。まず、集落址において外来系の土器がどういうかたちで存在しているのかということですが、系統からみますと、畿内の庄内系の叩きをもつ甕や布留式の系統の甕、それ以外に小型の器種が出ています。そのほかの系譜としては東海ですが、東海でも西部、中部、東部というか、伊勢、尾張、遠江、駿河の地域のものがけっこう出土しています。それから、近江、北陸、山陰系統のものが認められています。

それがどういう出方をしているのかということですが、いちばん問題になるのは東海のものです。東海の西部地域の尾張を中心としたところ、およびその外縁部には、S字状口縁台付甕といって、口縁部の断面がS字の形態をした非常に特徴的な台の付いた甕があるわけです。これがとくに北関東の群馬県地域と埼玉県北部地域に面的に入ってきています。数十という遺跡でそういう土器が出ていて、個体数も一個体や二個体というものではありません。同じ集落址の中でいくつか住居址があると、そのほとんどから検出されるという遺跡もありますし、住居址単位でそれを主体的な構成要素としてもつ遺跡も見つかっています。

一方、南関東の三浦半島とか、房総半島の突端部、市原周辺などにそういうものが点在していますし、茨城のほうにも入ってきています。

その辺の問題をどのように解釈していくかということになりますが、高橋一夫さんは、前方後方墳の被葬者と外来系の土器とを結びつけて、前方後方墳を東海西部に出自をもつ将軍の墓ではないかとおっしゃいました。実際に前方後方墳からは東海西部系などの土器が出てきていますが、それ以外にかなり畿内系の土器や、その影響がみとめられます。ですから、東海西部の人たちが単独で動いて東国に来たということではなくて、その背後の畿内の意向が反映されて、そういう土器の動きがあったのだろうと考えられます。その点も重視しなくてはなりません。

埼玉県東松山市の五領《ごりょう》遺跡は、南関東の古墳時代土器の編年を立てるうえでの標識遺跡(タイプサイト)になっている遺跡ですが、実はこの遺跡は非常に特殊な遺跡です。畿内系の布留式の甕がかなりたくさん出ていますし、東海西部系のS字状口縁台付甕や山陰系の鼓形器台《つづみがた》が出たり、在地系の土器が出たりして(図6参照)、多方面の外来の土器をもつ集落址として注目されます。その付近に山《やま》ノ根《ね》古墳(埼玉県吉見町)という前方後方墳がありますが、高橋さんはそれと結びつけているわけです。

つぎに、土器の移動にはどういう問題があるのかということですが、土器はコピーされたものか、土器そのものが動いたのか、土器つくりが移動してつくったものかという問題があると思います。S字状口縁台付甕をとりあげてみますと、非常に特殊な土器で、ほかの地域の人が簡単に模倣してつくれる土器ではありません。厚さが三ミリぐらいの非常に薄い土器で、口縁部の断面をS字状につくるとか、外面の刷毛目を肩部は左下がり、胴部は右下がりに、おのおの右回りに施すとか、台部の端部を裏側に折り返したり、外面にちょっと右下がりの装飾的な刷毛目を入れたり、脚部を接合するときに、乾燥を速めるためにわざと砂を含んだ土を入れたりとかというように、この種の土器の製作技法を非常に忠実に守ってつくっているわけです。そして、そういうものが量的にも大量に、面的にも拡がる地域がみられます。

将軍の派遣のされ方が問題ですが、軍事的な制圧で来た場合、頂点に立つのが東海出自の者であって、その下の軍の構成員や土器をつくる女性をも含めた移動があったということになると思います。一般的に民族学や考古学の資料の分析などから土器は女性がつくったのだろうと言われていますが、S字状口縁台付甕に関してもおそらく女性が製作者だったのだろうと考えています。したがって、軍の組織についても少し問題があるのではないかと思うわけです。

そこで、経済的な側面をある程度重視して考えた場合、とくに水稲耕作に重きをおくような地域にS字状口縁台付甕が顕著に分布していることに気づきます。しかも、それは先行する在来の弥生時代の集落の中心地点から離れている場所ですし、農耕経営の技術に関してかなり違いがあるのではないかと考えられます。東海西部地方の低湿地の水田経営をおこなって、灌漑技術というよりは排水技術などにかなりたけた人たちを連れた首長が大和あたりの意向を反映して動いてきている可能性が強いのではないかと思います。

それから、関東の土器の変容のしかたですが、弥生時代から古墳時代に移り変わる時期に東海系のものと畿内系のものが混ざって存在します。つまり、三世紀後半から四世紀代において両系統のものが混在しますが、東海色がかなり色濃くみられるというのが第一の段階です。

つづいて、四世紀末から五世紀が第二の段階です。この時期になると東海色が払拭されて、高坏の形態などがほとんど畿内色をもったものに変容してしまいます。これは全国的な趨勢になってくると思いますが、そういうかたちで、集落址から出る土器に大きな変動がみられるのではないかと考えています。

東海系の土器に関しては、以上のような意味づけがある程度できますが、それ以外の北陸とか山陰とか近江とかの系譜の土器がどういう意味をもつのかということに関しては、いまのところわたしも思案している段階です。

稲作と土器

原島　いまのお話は、フロンティアで、新しい技術をもった人たちが愛知県のほうから関東に入ってきたのだ、それが土器の移動ということの表現だというお話で、高橋さんの意見とは少し違う考え方だと思います。近畿地方からみると、そのあたりについてはいかがでしょうか。

菅谷　私は土器は嫌いなほうで、あまり発言をしないことにしています。考古学では物を見て歩かないといけないので、鏡や古墳や埴輪を見て歩いていますが、土器はあまり真剣に見ておりません。これは時計がわりでいいと思っていました。考古学では土器を時計がわりに使っていますが、最近は時計の研究が進んで、これで社会や文化がわかるようになってきたというので、少し困っています。

一つは、先ほど石野さんが言われたように、弥生前期に遠賀川式土器段階で稲作が青森まで進んで、籾も出ています。ただ、九州の遠賀川式が向こうに行くまでにどれだけかかったのかが問題ですが、わたしは半世紀もかからないで行ったのだろうと思っています。しかし、その後、継続的に東北なり関東で米をつくっていたのかというと、いささか疑問があって、資料は出ていないと思います。おそらく、東北ではその後、米つくりをやめたのかもしれません。

よく考えてみますと、青森の端で米がつくれるようになったのは、江戸時代の終わりごろです。品種改良がどんどん進んでから米つくりができたわけです。最近、中国の北方の耐寒米が最初にもってこられたのだ、だから青森まで行ったのだという説も出ていますが、会津大塚山古墳という三角縁神獣鏡も出ている四世紀の古墳の時期に会津盆地で米をつくっていたのかどうかという問題を考えますと、どうもノーという答えが出てくるのではないかと思います。

それでは、関東はどうかと言いますと、たしかに弥生式土器がありますが、群馬のあたりでは変わった壺棺葬が出てくるので、畿内と同じ変化をしていないような気がします。銅鐸の問題もありますし、いろいろな問題がからんできますが、三世紀なり四世紀の関東・東北へ東海や近畿の人は何を目的に来たかということを、支配体制の拡張という大和朝廷の拡張政策式で理解するのかという問題があるわけです。したがって、米つくりをどの程度やっていたかということをもう一度橋本さんに聞かないと、この議論はうまく進まないのではないかと思います。

私がいる近畿地方の場合は明らかに米が継続的に出てきますし、籾痕がついた土器も出てきます。いままでは偶然の機会に籾粒がついたのだろうと言っていましたが実験すると、籾粒を意図的につけています。なぜかというと、土器は充分乾燥させていない状態でも、かなり大きい甕でない限り、あまり重くはないので、成形が終わった段階で籾粒を上に乗せただけでグニャッと喰い込むということはありません。ただ、研究所で土器を見ると、ぐるりに指紋がついているのがないのでちょっと残念ですが、指紋がついていると、押し込んだということは明らかになります。土器に籾痕をつけていくのは、なんらかの儀礼にともなうものかもしれません。土器の裏に木葉文というスタンプをつけますが、あれも土器を置くことで葉文がついたのではなくて、端から端まできれいについていますから、つけたのだろうと思います。

そういうこともあわせて、今日問題になっている前方後方墳が分布する関東・東北の地域ではどの程度米をつくっていたのか、その辺の人のたつきの道は何だったのかということを考えないといけないと思います。

石野　ついでに橋本さんに質問します。関東で庄内前後のよその地域の土器が出てくる遺跡は、近畿と同じようにその時期の遺跡を広く発掘すると必ず出てくるのか、高橋さんが言われるように古い古墳のあるところだけからしか出ないのか、地域的に偏りがあるのかないのかという辺を教えていただけたらと思います。

橋本　まず菅谷さんのご質問にお答えします。関東における古墳時代前期の段階の稲作の問題ですが、当該期の水田址の調査がかなり進んできています。とくに北関東の群馬県地域では、浅間山ないし榛名山の噴火による軽石や火山灰の下の水田址が二〇例前後検出されています。そのうち、浅間Cという軽石の下のものがあって、高崎市の日高《ひだか》遺跡や同道《どうどう》遺跡、渋川市の有《あり》馬《ま》遺跡などでもそういう時期のものが検出されています。有馬は比較的高燥なところですから、おそらく陸稲栽培ではないかといわれていますが、水田・畠の面積、経営技術を考えたり、花粉分析・プラントオパール分析などによって稲作が立証されています。

いま申し上げたのは群馬県西部で、東部は残念ながら火山灰の降下範囲からややはずれてしまっています。とくにS字状口縁台付甕などが集中的に分布している平野部の水田址の検出はあまりなされていませんが、実際に調査されている多くの遺跡から考えますと、やはりそういうところがメインで、かなり大規模な水田経営がおこなわれていたのではないかと思います。

菅谷　それはいつごろですか。

橋本　弥生後期後半段階から古墳時代前期です。そのあと古墳時代を通じて、火山灰が降り積もっては、また耕作されたりという状況で水田経営がおこなわれています。

それから、弥生時代後期までの段階の集落址と古墳時代前期の集落址の数を比較すると、雲泥の差というか、一桁以上違います。ドットで落としていくと、本当に黒くなっていくという数で、古墳時代前期になると集落数が急激に増えていますが、それだけの人口を支えていく食糧が背景にないと無理なわけです。そういうことからも生産を重視したいと思います。

原島　菅谷さんがお出しになった疑問に対して、弥生時代後期の後半から古墳時代の初めにかけて大規模な開発がおこなわれて、水田もあったというお話がありました。そうすると、先ほどのフロンティアで入ってきたのだろうという橋本さんのお話は、それと結びつけて考えておられるのですね。

橋本　そういう点も含めてです。

石野　弥生時代を通じて水田開発のピークがあるかどうかというのは、近畿地方の場合はよくわかりません。遺跡の数は弥生前期の終わりに非常に増えますが、それは西から入ってきた水稲農耕がかつての縄文人の間に定着した段階だろうと思います。そのつぎの後期段階にきわめて増えるのかというと、奈良盆地の場合は後期段階で増えていますが、それが開発と結びつくかどうかは問題です。爆発的にというところまでの増え方ではないような気がします。

それから、庄内段階に遺跡の数が増えるかというと、増えるとは言えないように思います。一集落の再編成がおこなわれるという考え方がありますが、それもどうかなという感じです。

つの村にずっと住みつづけるということがいつからいつまであるのかと考えると、弥生の終わりの段階で村を移して、庄内段階に新しく村をつくるという傾向があるという考え方と、ないという考え方があるわけです。わたしはどうもつづくのではないか、だから大きく変わるということはないのではないかと思っています。纒向などは後期段階の遺構があまり出ていませんから、新しくできたようですが、それも領域内移動の可能性があるので、はっきりとした大変革はないようです。

ただ奈良盆地の中央部にある唐古・鍵遺跡の調査のときに、庄内式の土器を含む堆積層が非常に広い範囲にありました。唐古・鍵遺跡の南のほうは少し自然に下がっていますが、そこに土をたくさん盛って水平にしているので、もしかすると大造成をやっているのかもしれません。ところが、唐古・鍵遺跡はそのあと庄内から布留段階の土器はあるけれども、遺構がはっきりしていません。ですから、弥生段階ほどたくさんの人間が住みつづけてはいないようです。何かに利用するために、大造成をやっていますが、それは集落の造成ではないようです。そうすると、農地の造成をやったのだろうかということになりますが、田んぼの跡は出ていませんし、よくわかりません。

近畿で方画地割をともなう水田開発がはっきりするのは、全然時代は違いますが、平安の終わりぐらいです。そのころ近畿地方で大開発をやっていますが、文献に出ていませんので興味をもってみています。

図29　南中台遺跡出土北陸系土器

土器と古墳

原島　もう一つ、石野さんからご質問がありましたので、つづいてそれをお願いいたします。

橋本　千葉県市原市に南中台《みなみなこんだい》という遺跡がありますが、この遺跡の一三号・一四号住居址から北陸系の甕を主体とする土器がかなり大量に出てきています（図29）。これは関東のなかでは北陸系の土器をいちばんたくさん出土している遺跡です。この位置から西のほうにあるのが神門「古墳群」です。

神門五号墓から出土した土器の一つは北陸系だと考えられています。神門四号・五号墓は、それ以外に畿内系の庄内系の甕とか、東海西部系の小型高坏を出していますし、もちろん在地の土器もありますが、そういう異系統の土器が混じり合って、墳丘構築面ないしは埋葬施設の上で土器が祭りに供されているわけです。

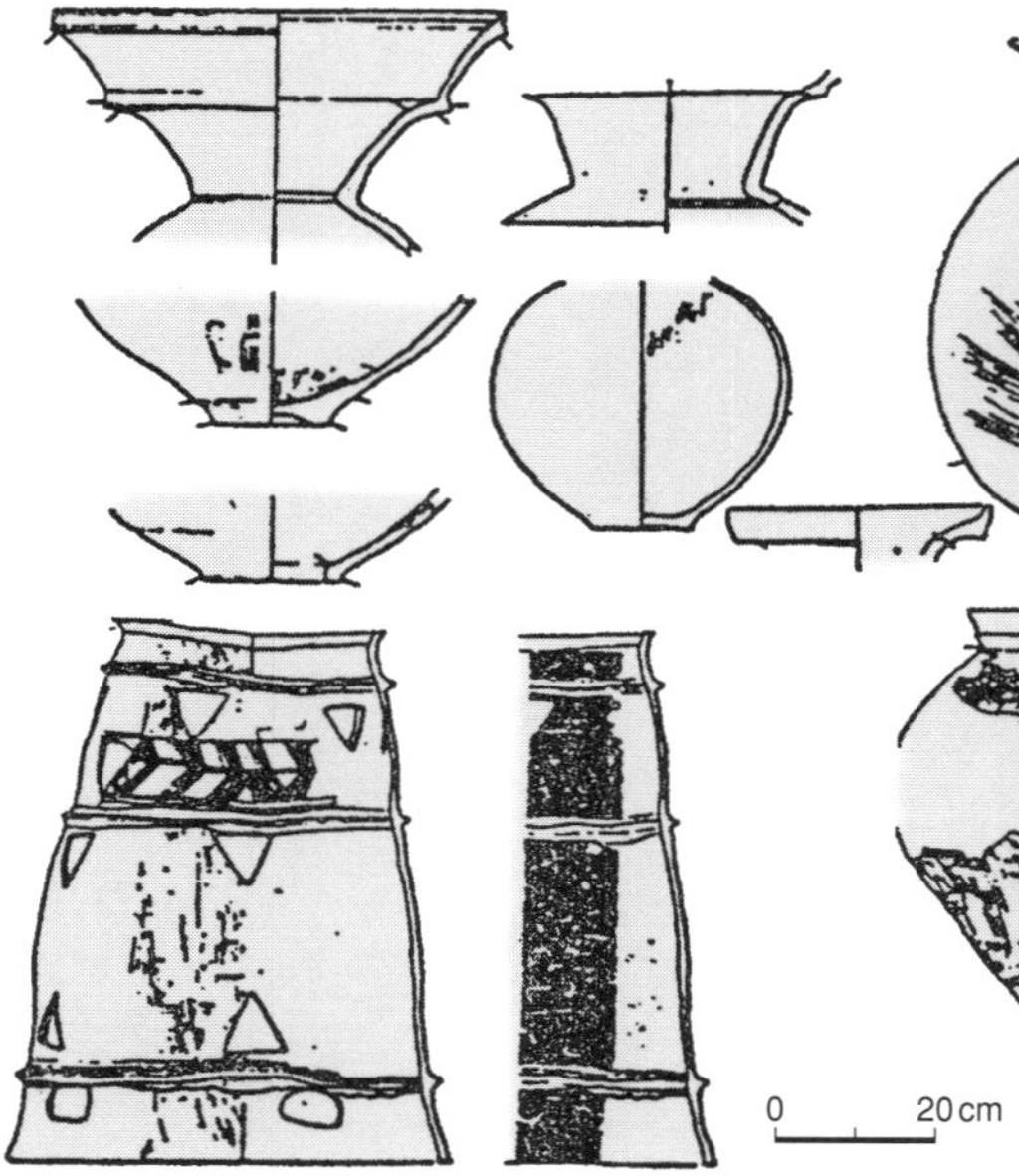

図30　下郷天神塚古墳出土土器

高橋さんの論文のなかでは、前方後方墳をそれぞれあげられて、それに対応する付近の集落で東海系の土器を探してきて結び付けるという方法がとられています。しかし、実際にその集落のなかで東海系の土器を主体的な構成要素としてもっているものも多いわけですが、かなり特殊な器種が東海的なものであって、ほかは在地的な土器であるという遺跡もけっこうみられます。

　前方後円墳とその背景となる集落の土器という問題に関しては、前方後円墳の土器があまりわかっていません。下郷天神塚《しもごうてんじんづか》古墳（群馬県玉村町、**図30**）や手古塚《てごづか》古墳（千葉県木更津市）という前方後円墳からの東海系ないしは畿内系土器の出土があります。また、佐《さ》自《じ》塚《づか》古墳（茨城県石岡市）、上出島《かみいずしま》古墳（茨城県坂東市）、山木《やまき》古墳（茨城県つくば市）の三例があります（**図31**）。有段口縁の壺は畿内の弥生の第五様式あたりから出てくるといわれていますが、地域によってそれを変容させながら、この地域まで到達してきています。おそらくコピーしながら出現してくるのだと思います。

その背景となる集落の一例をあげますと、下郷天神塚古墳に関しては、それを含む周囲の下郷遺跡の調査がおこなわれています。ただし、集落址ではなくて、墓域です。その周辺にいく

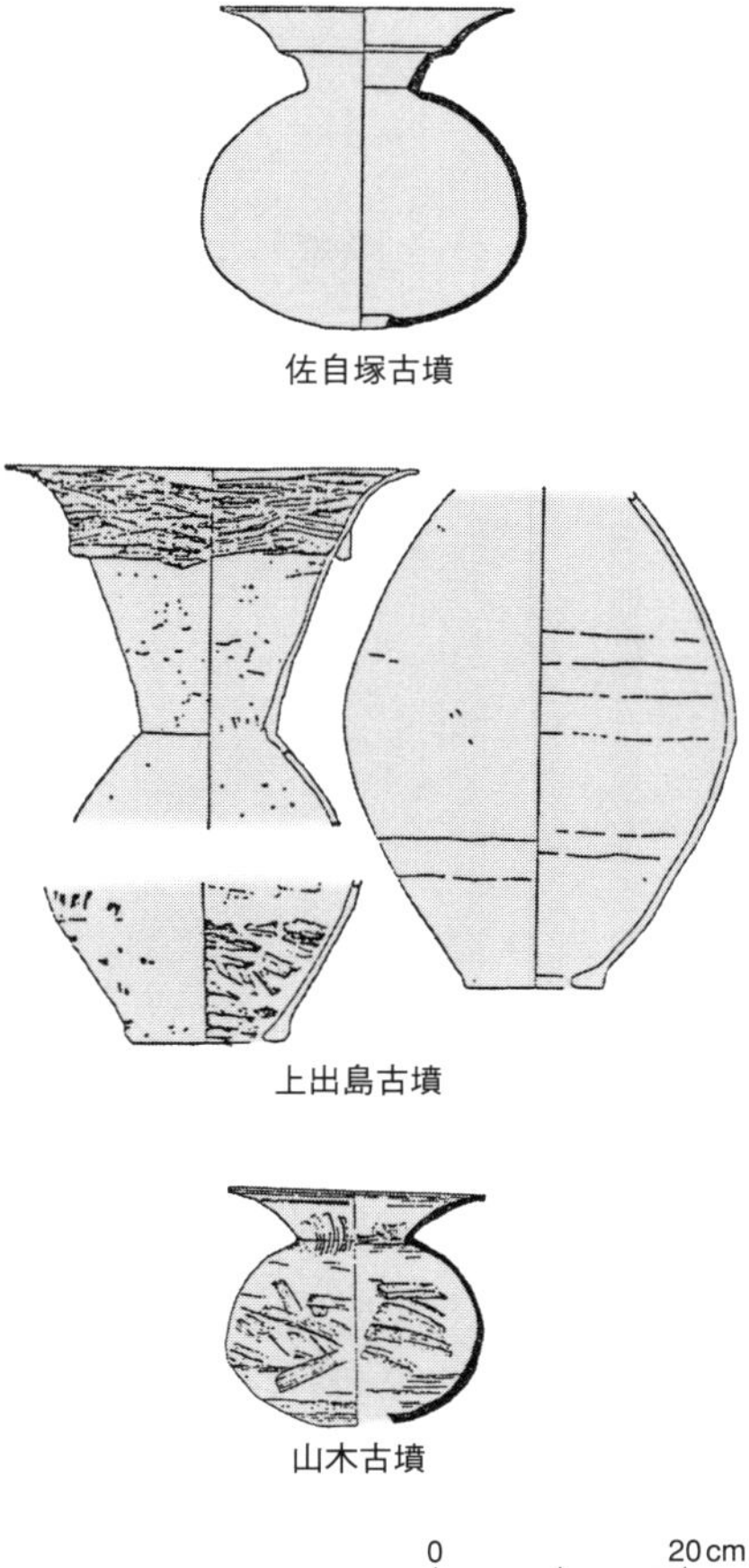

図31　茨城県の前方後円墳から出土した土器

らか集落址はありますが……　この地域は、東海西部に系譜をもつS字状口縁台付甕を主体とする地域です。この井野川の流域では、そういうところとのかかわりで、前方後円墳でもS字状口縁台付甕などが出てきたりしているわけです。つまり、前方後円墳においても、東海系土器とのかかわりがそのまま残っているという問題があるものの、それはこの地域における四世紀代の東海系譜の根強さだと考えています。したがって、前方後円墳ないしは他の墳形の古墳と地域の集落址出土土器との対応は、まだ詰められていない状況です。

土器の移動についての解釈

石野　近畿の状況と同じなのか、違うのかと思ってお聞きしたわけですが、先ほどは奈良を中心に話しましたので、今度は各地域ごとに考えたらどうなるのかということをちょっと話したいと思います。

橋本さんが、高橋さんの考え方を批判して、ご自分の考えを述べられましたが、どちらにしても、やっぱり大和か、なぜ大和の亡霊が出てくるのかという気がしました。大和のなんらかの意図を受けてというのが二人とも入るわけです。東海の土器が東に動いているのに、なぜ大和の意図を考えなければいけないのか。それは大和に同時期に大きな前方後円墳があるからでしょうが、それがあったところで、東海が独自の考えで東に動いてもいいのではないか、なぜ大和が出てくるのかと思います。

ただ、そう言いながら、それでは東海が積極的に動いた理由は何かということになるとわかりません。そのために大和が出てきたのだろうと思いますが、土器そのものの移動を考えると、東海系のものが非常にたくさん関東に行っています。庄内系の土器の移動を重くみるのであれば、東海王朝を考えなければならないほど動いているので、そういう目でもみる必要があるのではないでしょうか。

それから、関東にある近畿系の土器は、近畿の5様式にある叩き目のある甕が多いのですが、どちらかというと似て非なるものです。汚い分厚い土器で、近畿ではあまりお目にかからない、しかし関東の土器の歴史のなかからも出ようがないという非常に異質なものですから、近畿との関係はありうると思いますが、近畿からもってきたものではありえません。関東の土でつくったものです。

庄内段階から布留にかけての関東での土器の移動をどう考えるのかということですが、実はわかりませんので、二つぐらいの考え方を示してみたいと思います。一つは単なる文化現象です。東海の土器は、橋本さんが言われたように、二ミリ、三ミリの薄いもので脚がついているので、煮たきをするうえで非常に熱効率がいい甕です。実際に中に黒焦げの飯粒がくっついているものがあるので、飯をたいたりしていたのだと思いますが、そういう特徴をもっているわけです。

その土器は近畿地方にも来ていますが、さらに西へは行っておりません。関東へ来ているぐらいの距離で西へ折り返すと岡山あたりに行ってもいいのに、行っていません。岡山はわりあい早い段階から土器を薄くする癖があって、薄い土器をつくっている地域です。ですから、いい鍋をつくったけれども、すでに薄くていい鍋のある地域では売れないから行かないわけです。関東にももちろん鍋はありますが、分厚いものですから、いいものができたというと入れる、だから東へ動いていったのではないかと思います。

近畿地方は、庄内式の甕がありますが、これも一ミリとか二ミリという非常に薄いもので、九州に動いていきます。これは政治的な解釈をしたいところですが、いまは文化現象のほうですからやめておきます。九州ではやたらに薄くするということはあまりしないので、入りやすかったのかもしれません。瀬戸内は薄いのがあるから瀬戸内は飛ばして九州へ行っているということかもしれませんが、そういうふうに単なる煮たきの器だけの問題だという考え方もありうるのではないかと思います。

ただし、そういうふうに考えようとしますと、先ほどお聞きしたように、その時期のあらゆる集落から同じように出てきてくれないと困るわけです。特定のところには売れたけれども、ほかのところでは売れていないということではいまのような説明がちょっとつけにくいので、似たような感じで出るということが必要です。それから、関東の場合は、東海系の土器といっても、高坏や壺も行っていますが、甕が非常に多いので、こういう考え方も可能かもしれないと思います。

もう一つの考え方は、政治的な解釈です。たとえば、千葉県の神門四号墳は墳丘の下に竪穴状の遺構があって、そこから近畿系の土器などがたくさん出てきます。調査された田中新史さんは、古墳築造以前に祭りをやり、そこに祭りに使った土器を置いて墳丘をつくったのではないかと解釈しておられます。そういう遺構はあまり例がないので、賛成も反対もしにくいのですが、もしかしたらそうかもしれません。あまりにも似たような土器が固まって出てきています。

そうしますと、たまたま出ている土器は似て非なるものだけれども、関東でつくった近畿系の土器がたくさん出ている。墳形は大和の纒向と非常によく似ているということから、神門の古墳をつくるときに手伝いに行って、儀礼に参加し、自分たちの地域の土器を焼いた、庄内式土器を焼こうと思ったけれども、関東特有のザラザラの土ではどうしようもないから、もう一つのタイプの叩きの甕をつくって祭りに参加したという説明ができるかもしれません。

九州の場合も纒向タイプの前期古墳がある地域と庄内系の土器が重なっているようですから、同じような説明が可能になりますが、これはきわめて意図的で、先ほどの話とまったく違ってきます。もしかしたら、両方本当かもしれません。

先に纒向について非常に特殊な解釈をしましたが、あれは纒向だけのことではなくて、東京でも名古屋でもどこでも、ある地域でよその地域の土器が大量に出てくる場合は、その地域の大きな豪族に対する群小豪族の祭りへの参加ということもありうるのではないかという気がします。文献のうえでそういうことがいえるのかどうかわかりませんが、これありうることです。なんでもかんでも大和ではなくて、名古屋の政権、石川の政権などというのがあって、各地域にいちばん偉い人、真ん中ぐらいの人、下のほうの人という階層があり、大きな儀礼のときには各地から集まってくるということもありえたかもしれません。ですから、単に纒向だけの現象ではなくて、こういう遺跡はこれからも出てくるのではないか、そういう土器の移動を考えてみてはどうかということで、単なる文化現象もある、しかし特殊な場合もあると考えてみました。

「大和朝廷」の影響の問題

菅谷　先に橋本さんにうかがっておきたいのですが、南中台遺跡は玉作りをやっていますか。

橋本　その点は、わかりません。

菅谷　下総国分寺周辺は、玉作りが若干ありますね。五世紀になるとありますから、北陸の土器は四世紀ものだということもいえるのではないかと思います。

もう一つは、私がフィールドにしていた和歌山平野は変わった古墳の発達をしています。私もそういう言い方をしますし、皆さんもおっしゃる大和朝廷とのからみで古墳の発生を理解するとき、いちばん都合が悪いのは和歌山平野です。くわしくは、私の論文を読んでいただいたらいいのですが、和歌山平野は和泉山脈を越えたところにある平野で、紀ノ川をさかのぼると奈良に行きます。

最近、秋月《あきづき》古墳（和歌山市）という前方後円墳の祖型だとも言われる古い古墳が日前国懸《ひのくまくにかかす》神社の横から出てきましたが、あそこは五世紀の初めに大水路改修があって、水田開発とともに生産が増えたということが文献でもはっきりトレースできる稀有の地帯です。そこの古墳群は、後期古墳の段階になっても、円墳と前方後円墳が渾然一体と分布する特殊な地域です。それでは、四世紀になるとどうかというと、和歌山平野の四世紀の発生期古墳は、大和のものとは似て非なる古墳です。前方後方墳はありません。前方後円墳は花山というところに一〇基ばかり集中しています。前方後円墳ですから畿内型ですが、まったく似て非なるもので、遺物の副葬量も少ないわけです。

今度は和歌山平野から一つ南へ行きますと、有田という町がありますが、あの辺まで行くと、典型的な長い竪穴式石室をつくる古墳があって、鏡なども出土しています。

和歌山平野だけが前方後円墳と竪穴式石室という畿内タイプの古墳を素通りしています。それは大和の新しい動きと同じ歩みを真横の和歌山の肥沃な平野がしていないということです。その点が和歌山の特殊性で、地縁的な共同体的社会が長らくつづいたといってもいいのだろうと思います。

和歌山平野の面積からいうと、一〇〇メートルぐらいの古墳をどんどんつくってもいいような収穫量があるわけです。また奈良盆地でも、東海地方といつの時代も往来のある宇陀郡もかなり大きい前方後円墳があってもいいぐらいの収穫量のあるところですが、非常に小さい前方後円墳が二〇基ぐらい分布しています。これは五世紀以降のものが多いようです。奈良から三重県へ行くと伊賀国になりますが、伊賀国も石山《いしやま》古墳（三重県伊賀市）という四世紀末後半の古墳が最初で、それ以前の古墳はありません。

逆に、そういうところは東海に進出するときの足がかりだから大和朝廷が全部押さえていたのだ、和歌山は南海道の起点だから四国征伐のために押さえていたのだという言い方ができますが、そうすると、五世紀、あるいは四世紀の末になってりっぱな古墳が出てくるということの説明がつきません。大和朝廷がそこから撤退した、あるいはそこに一大率のようなものを置いていたのが土着化してしまったという非常に屈折した個別具体的な理由を考えなければならないことになってしまいます。

和歌山平野と伊賀盆地という大和朝廷がのびるときに足がかりになるところは、一般的な畿内文化の発展、あるいは畿内勢力の進展とともに古墳をつくっておりません。ずっと前方後円墳がなければ、それはそれで話がうまくいって、一大率の地域だということになりますが、四世紀の末になると巨大な古墳を在地勢力がどんどんつくりだすわけです。

その点で、私どもも関東平野の開拓をもう少し研究しなければいけないと思います。

古墳はなぜつくられた

原島　だいぶ討論が深まってきましたが、そろそろ最終目標のほうに話を移していきたいと思います。古墳はなぜつくられたかということについて、それぞれご意見をいただきたいと思いますが、鈴木さんのほうから国家形成史上の首長制社会、あるいは首長国の二つの段階という説が出されています。

第一の段階は三世紀の半ばで、ちょうど卑弥呼の晩年です。そこから三世紀後半までは首長制的な社会であるということです。これは考古学でいうと庄内の時期です。

第二段階は四世紀の後半から五世紀の初めです。首長制社会の汎列島的な進展をみる段階です。

このように大きく二つに分けて問題提起をされました。そのことを頭に置きながら、なぜ古墳はつくられたかという問題を考えたいと思います。

司会者が最初に意見を言えということですから、アマチュアのほうからしゃべって、そのつぎに鈴木さんにお話しいただき、だんだんプロのほうに移っていくというかたちにします。

なぜ古墳がつくられたかという問題については、なぜ中国や朝鮮と逆行したのかということに最大の関心がありますが、これは箸墓の場合です。

第二番目に、出雲とか、柳田さんからお話があった九州の博多付近の古墳は、近畿的な頭で考えると小さいわけです。わたしも昔は小さいのは勢力が弱いからだということで本を書いたことがありますが、出雲や九州のほうが朝鮮や中国に近くてしょっちゅう交渉していたので、薄葬だということを知っていて、バカでかいものをつくってエネルギーを使うのはバカらしいのだと考えていたとすると、かなり変わってくるかもしれません。そういうことをつい最近書きましたが、そういう視点でも考える必要があると思います。逆の意味で、関東地方の古墳が非常に大きいという問題とも関係がありそうだという感じがします。

したがって、なぜああいうものをつくったのかというと、どうしてもつくらないと奈良盆地のグループが困るからだろうと素人考えで考えていますが、なぜ困るのかということが問題です。総人口が三〇〇万か二〇〇万ぐらいしかなくて、子どもも含まれますから、そういうなかであれだけのものをつくるのは相当な手間がかかったと思いますが、それをあえてやったのはなぜかと考えると、わからないことがたくさんあるわけです。

ひとつ言えるのは、五世紀の半ばから後半ぐらいまで、つまりいま話に出ている時期から二〇〇年間それがつづきます。そして、いわゆる仁徳陵とか応神陵がつくられて、そのあとちょっとあって破綻すると、押さえることができますが、王朝が替わっているか、替わっていないかという問題も含めて、かなりしつこくつくっています。その点では、いま菅谷さんからお話しのあった和歌山県はつくらないのですから開明的だと思います。つい最近、秋月古墳が出ましたが、あれもチャチですから、いいわけです。たしかに紀一族は開明的で、東アジア的な視点を強くもっているから、ありうることかもしれません。

この辺で、鈴木さんへバトンタッチします。

古墳の発生要因の問題点

鈴木 文献的な証拠は『魏志』倭人伝しかありませんが、わずかながらも記事のあることが私の支えです。つまり、倭というのが海外の史料に出てくるということは意味が大きいので、倭というたった一文字を探求してそれにすがるわけです。

先ほど原島さんがまとめてくださったのは、画期というよりも、画期なり段階なりの成立・開始という意味で、三世紀の半ばころから社会秩序のようなものができる画期だという意味です。

ですから、倭国の争乱は二世紀の末ごろにはおこっていますが、諸国、諸地域の間でしょっちゅう争乱があるのではなく、争乱があったり、友好的であったりすると考えるのです。また交流の面もあります。交流の問題は討論にあったように、開拓・開発と関係があるのかもしれません。もう一つの四世紀後半以後の画期・段階といったのも、七支刀の銘文にあらわれるような倭あるいは倭王の動きがしだいに高まっていることを反映しているという意味です。そして、その段階とか画期は最近の古墳研究を念頭に置いているので、九州ではさかのぼってもかまいません。つまり、弥生なのか、古墳なのかという問題では、九州は非常に早くから形もそうですし、副葬品もありますが、それにしても、鏡が古墳に葬られるというのは、舶載鏡では前漢の鏡より前のものはありません。それはやはり『漢書』などにあらわれる楽浪郡を媒介にする漢との交通ということか、倭が漢に注目されたということが契機になっていることは確かだろうと思いますが、ここでは古い時代のところに触れません。

もう一つは、私はこの社会の発展段階、あるいは国家的な段階を首長制社会とか首長国と考えています。通説的な言い方をすると部族連合です。つまり、国家になる前ですが、部族連合の段階は階級社会である、したがって古墳の成立イコール階級社会への道であるという考え方が岡山の近藤先生に代表される考古学の先生の間ではわりあい有力なのではないかと思います。私はそれには批判的で、首長制社会は身分社会だが階級社会としてはまだ熟していない社会だと考えています。

その場合、集団や社会の頂点にいる首長には大小があるわけです。つまり、なになに政権といわれる地方首長もいると思えば、その下の在地首長というか、ちょっと小さい地域のチーフである首長、それからさらに小さい村落首長というようないくつかの首長の階層があるし、時代によって変化があるとみられるので、首長制社会には諸段階があると考えています。先ほどの二つの大きな段階は、首長国、首長制社会の段階でもありますが、この点は首長制社会論には歴史的な段階論が欠けているという批判があるので、ここにおられる皆さんにではなくて、学界を意識して答えているわけです。

なぜこのようなことを考えるかについて述べますと、戦後、英雄時代論という議論がありました。ヨーロッパの古典古代の歴史に英雄時代があるので、石母田正先生はそういう問題を日本史においても応用しようとされましたが、私の首長制社会論はちょうどそれの焼き直しだと言ってもさしつかえないようなものとして、整理してくださったかたもおられます。

英雄時代と首長制社会の時代の異同は問題になりますが、今述べた意味での首長にとって何がいちばん大事かということを、文化人類学の事例を頭に置いて考えますと、血縁関係、つまり系譜です。最高首長とその下の首長との間、さらに各首長と社会の構成員の間は、それぞれ最終的には血縁関係で結ばれるという例が世界の各地にたくさんありますし、私は日本の古代社会もそうであったのではないかと考えています。もちろん、血縁関係というのは擬制的な血縁関係も含みますから、本当の親子や兄弟でなくてもかまわないわけです。

こういう血縁の原理というか、血縁を基本としてつくられる社会を、三、四、五世紀ごろまで、日本列島内の各地のさまざまな首長たちはめざしていたと思います。首長すなわち支配者を頂点とするピラミッド型の集団や社会が重層的につくり上げられます。最終的には、日本だけではなくて世界的にそうですが、首長は系譜を成立させて、その始祖に神をもってくるので、有力な首長は神々の子孫となるわけです。こういうことの典型としての大王とか、のちにいう天皇の世襲制は、六世紀以降にならないと確立しないと思います。

したがって、最終的には神話と系譜を備えるようになる血縁原理の社会の統合と古墳の祭祀を結びつけたいというのが私の狙いです。古墳の祭祀は、単にお葬式といったような儀礼を超えて、首長権の継承儀礼がおこなわれたという近藤先生のようなお考えがかなり有力ではないかと思います。それから、近藤先生は擬制的な血縁関係が古墳の成立とともにあると考えておられますが、私はそうは考えません。六世紀の初め以前、五世紀までは、首長権の意味内容は血縁原理、あるいは世襲ではない、むしろ系譜の一系化ができていないために、その実現に向けて全住民的なレベルで動員され、古墳の前で祭祀がおこなわれたと考えたほうがいいのではないかと思っています。その辺の実態や推移とある地域における古墳の分布を、時代順に追えるかどうかということは、かかわりがあると思いますが、この点も考古学の先生方にお聞きしたいところです。

今回のテーマの範囲内での第一の段階は、主として各地域内部ごとの古墳の祭祀を考えていますが、もちろん古墳の祭祀になんらかの関係のある人がよそからやってくるということはさしつかえないのではないかと思います。それは空想ではなくて、『魏志』倭人伝にみえるようなこの段階の社会組織というか、国家的な構造などからもそう考えています。邪馬台国の王権の中枢を考えますと、卑弥呼と外交官である難升米や都市の牛利は魏からもらう官爵などもそれほど差がありません。難升米などはあとで魏へ行ったときは王に準じるような扱いを受けているので、ただ一人が卓越した首長権をもっている社会とは考えていません。ですから、各地域ごとの首長のあり方に規定された墳墓なり古墳なりのあり方であるので、地域ごとのバラエティーに富んだ弥生墓以来の系譜を引くものがあちこちにあって、まだ統一的ではないということが説明できるのではないかと思います。

第二の段階、つまり四世紀の半ば以降は、考古学的事実が指し示しているように、近畿の王権は無視できないと思います。菅谷さんが古墳づくりは文化現象という側面を強調されましたが、第一段階ではあたっている面があるでしょう。しかし、第二段階では首長制がかなり進んでいると私は考えているわけです。私の場合は近畿の周辺も含んで考えているので、その段階になると和歌山の首長なども近畿の王権に参加している。したがって、そういう様式の古墳をつくり始めることは矛盾しないという考えです。

それから、私は初めの段階に支配・隷属関係の存在はまだ考えていません。つまり、首長同士の結合した社会です。ただ、そこに戦争という要素がどれぐらい入るかを考えなければなりませんが、それは文献からはなかなかいえません。しかし、五世紀になると、稲荷山の鉄剣なども文献と同じ文字史料ですが、関東や北部九州あるいは肥(熊本県)の首長も近畿にある大和王権に参加していたと思います。参加するといっても、地方で代議士になって東京にやってくるというようなことではありません。王に奉仕するという形です。

もちろん、都に住まいがないと困るでしょうが、将軍とか外交官ではなくて、おもに自分の配下の者で軍を組織していくということであって、首長軍、あるいは豪族軍の連合として参加するのです。常備軍というのは七世紀後半にならないとできないと思います。つまり、どこにいても大和王権の権力は分掌できるわけです。ですから、都に首長たちが集まっているという形がすべてだとはこの段階では考えておりません。

ただし、六世紀になると、筑紫磐井《つくしのいわい》が朝鮮への出兵にからんで乱を起こします。そのとき近江毛野《おうみのけぬ》が近畿側の将軍になって磐井を討ちに行くと、磐井に同じ釜の飯を食った仲ではないかと言われたとあるのは、国造級の筑紫の大首長でさえ近畿の王権に参加していたということを示しています。この関係がどこまでさかのぼれるかというと、五世紀後半の稲荷山の鉄剣、あるいは江田船山の大刀ぐらいの時期までは確実です。四世紀は文字史料的な証拠はありませんが、その始まり、あるいはそれを準備する段階が第二段階の四世紀後半以降の百済と高句麗の戦いにともなう外征という契機に求められるのではないかと思います。そうだとすると、ちょうど古墳が巨大化する時期、あるいは定型化する時期とうまく合うことになります。

それから、大きいことはいいことかということについては、私は考古学者の意見をとりいれて、六世紀以降になって王権が世襲化されると、古墳は小規模化に向かうとみるわけです。つまり、各地の首長の台頭を反映するとともに大和あたりにある大王級の古墳も方墳の傾向をたどります。安定してくると、大きいものを示さなくてもいいという意味で、五世紀ごろの前方後円墳は列島の各地域に向けて示すものではないか。外国の使節が来たときにびっくりさせるのだ、だから河内にあるのだという考えは成り立たないだろうと思います。

なぜ、巨大な古墳がつくられたか

原島　古墳はなぜつくられたかということについて、鈴木さんの言われる二段階に即して話していただきましたが、それぞれご意見を出していただこうと思います。

先ほど近藤義郎さんの話が出ましたが、つぎの王様が有利になるために、りっぱなお墓をつくって、先代の王様の葬式を盛大にやる、つぎの王の即位儀礼の場が古墳なんだというのが、なぜつくったかということに対して、いま出ている一つの解釈のしかたです。それがどうして大きいほどいいのかということになりますが、それも含めてお考えいただきたいと思います。

橋本　箸墓に代表されるような大形の前方後円墳が出現したということを一つの契機として考えた場合、弥生の終末段階に列島各地で非常に地域色の強いお墓が出てきて、吉備の楯築《たてつき》のようにマウンドをもつ大形なものもあらわれてくるわけです。そのなかで、王の中の王として畿内の有力者がより壮大なものをつくって見せるということが全国的な規模で必要になった、それによって権威を高めることが必要になったと思います。

これは纒向遺跡の評価にもかかわってきますが、それぞれの地域の有力者ないしそれに従ってくる労働力が古墳づくりに動員されて、それぞれの地域がもっている祀りの形態の各要素が部分的に反映されていくなかで、統一的な墓のスタイルをつくってみせることが必要になったのではないでしょうか。つまり、前方後円形、竪穴式石室、長大な割竹形木棺、鏡の大量副葬、さらに吉備系の特殊土器類のうち壺が大和の在来の畿内第5様式あたりからの有段口縁のいわゆる「茶臼山式壺」といわれているものに首がすげ替えられ、器台と結合して朝顔形埴輪が誕生し、器台系の特殊土器類の一部が退化して普通円筒埴輪となるように、急激に埴輪化していきますが、そういう複合的要素をもつ統一的なスタイルができあがるのです。

これは近藤先生と都出先生の意見にほぼ近いものだと思いますが、私は一応このように考えています。

原島　今度は九州のほうからみると、どういうことになるかということをうかがって、最後に東と西から近畿地方に攻め込むということにさせていただきます。

柳田　いままではまったく考えたことのない題名ですから、何を答えていいかさっぱりわかりませんが、鈴木さんから出されている画期の問題にふれながら話したいと思います。

九州で考えますと、弥生時代は三世紀の前半ぐらいで終わりそうだということを後漢鏡と土器の問題からいままで言ってきました。そうすると、四世紀からしか古墳がないといわれると、ちょっと困りますので、庄内式あたりを古墳時代としたいのは、一つはその辺にも理由があるわけです。そして、今では終末と言われていた九州の西新町《にしじんまち》式土器が庄内と共伴するということもありましたので、古墳時代は少なくとも三世紀の中ごろから始まるのではないかと考えています。そういう点では鈴木さんの画期にかなり合ってくるのではないかと思います。

それでは、纒向古墳群と同じような古墳は、はたしていつごろかというと、いまのところは三世紀の終わりごろとしか言えませんが、それ以前にはないのかということが問題になるわけです。この点は、弥生終末期の突出部をもつ宮の前墳丘墓（福岡市）につづく庄内古式土器に並行する古墳が存在するものと考えています。

つぎに、古墳が大きくなるのはどうしてかということを考えていきますと、纒向古墳群の石塚をはじめとして、東田大塚《ひがいだ》、ホケノ山という古い古墳が九〇メートルクラスだといわれているので、福岡の八〇メートルクラスのものとほとんど一緒だと考えてもいいかと思いますが、それまでの初期ヤマト政権はまだ大連合ではないのではないかという気がします。

私は、今日はとくに九州を強く出していますが、このときは九州と大和ぐらいで、その後、大連合を達成してのち、象徴物としての箸墓ができるのではないでしょうか。幸いに土器が各地方から来ているようですから、古墳づくりに集められたと言っていいのかどうかわかりませんが、各地域で労力を出し合ったのではないかという状況をいま無理に考えているわけです。卑弥呼の共立を言い出すと、卑弥呼の墓になってしまうのでいけないのですが、大連合が達成してのち、近藤先生が言われるような飛躍的な墳丘ができ上がったのではないかと考えています。

それから、首長権の継承をおこなうということですが、これは弥生時代の墳丘墓でもいいわけです。祭祀形態に吉備のものが入ってくると言われますが、これは全部に入っているわけではなくて、鏡で問題にされる椿井大塚山古墳には入っていません。ですから、私の場合は、祭祀形態を考えるときは土器の祭祀だけではなくて、副葬品のセットからも考えたいのですが、それは九州的な色彩だけだということを強調したいと思います。

土器の祭祀で言いますと、近畿地方もそうですが、早くから墓の上で土器の祭祀をやっています。とくに九州は中期から丹塗磨研土器という特殊な土器でやっているので、この丹塗りがのちの祭祀土器の赤く塗るものにつづいていくのではないかと考えています。

しかし、なぜ古墳をつくるのかというと、外向きではないだろう、九州が近畿地方を統一したのではなくて共立だと思いますので、その象徴となるのではないかというのがわたしの考えです。

古墳は首長権継承儀礼の場か？

菅谷　卑弥呼が死んだとき『魏書』倭人条の記事「卑弥呼死すを以て大いに冢を作る、径百余歩、徇葬者奴婢百余人」というところの「百余歩」まではよく問題にされますが、うしろの「徇葬者奴婢百余人」を欠落させて説明しています。『魏書』倭人条を信用する限り、百余人が同時に死んでいます。これは生口の問題ともからんできますが、中国に卑弥呼が献上した生口は、八人とか四人とか六人程度です。
津古生掛古墳のように濠の中に多数の連携墓をもっているものはちょうどいいわけです（図32）。ですから、纒向の石塚とか矢塚等々を今後発掘する機会があって、土壙墓が墳丘の内外からみつかれば、ほぼ『魏書』の状況であると考えてもよいのです。万が一ないとすれば、九

図32　津古生掛古墳

州のほうを探さなければなりませんが、九州のほうではすでにこのような資料が出ています。また二八メートルというと、大きさも百余歩に近いと思います。百余歩をいまはみんな下底で勘定していますが、墳頂で測っても別にかまいません。

古墳の画期の問題ですが、わたしはかねがね古墳時代は四世紀から始まると思っていました。これは学生時代に教わったのを深く考えずに墨守してきたのかもしれませんが、最近は古墳はもっと古いものであると考えるに至っています。

それから、古墳時代に画期が二段階あるということですが、私はそれにはちょっと異論があります。群集墳に代表される社会が出現するまで、首長墓を中心とした社会全体の発展は六世紀の初めまでつづきますから、四世紀、五世紀と約二〇〇年間つづいたわけです。もし古墳時代を三世紀に入れますと、三〇〇年間ですから、当然発達もあるし、変化もあります。古墳時代に突入して、最初の古墳をつくるという画期はたいへん大きな問題だと思います。

たとえば、箸墓の前段階として纒向の矢塚、石塚をおいたとすると、纒向の矢塚、石塚ができ上がってしまえば、大きいほうがいいということでどんどん大きくなって、箸墓までは非段階的発展であると思いますが、そのときそこが近藤先生がおっしゃるように首長権継承儀礼の場であるかどうかということについては、私は大いに疑問をもっています。あの考え方のなかでは、寿陵（生前築墓）という思想がまったく考慮されていませんが、生前築墓であったという古墳はかなりあるわけです。ごく初期の古墳でそういう例があるかというと、資料の制約のためにわかっていませんが、中期古墳、それから前期後半の古墳になると、生前に墓をつくっておいたという例がいくつか知られています。

また、橋本さんが関東の古墳の粘土床を分類されたときに、墳丘をつくる過程において粘土床が設定されたもの、いったん墳丘が築かれてから、上から墓壙を掘って設定したもの、前方部から通路ふうに設定したものと三つに分類されました。墓というのは人を葬るところですから、墳丘をつくりながら粘土床を置いたものは、どうも死んでからつくったようです。しかし、上から墓壙を掘っているものは、死ぬ前に墳丘のみをつくったのだろうと思います。前期古墳の竪穴式石室の断面図をいろいろとってみますと、いったん積み上がった古墳の上から墓壙を掘っているものがかなりありますし、墓壙が見られないのも一、二ありますから、たぶん生前に最低マウンドぐらいはつくっていたのだろうと考えているわけです。

もし、戦争というものを想定した場合、有力な首長が死んだときに、だれが墓をつくってくれるのかというと、首長が死亡したことによって敗戦すればだれもつくってくれません。中国の王朝の皇帝も、ずっと自分で墓をつくって、自分でそこに入っています。いまでも比翼石塔がはやっていますが、ああいうふうにして生きているうちに墓をつくっています。生前築墓など縁起でもないとよく言いますが、今日でもつくっています。現在ではご主人が死んだら、奥さんの名前もついでに石塔に刻んでおいて、名前に朱を入れておくだけです。それと同じで、生前築墓、古い言葉で言いますと寿墓ということを考えねばなりません。

もうひとつ、日本の古墳でおかしいことがありますが、墓ができあがったあとで墓参をやっていません。中国の巨大な皇帝陵の場合は、必ず上陵使というのが行って、毎年毎年命日とか元旦にちゃんと墓参りをして、墓掃除をしています。それが儀礼化し今に伝わったのが、韓国・中国などで盛んにやっている清明節の墓掃除です。

ところが、日本の古墳は墓参をやっているとはっきりわかるものが非常に少ないので、墓はつくりっ放しであった可能性がかなり強かったと思います。そういうことからいきますと、生前につくって、墓参りはあまりしなかったらしいということになります。このように考えますと、発生期や前期のその社会が完全な血縁制で長子相続制ができていたかどうかは疑問です。

二〇〇年、あるいは三〇〇年の間に時代が変わりますから、当然長子相続制なり血縁重視制になっていくと思いますが、奈良県の四世紀末からの葛城氏の古墳群をみると、いつも北群と南群とが拮抗するように交互に一つずつ墓をつくっていっています。また、最近よく言われていますが、河内古市古墳群と和泉の百舌鳥古墳群も相互につくっています。これは王朝が二つあったのではなくて、兄弟的継承が『日本書紀』などから証明されているので、一族のなかで覇権を握る時期とそうでない時期があってしかるべきではないかと思います。

そういう時代が二〇〇年ほどつづいたのであって、規模ではなくて時代的に箸墓クラスまでのものに大きな画期があるけれども、その後はのんべんだらりと墓をつくったのではないかと考えています。その間に長い時代がつづきますから、石棺を採用したり、石棺をやめたり、石棺を遠くからもってきたりしています。たとえば九州から石棺をもってきていますが、もし九州からもってくるのが権力のいちばんのあかしであったとすると、大和の大古墳、古市の大古墳は九州から石棺の材料をもってくるはずです。しかし、残念ながら、四国からもってきたり、兵庫県からもってくる程度です。阿蘇溶岩でできた石棺は、逆に中規模ぐらいの古墳に多いわけです。

それでは、古墳の画期をどこに求めるかということになりますが、私は卑弥呼が死んだときは、もう古墳時代に入っていたとみてもいいのではないかと考えています。そうすると、中国の鏡を日本で五〇年とか一〇〇年保管していたという理屈合わせは要りません。景初の年号のあるものは、ほぼ景初ごろに被葬者の手に入ったと考えて、四世紀の古墳と三世紀の古墳の二つに編年し直したとしても、和泉黄金塚はいちばん古いところにはいきません。編年し直しても、明らかに四世紀初期の古墳です。中国系の遺物や中国の年号をリアルタイムで理解しようとするもので、そうすると土器研究と古墳研究のタイプギャップも理解できます。

卑弥呼が死んだときはたしか七〇歳か八〇歳ぐらいですから、長生きをしています。天皇の寿命はどのぐらいだったのかというのは、長い人も短い人もいるので非常に難しいのですが、当時の日本人の平均寿命がわりあい長かったということが『魏書』倭人条のなかに書かれています。それから、産めよ、増やせよの時代であったということもわかります。大人は四、五人の婦をもって子どもを産ませていた、身分の低い者でも婦を二、三人もっていた、婦人は非常に貞節で乱婚のような状態ではなかったということを書いているので、この段階では当然人口増があったはずです。

そして、ある程度人口が増えたときに古墳時代に突入します。人口増を賄うのは食糧生産ですから、卑弥呼の段階ではすでに古墳をつくっていたのではないかと思います。『魏書』倭人条を信用する限り、初期的な古墳は生掛古墳のように殉葬墓が必要ですが、今後発掘でそういうものがみつかるかどうかがキーポイントになるわけです。いったん墓をつくりだすと、大きいものがいいということになってしまいますが、なぜつくったかというのは、私は生前につくったのではないかと考えているので、首長権誇示の場であったと思っています。その根拠は寿陵であるということと、墓参りがあまりされていないということです。

前方後円墳の画期

石野 〝なぜ〟はあと回しにして、鈴木さんが言われた画期についてまず考えてみます。弥生時代から古墳時代を通じて、墓制の変遷から考えられる画期がいくつあるだろうかというと、まず最初は方形周溝墓という縄文時代数千年間になかった区画をもった墓が出た弥生前期の終わりの段階です。それから前方後円墳ができた段階、三つ目は前方後円墳が単なる墓になった段階で、私は六世紀だと思っています。

一番目の縄文時代の数千年間なかった方形墓ができて広い分布を示す段階をいまはほとんど

文化現象として説明しています。無理に政治的にいう必要はありませんが、弥生前期末という段階をもっと重くみる必要があるのではないでしょうか。その契機も縄文の歴史のなかからは考えにくいので、前三世紀の中国・朝鮮の墓制はよくわかりませんが、およそ方形墓のようですから大陸からの影響で生まれたということもありうるかもしれません。

　つぎに弥生中期の後半ぐらいに大型墓が出てくるということが最近わかりかけています。ただ、柳田さんによると、弥生前期段階で二十数メートルという例が紹介されましたので、中期段階を画期とは言わないほうがいいかもしれません。しかし、中期段階は加美遺跡（大阪市）の二二メートル、九州の伊都国三雲遺跡（福岡県糸島市、一六ページ参照）の三〇メートルというように、方形周溝墓の平均の大きさが一〇メートルぐらいだというなかで、三倍ほどのものが出てきている時期であります。

　ついで前方後円墳ですが、私は前方後円墳は三世紀の初めだと思っているので、三世紀の中ごろというのは五〇年ほど上げてもらわないと具合が悪いわけです。土器でいうと、纒向１式という弥生土器そっくりにしか見えない土器のころに出てきているものだと思っています。そのうちの一つが纒向石塚だと思いますが、全長八八メートルのものが出てきます（三二ページ参照）。これが単に出てくるだけではなくて、出てきたあと、九州とか千葉に同型の企画に基づいた墓がつくられているという広がりをもってくるという段階ですが、そのあとで箸墓古墳があらわれます。

六世紀には明らかに前方後円墳がありますが、六世紀は古墳時代とよばずに、前律令段階だと考えたほうがいいのではないかと思っています。先ほど、菅谷さんや鈴木さんから、首長権継承儀礼の場が古墳であるという近藤さんの説はおかしいという批判がありました。私は古墳が出てくる時期とか、その内容などについて、近藤義郎さんとずいぶん意見が違いますが、首長権継承儀礼の場であるという点では、近藤さんの考え方でうまくいけるのではないか、単なる墓ではなくて、そこでつぎの王位の継承儀礼をやったのだと考えています。

それについて菅谷さんは首長権継承儀礼の場ということを考えていないと言われましたが、私は首長権継承儀礼の場だと思いながら、寿陵でもあると思っています。これは菅谷さんが言うとおり、あまり例数はありませんが、前期古墳でも古墳をつくるときに、高さが一〇メートルあるとしますと、五メートルか、六メートルか、ある造成面で盛土が水平になっている例が見られます。そこにうまい具合に黒い土がのっているといちばんいいのですが、前方後円墳の墳頂部分を除いた部分を生きているうちにつくって、本人が亡くなってから、墓穴をつくって、土をかぶせて、全体に化粧をして仕上げるという方法をとっていたと考えています。

そう考えると、時期は新しくなりますが、大阪府高槻市の昼神車塚《ひるがみ》は幅二メートルぐらいの土を墳丘の外側に新たに積んでいます。あれは古くつくっていて、企画に合わなくなって、もう一ぺん土を積み足したのではないかと思いますが、島根県出雲市の大念寺《だいねんじ》古墳などもそういうつくり方をしています。生きているうちに大部分はつくってあるので、前期古墳の墓壙はいったん積んだ土を掘っている部分が当然ありますが、墳丘の上が飛んでいる場合だったら、いきなり上から墓穴を掘っていることになりますし、墳丘の形がちゃんと残っていれば墓穴を掘った後に土を積み直したはずです。一つの根拠は、墳丘盛土の水平面がほとんどの古墳で認められるという点です。そこでいったん築造工事を休止していたのではないかと予想しています。

それから、墓参りですが、前期古墳から六世紀の須恵器がときどき出ています。有名な例では、渋谷向山古墳（景行陵）の墳丘内に立てられた埴輪のなかから須恵器の𤭯《はそう》が出ています。ことによったら「景行陵」の築造は須恵器の時期ではないかと言われている方もありますが、まさかと思います。それから、奈良県斑鳩町に瓦塚という前方後円墳があって、その奥に後期の古墳群がありますが、須恵器が前方部の埴輪列の間から出てきています。六世紀段階に墓参りをどういうふうにやったのかわかりませんが、お墓であるという意識はもっていたようです。

平城宮をつくるときに、古墳が出てきたらちゃんと祭れと書いてあるので、墓であるという意識は、やはりあったと思います。しかし、だれの墓かということは平城宮造営段階にはわかっていなかったのかもしれません。そうすると、六世紀段階に前期古墳の被葬者がわかっていて、自分の祖先祭祀としてやったかどうかはちょっと微妙です。単なる墓としてだけなのか、それとも祖先として祭ったのかということは、はっきりしませんが、もしかしたら被葬者を知っていたのではないかという感じもします。

そういう例がありますので、墓参りもありうるし、寿陵もあるのではないか、そうすると首長権継承儀礼ということもあるのではないか、そして首長権継承儀礼を墓地でやらなくなったのが六世紀ではないかと思います。古代史の和田萃《わだあつむ》さんが「殯の基礎的研究」という論文を書いておられますが、殯《もがり》というのは死んだけれども死んでいない期間だそうです。殯が終わると、つぎの大王が決まりますが、飛鳥時代になると南庭《なんてい》でやるそうです。文献をいろいろ検討していくと、雄略（ワカタケル大王）の段階までさかのぼれる可能性があるということを指摘されていますので、それ以降は墓地では王位継承儀礼はやっていないことになります。そうすると、これはただの墓です。

前期・中期古墳は、墓であると同時に祭りの場であったけれども、六世紀の後期古墳になると、いくら前方後円墳がりっぱで、横穴式石室があっても、それはただの墓だということになると思います。古墳時代を王権継承儀礼を墓でやった時代であると規定するのであれば、六世紀は古墳時代ではありません。そういう意味で、先のような画期を考えたわけです。

そうしますと、鈴木さんの二つ目の画期の四世紀末、五世紀初めというのとも合いません。五世紀末のワカタケル大王の時期にいろいろな世の中の変化があるというのは、文献の方もたくさんおっしゃっていますし、それについてはたぶん鈴木さんも否定されないのではないかと思います。対外関係という別の視点からこの段階をつくられたとおっしゃっていましたが、私は区切りとして大きいのは五世紀末のワカタケル大王の段階ではないかと考えています。考古学的にも祭祀体制が整って、各地に広まっていきますし、古墳が変わってきます。あるいは豪族の館が定着してくるなどいろいろありますので、この段階の変化が大きいと思います。

石野　最後に〝なぜ〟ということですが、来る前に菅谷さんと奈良で雑談していて、最後になぜかと聞かれたらどうしようか、人が死んだからだとしか言いようがないと言っていました。（笑）

なぜ古墳は巨大化したか

なぜ古墳がつくられたのか、そしてなぜ大きいのかということについて、いろいろ説明をつけてみます。私は箸墓が最初の大王墓だと考えています。箸墓は全長約二八〇メートルの前方後円墳で、だれでも古墳と認めるいちばん古いものです。その前の段階の纏向石塚などは規模が約九〇メートルです。九州の場合もそうですが、その前の弥生中期段階の大きなものが三〇メートルほどですから約三倍です。弥生中期段階の三〇メートルが一般の方形周溝墓の平均一〇メートルの三倍で、纏向石塚の三倍が箸墓です。

いずれにしても、箸墓と纏向石塚では視覚的には圧倒的に違いますが、倍率からいくと、弥生中期の墳丘墓と纏向石塚程度の差です。数字からいうと三倍ですが、その約三倍が箸墓ですから、倍率からいえばそれほど大きな画期を箸墓との間に認めなくてもいいかもしれません。そういう点では、菅谷さんが言われたように、纏向石塚は初期の前方後円墳の一つですから、あとは一気呵成に箸墓にいくということだろうと思います。

そうすると、同じ三倍であっても、視覚的には圧倒的なものをなぜつくったのかということになるわけです。先ほど柳田さんが土器の移動にからめて話をされましたが、私も土器の移動についてきわめて意図的な説明をしたので、その線でいくことに決めました。

纒向遺跡では祭りの用具を納めた穴がたくさん出ていますが、纒向1式という弥生後期に直続する段階から、そういう祭りがありました。しかし、内容が豊かになって、『延喜式』に出てくるものと関連すると思われるようなものがたくさん納められる段階は纒向3式ですから、庄内式の新しいほうになるわけです。つまり三世紀後半になると、最初の段階からあったよその地域の土器が量的に増えてきます。そうすると、各地の豪族がやってきて、王、あるいは神と一緒に御飯を食べるという共食儀礼を大々的にやり出したのがこの時期ではないか、大々的に祭祀をやるにあたって大々的な墓をつくって権威を示したのではないかと考えることもできるでしょう。

祭祀具を納めた穴がたくさんあるところは、推定される纒向遺跡の北側の川に面したところです。そして、箸墓は東西方向よりも前方部が南に振っているので、祭場から箸墓を見ますと、側面観が非常によく見えて、大きく見えるわけです。そういう場所ですから、一応理屈に合うと思います。だから古墳は見せるためのものだということです。

ある講演会場で、「古墳時代には古墳のことをなんとよんでいたと思いますか」という質問をされたとき、急に出てきた言葉が「造山《つくりやま》」ですが、各地に造山古墳があるわけです。そう答えてから思いついたのですが、古墳は「造山」だというのが最大の特色です。仮に地山を削ってつくる場合であっても、地肌をむいています。いまは古墳は緑ですが、古墳をつくったときはまるっきり反対です。緑の中に赤茶けた地肌をあらわし、あるいは石を積み込み、新たに山をつくるということが古墳づくりなんだ、と答えてから思いました。

なぜつくられたかというと、被葬者は神と一体ですから、神の山をつくるためだと思います。

補足意見（一）

鈴木　石野さんのご意見のなかに、私の説明不足で、私の考えと違うところがあるので、一言申し上げます。

古墳の祭祀が何かということですが、私も首長位をめぐる祭祀であるということは言えると思います。それが継承儀礼かどうかということについては、証拠がありません。春成秀爾《はるなりひでじ》さんや近藤さんや水野正好《みずのまさよし》さんは、折口信夫《おりくちしのぶ》とか、近くは岡田精司《おかだせいし》さんたちの民俗学の知見に基づいて、割竹形木棺の中に入って何かやるのだとか言っておられると思われますが、これは実は裏付けがない想像だと思います。私も折口や岡田さんと同じ國學院の出ですから、そういうことを考えたいところですし、魅力がありますが、直接の証拠が今のところありません。

私は三、四世紀前後に二つの段階を考えましたが、第一段階は各地域の首長のもとでの内部の階層化、身分の序列化ということが前提にならないと、前方後円墳造営の労働力もできないわけです。各地域社会内部の階層化と古墳の造営、そして古墳でおこなわれる祭祀は、そこで終わるものだと思います。

それに対して、私が述べた第二段階の首長位とか首長権は、各地の発展の違いを考えるべきでしょうが、大和もしくは近畿の首長位の意味で使っているのです。そのつぎの段階としてなら五世紀末なり六世紀初めを重視するのは当然ですが、私が強調したいのは中国皇帝、あるいは中国王朝の権威に依拠した大王、つまり倭王の政治的な位置の高まりと倭王のもとでの各地首長のあり方との関係です。宋の皇帝に認められた将軍のもとに設けられる府官的なものから支配機構のような首長たちの支配秩序が準備されていくだろうと考えていますので、その開始の時期としてとくに五世紀を重視しているということです。

補足意見（二）

原島　なぜつくられたかということについて、それぞれ苦しまぎれのことをおっしゃっていただきましたが、わからないというのは私だけで、かなり具体的にそれぞれいいお考えを出してくださいました。

何か言い残された方は言っていただいて、心おきなく終わりにしたいと思いますが、いかがでしょうか。

菅谷　蛇足になると思いますが、私が卑弥呼の段階に古墳があってもいいなとごく最近になって思うようになった理由の一つは、人の寿命とも関係のある問題です。卑弥呼は七〇歳から八〇歳ぐらいまで生きていましたが、みんなが忘れていることがあると思います。つまり、卑弥呼が死んで冢をつくったと書いてありますが、卑弥呼以前に冢をつくっていないとは書いてありません。逆に「その死すると、棺あり槨なく、土を封じて冢をつくる」と書かれています。卑弥呼以前に冢があったのです。また、壱与が死んだということは書いてありませんが、壱与は死んでいます。そのときに冢をつくらなかったとは書いていないわけです。卑弥呼以前に冢がなかったとよく言いますが、それは間違いです。

それから、卑弥呼には男弟があって、この人が治国を佐《たす》くると書いてあるので、実際行政をやっていましたが、この人の墓をつくらなかったということも書いてありません。この人が何年間治国を佐けたのかよくわかりませんが、ともかく国の実権者だったので、この人物の墓、つまり冢もつくっていたのだろうと思います。

もう一つは、東アジアにおける中国の各王朝、朝鮮の各王朝は、名目上初代になっている人は別にすると、初代の王は必ず長生きで長い間、政治をしています。中国の五胡十六国の時期とか、南北朝の時期には二〇年ぐらいの王朝がよくありますが、だいたい初代の人で終わっています。二代目の人が若死にして、つぶれるというパターンです。たとえば、秦の始皇帝は一一年間在位していたので、死んだときは四九歳でした。漢の高祖《こうそ》は項羽《こうう》と盛んに戦って、晩年に近くなってから皇帝となりますが、七年間しか治国をしていません。王莽《おうもう》も一四年で、光武《こうぶ》帝は三二年間も皇帝でした。

この人たちは自分の力で皇帝になっていて、子どものときになったわけではありませんから、かなり長生きしています。つまり、初代の皇帝になる条件は長生きです。それから考えますと、卑弥呼が八〇歳まで生きて、その弟が治国を佐けていたというのは、大きな画期になると思います。八〇歳になるまで国を治めていたのですから、寿陵をつくったとしたら、うんと大きいものができるということを言いたかったわけです。

原島　それでは、これで終わらせていただきます。長時間にわたってご協力ありがとうございました。

（石野博信 2012.7）

補記

弥生の山城と平城

「古墳はなぜつくられたか」の契機として〝高地性集落〟をとりあげた。高地性集落は山城であり、それに対応する環濠集落は平城と認識し、議論の対象とした。

〝攻める側には山城は不要〟であり、したがって〝九州に弥生山城はなくてよい〟とする原田大六さんの考えを象徴的にとりあげたが、その後、北部九州にも大分県玖珠町白岩遺跡をはじめ丘陵上の環柵・環濠集落が調査され、山陰・北陸や関東にも存在することが明らかになった。
しかし、私は一九七三年に「三世紀の高城と水城」(『古代学研究』六八)で主張し、一九八五年に『古墳文化出現期の研究』の「補記」で再提唱した弥生山城三段階説は、あらためて検討したい。

一期　一世紀・弥生中期後半　関東以西九州
二期　二世紀・弥生後期前半　近畿
三期　三世紀・庄内式期　　　近畿以外

二、三世紀の土器の移動

二、三世紀、とくに三世紀後半(纒向3・4類＝庄内式後半＝布留0式)は、列島全体にはげしく土器が移動する(「土器の移動が意味するもの」『転機』四、一九九三)。近畿の厚甕は関東へ、薄甕は九州へ、東海のS字甕やパレス壺は関東と近畿・九州などと激しい。そして、近畿と九州はあらゆる地域の土器を受け入れているが、東海はみずからは出て行くが、他は受け入れない。これらの土器の移動を文化現象とみるか、政治現象とみるかで、現在も意見が分かれている。
私は、基本的には文化現象と考えるが、祭祀や古墳と一体となる場合は政治現象とする。たとえば、千葉県高部古墳群の長突方墳(前方後方墳)と東海系土器、同・神門古墳群の長突円墳(前方後円墳)と近畿系土器、さらに島根県西谷四号墳の四隅突出型方形墳と山陰・北陸・山陽系土器などは政治現象であろう。

存在しない年号「景初四年」銘鏡のナゾ

漢の正統な後継王朝といわれている東晋（三一七―四二〇年）に「升平」という年号がある。敦煌莫高窟の周辺にある、おびただしい墳墓群の中から「升平一三年」（三六九年）の墨書のある五穀瓶が出土している。この頃、「敦煌一帯は前漢を建てた張氏一族が支配しており、東晋の勢力はここに及んでいない。しかし、漢民族の名族、晋の涼州刺史張軌の曾孫にあたる張天錫は晋の朝廷が遠く離れてもこの砂漠地帯を固守し、晋の忠臣をもって自任して、好んで東晋の年号を使用している。東晋では「升平」の年号は五年までであるのを知らず、一三年と記している」（東山健吾『敦煌三大石窟』九・一〇ページ、講談社、一九九六年）。

景初三年一月に明帝は逝去しており、翌年は改元されて正始元年であって列島内でも正始銘鏡が三面出土している。

それなのに、なぜ景初四年銘が存在するのか。景初一・二年にすでに倭に入国していた魏明帝の忠臣が存在し、改元を知ってか知らずか、あるいは知っていても景初の年号を固守したのではないか。

その場合、魏人が倭の長突円墳（前方後円墳）に埋葬されたのかが問題となる。類例としては年代が新しいが、一七世紀にベトナムで死去した日本人、谷弥次郎兵衛はベトナム型の亀甲墓に葬られている例（黒板勝美建碑）が参考になる。

そうであれば、存在しない年号である景初四年銘鏡によって否定された三角縁神獣鏡は、後世に鋳造されたが、かつてのその記念すべき年号を記入した、という考え方もとりうるし、同鏡の国産説を補強することになろう。

（『邪馬台国時代の丹波・丹後・但馬と大和』香芝市二上山博物館、二〇〇七）

（柳田康雄 2012.7）

古墳の出現時期については、本書の初版が刊行された当時も筆者がもっとも古い説を唱えていたが、現在もそれは変わらない。奈良県桜井市のホケノ山古墳などの纒向型前方後円墳が発掘調査され、古墳の出現時期が庄内式並行期の三世紀初頭までさかのぼった。しかも、この時期に近畿地方で初めて北部九州と同じく銅鏡などが副葬されるようになることも確実となり、福岡県糸島市の平原王墓などの破砕鏡などの風習も受け入れている。平原王墓がもつ割竹形木棺の出現時期も北部九州ではさかのぼり、イト国では弥生時代後期初頭以後普及していることが明らかになっている。すなわち、近畿地方で出現する出現期古墳は、それまで近畿地方になかった木槨・割竹形木棺などの主体部の構造、および銅鏡・破砕鏡副葬風習などの北部九州的属性をもつことが確実視されるようになった。しかも、その属性をもつ纒向型前方後円墳がイト国・ナ国に分布することは、本書にも述べてある。

そもそも、イト国の三雲南小路王墓、ナ国の須玖岡本王墓が出現する紀元前一世紀以後になると北部九州系青銅器が北部九州外に東漸することも知られている。長野県中野市柳沢遺跡が発見されて、北部九州系銅戈やその模倣石器である石戈が長野県だけではなく関東地方まで分布することも議論されるようになってきた。「大阪湾型銅戈」については製作地について異論があるものの、筆者は北部九州製であることを詳論している。

弥生時代後期になると、銅戈だけではなく巴形銅器・有鉤銅釧などの北部九州系青銅器が九州外で見られ、古墳出現期までに北陸・東海・中部高地・関東まで分布するようになることも知られるようになった。これらの青銅器は、前期古墳になると石製品となり銅鏡と同じく古墳に副葬されることも知られている。

参考文献

柳田康雄　二〇〇八「弥生時代の手工業生産と王権」『國學院雑誌』一〇九―一一

柳田康雄　二〇一〇「弥生王権の東漸」『日本基層文化論叢　椙山林継先生古稀記念論集』雄山閣

柳田康雄　二〇一一「青銅器とガラスの生産と流通」『講座日本の考古学5　弥生時代上』青木書店

柳田康雄編著　二〇一二『東日本の弥生時代青銅器祭祀の研究』雄山閣

（鈴木靖民 2012.7）

この討論がおこなわれた時から長い年月が経った。この間、弥生文化から古墳文化への変遷、古墳時代の開始から展開に至る研究は長足の進歩を遂げた。私は文献史学の側から発言したが、現在、古墳時代の開始年代が三世紀の早い時期に求められるにしても、なお

『魏志』倭人伝が当時の日本列島を知る基本文献であることに変わりない。ただ祭祀、信仰の面、あるいは王などの居住施設などの面の比較では、隣接する東アジアの『魏志』高句麗伝、韓伝などの記載が参照系として有用である。ただし墳墓などに関する記載はほとんどない。

また国家形成史の理論から古墳時代の実態、性格などの位置づけをめぐって、考古学の分野では国家、特に初期国家であるとか、首長制社会（首長国）であるという議論が続いている。私はこの討論でも考えを述べたように、日本列島の中心地域では首長制社会の段階であると理解している。現在、私の首長制社会論では成熟国家形成の直前を複雑首長制の段階と捉えるものであるが、社会構造の基本原理は初期国家論の内容と重なるところがあると考えている（鈴木靖民『倭国史の展開と東アジア』岩波書店、二〇一二）。ただ、社会の実態に対して首長制の要素を重視するか、国家体制の形態を認めるかが両説の分岐点であろう。それと同時に、列島各地には生産や流通をはじめとする社会状況の違いがあるとみなして、古墳時代の発展には地域差があるとする佐々木憲一氏などの理解に賛成である（佐々木憲一「古墳時代像と国家概念」『季刊考古学』一一七、二〇一一）。

1998

前方後円墳の出現

石野博信（司会）
福永伸哉
宇垣匡雅
赤塚次郎
車崎正彦

石野　司会を務めます石野です。よろしくお願いいします。

私は、前方後円墳は西暦一八〇年ぐらいにあらわれていると考えていますが、今日はとくにこだわりません。

今回、四人の方に来ていただきました。まず、前方後円墳の出現を考えるときに重要な要素である大型円丘墓が確認されている岡山地域から宇垣匡雅《うがきただまさ》さん。つぎに三、四世紀の日本列島史を考えるうえで前方後円墳とともに重要な前方後方墳の役割を強調している赤塚次郎《あかつかじろう》さん。そして奈良県天理市の黒塚《くろづか》古墳で鏡が大量に出土したというこの時期ですから、鏡を研究しておられる近畿の福永伸哉《ふくながしんや》さんと関東の車崎正彦《くるまざきまさひこ》さんです。みなさん、四〇歳前後の気鋭の方々ですので大いに議論がはずむだろうと思います。

これから討論を進めていきますが、始まる前に簡単な打ち合わせをして、テーマを三つに絞ることにしました。

はじめに、だれもが大型前方後円墳の初期のものと認めている奈良県桜井市の箸中山《はしなかやま》（箸墓、図10参照）古墳が成立するまでの三世紀の前方後円形の墓と後方形の墓の評価について。つぎに箸中山古墳成立以後、三世紀の後半から四世紀にかけての各地域の前方後円墳、前方後方墳の関係。たとえば、吉備と大和、河内と濃尾平野、あるいは関東という各地域の大型古墳の関係について考える。三番目には鏡の問題です。

前方後円形と後方形の墓

石野　まず最初に、三世紀には箸中山古墳成立以前の前方後円形の墓、あるいは後方形の墓が事実としてかなりあります。たとえば、「初期前方後円（方）墳出土の土器」（『季刊考古学』第五二号、雄山閣出版、一九九五）に、赤塚次郎さんが土器が出ている前方後円（方）墳を実年代を付して配列しています（図33）。数えてみると、箸中山古墳以前の前方後円（方）墳はちょうど二〇あります。後円墳が九基、後方墳が一一基で、赤塚さんは別にバランスをとったわけではないでしょうけれども、それぞれ一〇基前後が箸中山以前にあるというのが赤塚案です（楯築と養久山五号墳を仮に後円墳と後方墳に含めた）。

これはたいへんな数字で、古墳出土土器の評価に意見の相違があったとしても一〇基以上は残りますし、新資料が加われば三〇基を超えるでしょう。そういう状況が今、現実にあると思います。福永さんなどはそういうものは古墳の「定型化」以前の墳丘墓と言っておられます。先に赤塚さんの考えを紹介したので、いちばん反対かもしれない福永さんから発言していただこうと思います。

福永　箸墓以前に前方後方形、前方後円形の墳墓があるということは事実です。これを古墳とよぶかどうかということがいちばんの問題だと思います。その際も、何をもって古墳とよぶかということが違えば、それは当然箸墓以前の墓を古墳とよぶことができると思います。

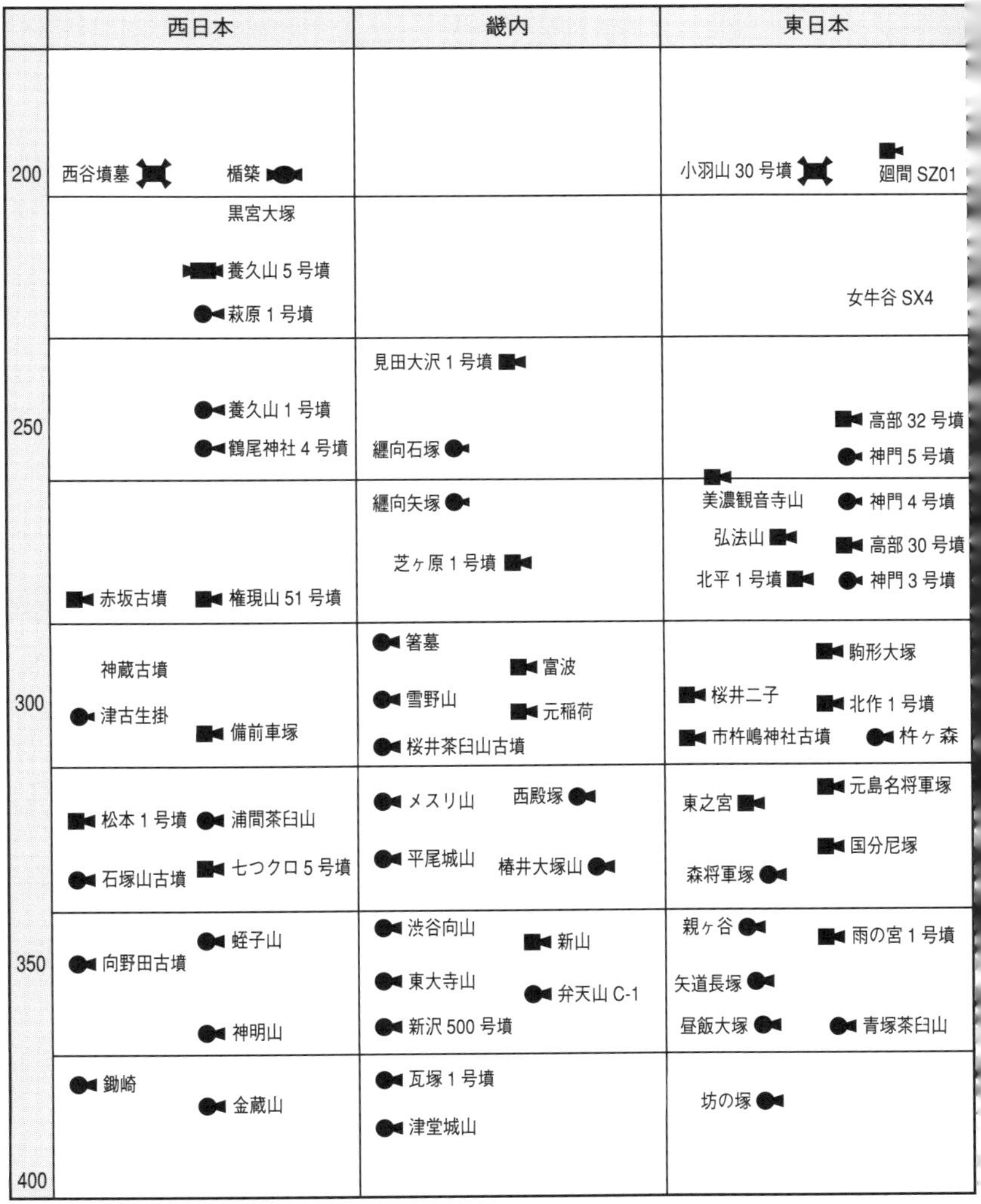

図 33　前期の前方後円墳と前方後方墳

古墳という限りは、やはり初期の古墳に濃厚に認められる中国的な思想をとり入れた共通のやり方で葬送儀礼をおこなっているかという点が重要です。もちろん、一つ一つ確認していくと、いくつかの要素が抜け落ちているということもあるかもしれないですが……

もっとも、そういう定型化したものが、ある日「はい、じゃあ、今日からできました」ということは、けっしてありえないと思うのです。たとえば、今「徳川慶喜」をテレビでやっていますが、明治維新になるまでにも黒船が来て開国し、そして尊皇攘夷運動、公武合体運動が起こる。いつごろ放映されるのかわかりませんが、「大政奉還」をして、新政府となり、憲法ができて議会ができるのはもっとあとのことです。弥生時代と古墳時代をどこで分けるかという議論は、このような流れのなかで、いつ江戸と明治とを区切るかという議論と似ているところがあると思いますね。

そういうことを考えた場合に、箸墓以前の墓というのは赤塚さんがおっしゃるように、日本全国いろいろな形の墓が弥生時代からありましたから、まずそれに突出部が付くという共通性をもった第一段階。つぎに、それを最終的に整備して、列島の広い範囲の首長層の政治的な同盟関係を表示するものとして定型化した第二段階。こういうふうにロケットを二回噴射するように考えて、どちらを古墳時代とよぶかというと、やはり列島の東西にまたがる、少なくとも基本的な首長墓の共通性ができてくる段階、定型的な前方後円墳ができてくる、あるいは前方後方墳でもいいですが、そういう段階を古墳時代とよぶのがよいのではないか。これを卑弥呼の中国遣使のなかで培われてきた、中国思想の受容を背景として整備された首長層の墓の体系が確立する段階というふうにとらえて、古墳時代とよぼうと思います。

石野　その場合、二段ロケットの二発目を発射するときに、大和という一つの中心地から全国に墳形を押しつけたというのがいわば定説ですが、「そうではない」という考えについてはどうですか。

福永　古墳時代開始期に特定の墳形を押しつけたということは、おそらくないと思います。少なくとも、墳形を押しつけたとか、墳形によって身分秩序を強力に再編しようとしたのは、大きな古墳が大和の北部にできてくる四世紀の半ば以降のことだと思います。

したがって、この段階になると、前方後方墳が急速になくなっていくと同時に、前方部の非常に短い、いわゆる帆立貝式古墳のような、いわば前方後円墳と円墳の中間形態といったようなものがたくさん出てくるわけです。そこに至ってはじめて円形原理の墳墓によって、列島規模での首長層の身分的再編があったと解釈してもよいと考えています。

それ以前の四世紀の半ばまでの段階は、大きさという意味では序列はあると思いますが、墳形ということでは、かなり各地域の伝統的なあり方を認めて、そのうえでの共通性であるというふうに理解しています。

石野　赤塚さん、その辺はどうでしょう。

赤塚　箸墓古墳をもって古墳時代を画するというのは非常におもしろいといいましょうか、わかりやすい基準で、一つの考え方としていいかもしれません。私は、多様な墳丘墓があって収斂されてくるという考え方をとっていますので、箸墓古墳をその一つの画期としてということであれば、それでもいいのではないかと思います。しかし、どちらかというと、もっと古くから基本的なパターンができてしまうと思っていますので……

先ほど、石野先生が一八〇年とおっしゃいましたが、二世紀の終わりぐらいの段階が各地域に基礎的なお墓のつくり方のまとまりといいましょうか、そういうものが各地にできあがってきています。そこに集落遺跡も含めて一つの大きな画期があり、その辺に一つの大きな時代区分があるのではないかという感じはします。

それからもう一つ、やはり大王墓といいましょうか、大王家とでもいいましょうか、そういう特殊な権力者の墓というのは、そんなに普遍性がないというのが普通ではないかと思っています。前方後円墳もそうですが、きわめて限られた人たちの、たとえば福永さんが定型化の定義であげられている、

①葺石、段築構造をもつ整った高い墳丘
②長大な竪穴式石室のなかに割竹形木棺を納置
③三角縁神獣鏡を中心とする多量の中国鏡、小札革綴冑《こざねかわとじかぶと》、刀剣、銅鏃・鉄鏃、農工具などを
共通の配置方式で副葬
④埋葬頭位の明確な方位性

こういうものをすべて兼ね備えている古墳というものは、本当にごく一握りだと思いますね。それこそがまさしく大王墓たるゆえんであって、それ以外の各地の首長層を含めて、あるいは大王家に付帯する、それぞれの職種にたずさわる人びとも含めて、そういう人たちの墓というのはむしろ多様性があってあたりまえだと考えています。

石野　どなたでも、その辺につきましてどうぞ。

福永　赤塚さんとの意見の違いは基本的にはほとんどないと、今、私は認識して安心しました（笑い）。

ポイントは、まさに多様性にあるのです。たとえば、非常に地域的な、多様な墳墓をつくっている首長たちが、私があげた定型化した古墳の条件をすべてクリアしたものを、明日からつくろうと思えばたやすくつくれるのかどうか。ここがいちばんの大きな問題で、積極的な多様性と消極的な多様性と二つに分けて考えたらどうかと思います。多様性があればこそ、そのなかに出てくる定型的な古墳の意味は大きくなります。

宇垣　吉備の弥生墳丘墓については、楯築《たてつき》のように前方後円墳の時代とは確実に隔たっていながら円丘部と突出部をもつものがあり、もう一方で、箸墓直前の宮山《みややま》墳丘墓（岡山県総社市、**図34**）のような前方後円墳にごく近い形状の墓がある。後者のようなものになってくると、とり扱いが非常にむずかしい。こんなことをいうと身も蓋もありませんが、箸墓古墳という巨大古墳の場合、築造はもとより設計にも相当時間がかかったのではないか、いろいろな首長が寄り

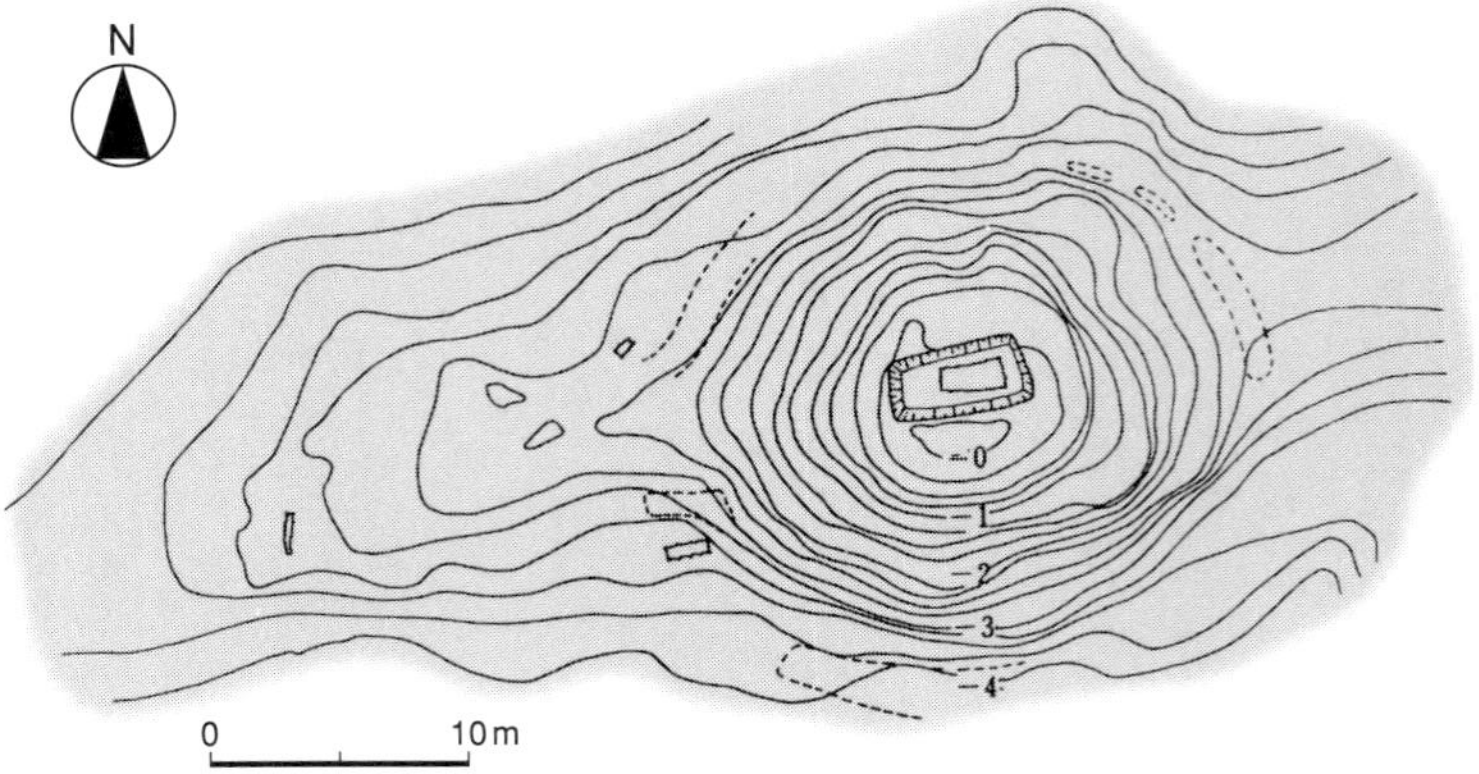

図34　宮山墳丘墓

合って談合する必要があったのではないか。そうした協議中に死んでしまった首長がいたならば、協議に出ていた人からの情報によって、とりあえずこんなものらしいとつくった墓、完成していない設計にもとづいてつくられた墓、そういうものもあるのかなと思ったりしています。

　そういう意味で、箸墓古墳よりもある程度前段となる評価がややこしい墓を箸墓の影響下にあるものと見込んでいいかもしれない。私は箸墓築造中にできた墓が宮山墳丘墓である可能性もあると考えています。

石野　宇垣さんは岡山市の矢藤治山《やとうじやま》古墳（**図35**）が吉備の地域ではいちばん古い前方後円墳だろうといわれますが、土器からいうと箸墓以前ということですね。

宇垣　すごくむずかしいですね。特殊器台の系統が若干異なりますのでなんとも言えませんが、宮山よ

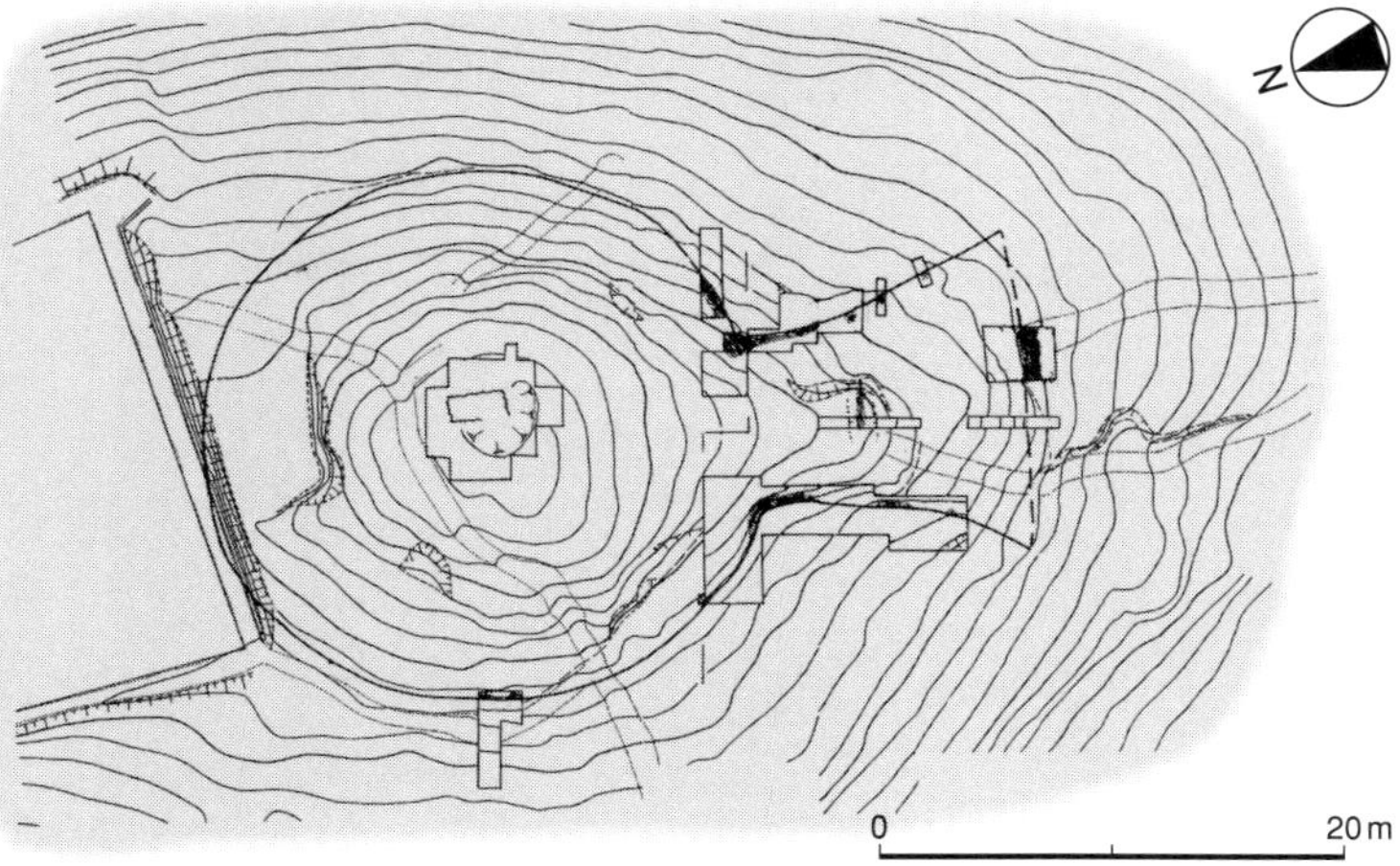

図35　矢藤治山古墳

りは矢藤治山のほうが新しいと考えています。

それで問題は、箸墓古墳と矢藤治山古墳のどちらが古いかということですが、別々のグループによって製作された特殊器台であるため、同じ物差しでは測れません。今、非常に困っています。イコールに点々を付けて、ほぼ同時かなというような状態です。

石野　私が勘違いをしていました。ちゃんとした前方後円墳が箸墓以前にあるのかと思ったら、そうではないようです。

そういう段階で、先ほど赤塚さんが前方後円墳あるいは前方後方墳が収斂すると言われました。収斂するというのは、赤塚さんは後円墳だけではなくて後方墳もそうだとお考えだろうと思うのですが、収斂させる主役というのは、赤塚さんは近畿であり、濃尾平野であるというふうに思っておられるのでしょうか。

赤塚　いわゆる邪馬台国の話になると思いますが、三世紀の第2四半期での狗奴国と邪馬台国の抗争があります。狗奴国とは東海地域を中心とするまとまりであったと想定していますが、その東海と畿内がなんらかの対立的関係になったと思います。

石野　主役はだれなのですか。

赤塚　私は狗奴国は勝ったと認識していますので（笑い）、ちょっとここで議論すると複雑になりますが……　主役は、東海と畿内の一部の人たち。邪馬台国は河内にあったと考えていますので、だいぶ話がややこしくなります。

石野　結論だけ言っていただきました。おそらくその辺の話は、これからも何回か講演会、シンポジウムがあると思いますから、そちらでくわしいことを聞いていただければと思います。結論は、いま言われたようなことのようです。その辺について、聞き捨てならんという方、どうぞ。

福永　私は広島県の出身ですので、別に畿内の肩をもつつもりはまったくありませんが、こういうことを考えてみました。

いま、日本全国から前方後円墳が全部削平されてなくなってしまったら、考古学者はどういう古墳時代を描くだろうか。前方後方墳しかないと考えてください。前方後方墳のベスト5の中の四つが大和《おおやまと》古墳群を含めた大和の地にあります。ここから赤塚さん、どういう歴史を組み立てられるでしょうか。

赤塚　大和《おおやまと》の前方後方墳、あるいは馬見《うまみ》丘陵も含めていいと思いますが、東海出身・関係者あるいはその出自集団の人たちのお墓であると考えています。そして、彼らこそ初期大和王権を実質的に支えた主要な人たちであると考えています。

石野　その段階は前方後円墳主流の時期になっているということですか。それともそれ以前ですか。箸墓以後ですよね。

赤塚　大王墓の基本的な構成としては前方後円墳で決まっていると思います。ですから、初期の段階ではそれ以外の人たちは、先ほどちょっとお話ししましたが、大王墓以外はきわめて多様ですので、それぞれの出自とか、文化・伝統性でもって墳丘の形は決まってきていると……そういったサイドで考えていかなければいけないかなと思います。

大和《おおやまと》に前方後方墳が集中し、集落でも東海系土器が多く出土しています。そういうものは東海地域の伝統性をベースにして集落の形成なり、お墓づくりなりをした場所だと思います。つまり、それは初期の大和王権の一部を支えた人たちである東海系の出自集団が住み着いたと考えています。

石野　たしかに大和《おおやまと》古墳群の中に、下池山《しもいけやま》古墳（**図36**）という大きな前方後方墳があって、橿原考古学研究所が数年前に調査しました。研究所の発表によりますと、かなり古い古墳で、三世紀末という発表になっています。報告書はこれからですから、厳密な検討もこれからだと思います。東海系の土器が出ており、たぶんその辺も根拠の一つだろうと思います。そしてそれ

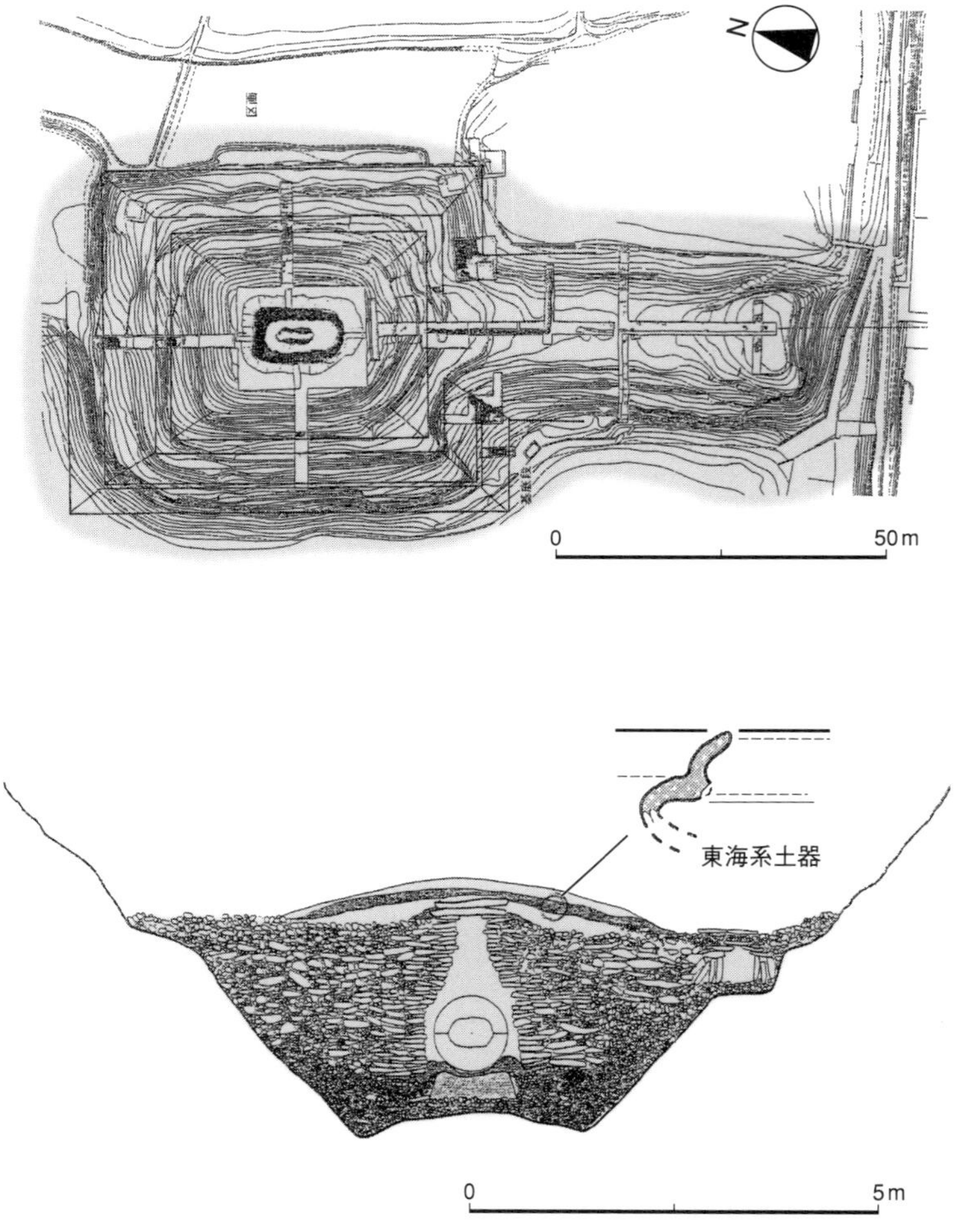

図36　下池山古墳と東海系土器の出土位置

が相対的に箸中山古墳より前か後かというすれすれみたいな感じですが、赤塚さん、箸中山の土器からいってその辺はどうなのでしょうか。

赤塚　箸墓の土器は、寺沢薫さんは布留0式の古いほうと考えられていますが、下池山古墳などの出土土器を見ると、やはり下池山古墳のほうが少し古いというか、ぎりぎり一歩手前と考えています（笑い）。箸墓古墳の築造そのものが二五〇年前後までさかのぼると考えますと、いま、纒向《まきむく》編年などを利用すれば、当然、庄内式の出発を二世紀の後半段階まで引き上げないとつじつまが合ってこない。それは、東海系の廻間《はさま》様式の成立近くになり、ほぼ同じぐらいになってくる可能性もある。むしろ、そちらのほうが都合がいいのかもしれません。

石野　今日の話のなかで、箸中山古墳以前の段階に前方後円、前方後方の形をした墓があることは確認できました。それを古墳とよぶかよばないかという点で意見の違いはある。しかし、そういう形の墓があることは事実として、みなさんが認めておられるわけです。その墓が箸中山以前の場合は非常に多様であり、福永さんは箸中山以前の段階の後円墳と後方墳には優劣がないという言い方もされています。

どう考えてみても、箸中山古墳以前の前方後円（方）形の墓があることは事実ですし、どちらかを優位にしようとすると矛盾する点がいくつかあるので、各地の初期の前方後円（方）墳については、多元的に考えてみてはどうか。少なくとも三世紀、箸中山以前の段階は事実としてそうなのだろうと考えたほうがいいのだろうと思います。

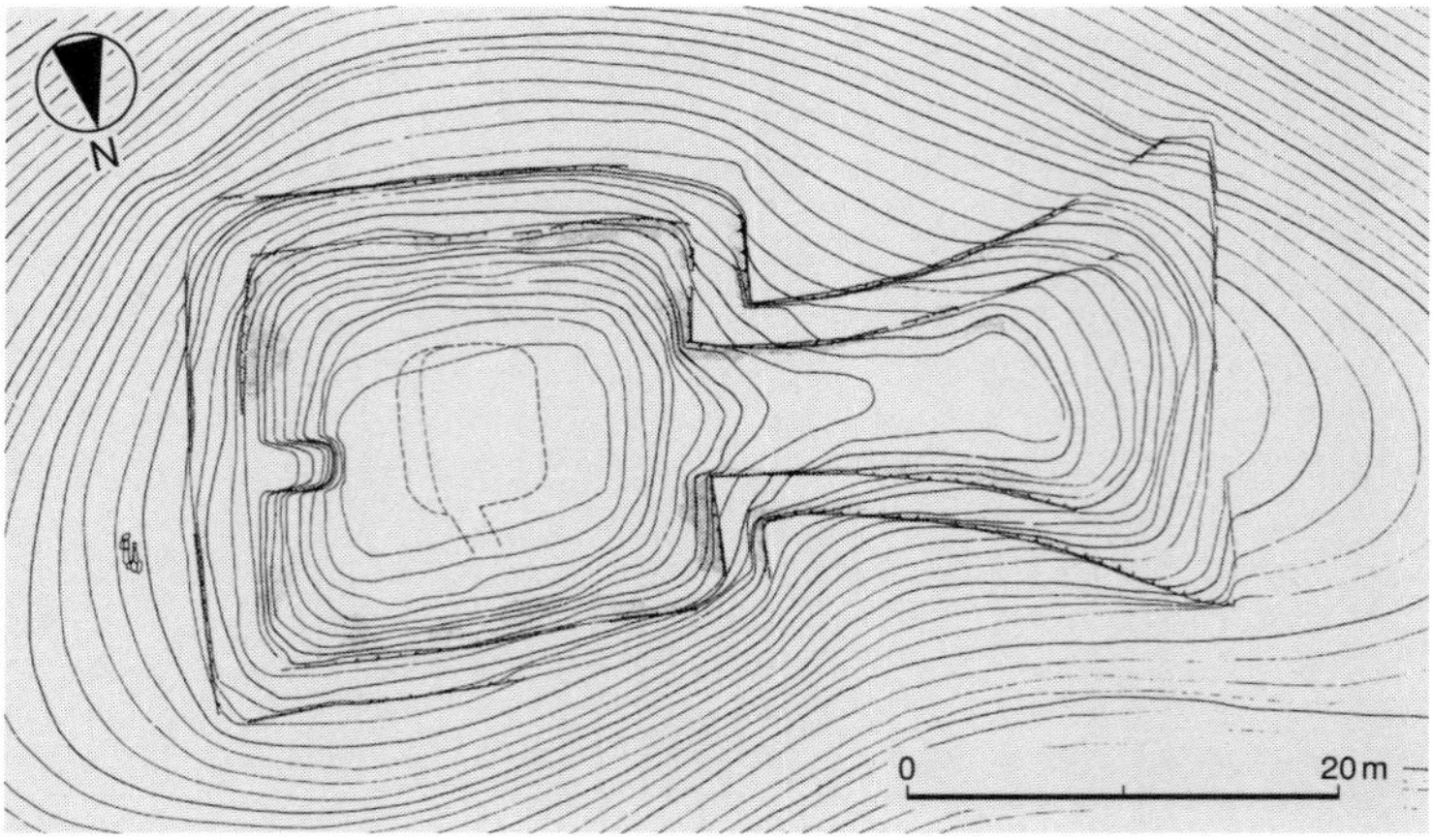

図 37　備前車塚古墳

残した点は後に持ち越すことにして、箸中山以降の問題に入っていきたいと思います。

「定型化」後の古墳

石野　箸中山以降について、そういう多様性はどうなったのだろうか。収斂して、後円墳体制、後方墳体制という時代になって、もういいかげんな墓はつくれなくなったのか。それにしては、あちらこちらに定型化にそぐわない前方後円墳があるように思うのですが、その辺についてはどうでしょうか。天下統一ができても、いいかげんな地域は本当にいいかげんなのでしょうか。

宇垣　天下統一ができたとしても、いろいろな要素を整理してみたとき、吉備には「なんだ、これは」というような、ほかの古墳と共通項をもたず、そして、もっとも畿内的な備前車塚《びぜんくるまづか》古墳（図37）

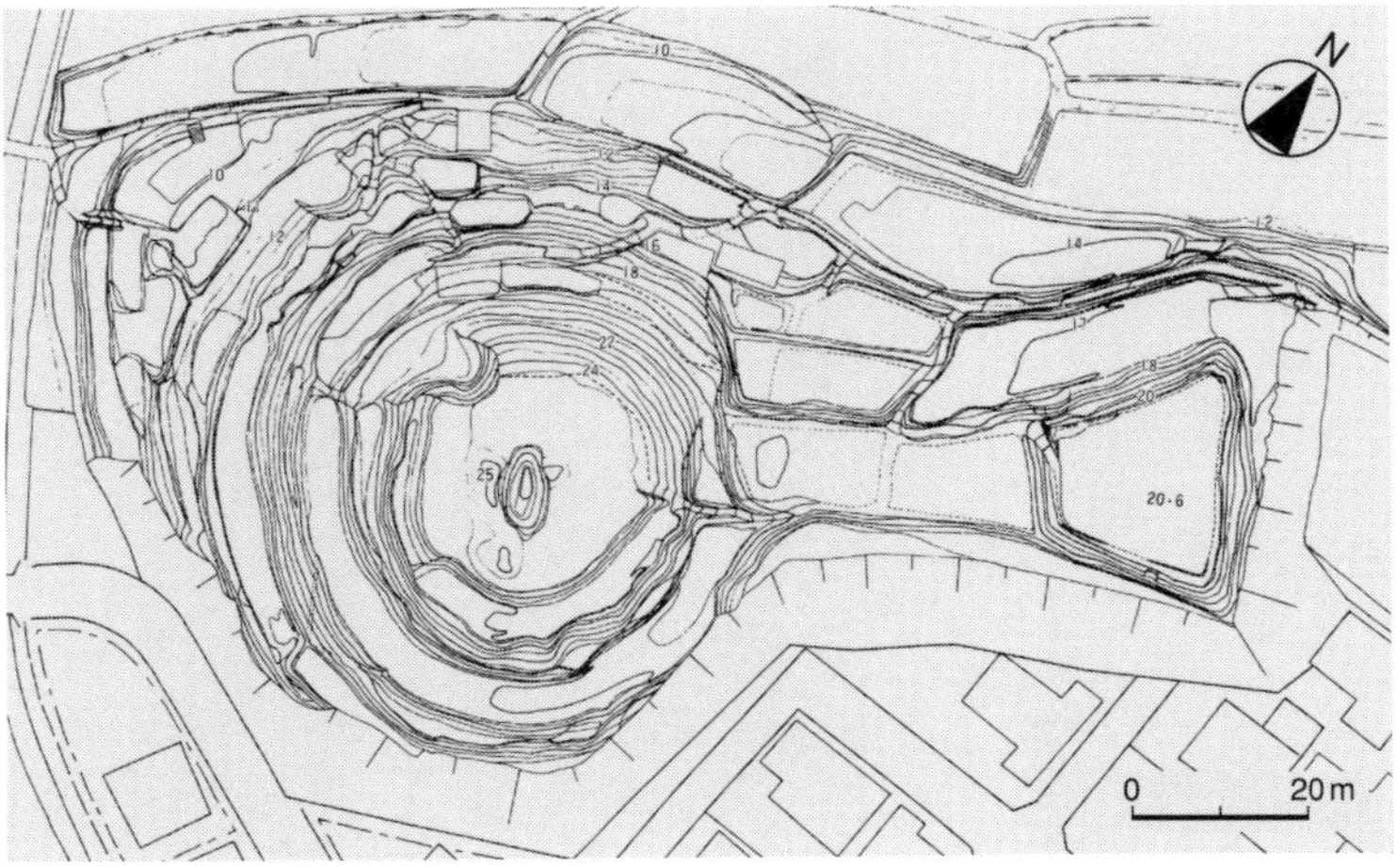

図 38　浦間茶臼山古墳

があります。

　吉備の主流の古墳は、畿内のものとは異なる部分をもっています。吉備は独自の世界をまだ保持していて、たとえば浦間《うらま》茶臼山《ちゃうすやま》古墳（図38）を大和においたならば、やはり「なんだ、これは」ということになると思います。つまり、吉備は墳形や埋葬頭位など、畿内と共通する部分と強い地域性を示す部分とがあるのです。大和の内部はどうでしょうか。

　鏡の問題は後になるのでしょうが、多様性という点で、ついでに質問を出しておきます。大和の柳本《やなぎもと》天神山《てんじんやま》古墳の鏡の組成をどのように評価されますか。吉備の古墳のうち、三角縁神獣鏡をもたないと考えられるグループが吉備の古墳の主体を占めるようですが、大和とどのようにかかわっていたのか。私は、大和の古墳のすべてが黒塚《くろづか》古墳のような三角縁神獣鏡を主体とする鏡群をもつものではなく、そういうものと柳本天神山古墳のように三角縁神獣鏡以外の鏡を主体とするものがあり、後者が浦間茶臼山古墳などの三角縁神獣鏡をもたない吉備の古墳とつながりをもっていたと考えたいのです。

石野　鏡の問題は最後にまた出てきますので、少し置いて、前半のことについて、福永さんどうでしょう。

福永　先ほどちょっと触れましたが、一つは多様性ということが、積極的に多様性を出しているのか、それとも消極的にというか、最新の情報をもった一流の築造・土木技術者らが十分いなくてそういうふうになっているのか、それはわからないです。少なくとも大和盆地の東南部、つまり黒塚古墳があるあたりに大きな前期古墳が築かれる時期と、大和の北部、今の奈良市のあたりに大きな古墳が築かれる時期にはやや前後があります。その間ずっと、おそらく畿内政権というレベルでは大きなまとまりがあるでしょうが、そのなかで主導権を握っている政治勢力というのは、大和東南部の勢力から北部の勢力へと変わっているのだろうと考えています。これは白石太一郎《しらいしたいちろう》さんや都出比呂志《つでひろし》さんが、そういうことを早くからおっしゃっています。

そういう意味でいうと、その前段階の大和東南部に大きな古墳ができる政治的な枠組のなかでは、前方後円も前方後方も墳形という点には基本的には格差がないと言っていいと思います。それは先ほども言ったように、大和東南部の大和《おおやまと》古墳群に前方後方墳が近畿地方でもかなりまとまってあること、それと出現期の古墳というふうに先ほど紹介したなかにも前方後方墳があるので、後円と後方というのは、前代からの伝統の違いを引きずっているだけであって、とくにその間に格差を考えるべきではないと思います。

石野　いまのお話は、奈良盆地の北のほう、奈良市の地域に佐紀《さき》古墳群とよばれる大きな古墳群があります。四世紀後半の段階になって、各地域の多様な墓の形が一つにまとまっていくのだという、そういうお考えです。そうすると、三〇〇メートルクラスの前方後円墳である渋谷《しぶたに》向山《むかいやま》古墳（「景行陵」）や行燈山《あんどんやま》古墳（「崇神陵」）の時期、その段階はまだまだ多様な時期だというふうに考えておられるのですか。

福永　基本的にはそう考えています。たとえば、近畿以東の地域で赤塚さんが精力的に研究を推進しておられますが、初期には前方後方形から入って、そのあと、ある段階で前方後円形のものが多くなるという時期があります。各地域で、これがいつそういうふうに変わっていくのかということを詰めていけば、おそらくそれと連動している列島規模での政治的な動向というものが浮き彫りになってくるのだろうと思います。

そういう実証レベルでは、まだ十分な資料がたまっておりませんが、見通しとしては行燈山と渋谷向山というような巨大古墳が大和東南部にできている間は、まだまだ後円、後方混成の葬制がおこなわれていると考えています。そういう意味では、なぜ大和北部に古墳群が移るときに円の形の原型に統一されるかというと、おそらくこれは、それ以前のさまざまな首長間とのつながりをなるべく断ち切るかたちで、新たな勢力が日本列島に身分的な再編成をおこなった結果であろうというふうにとらえています。もっともこれは実証がまだまだ不足しています。

石野　その辺について、どうでしょうか。

赤塚　四世紀になると、前方後円墳を中心として、きちんと整理されたシステムが東北南部まで完成する。整然と統一された社会があるようなイメージですが、私はどうしても納得できません。江戸時代でもそうです。それぞれの地域には、政事や裁判権があり、それぞれの祭りとか歴史的な伝統文化があり、直接中央政府が口を出すことはできないわけです。幕藩体制ですらそうですから、古墳時代の三世紀、四世紀には弥生時代から引き継いだ伝統的な社会なり、文化なり、そういう地域性がある。そういったものの土台があって、その比較のうえに畿内を中心とした王権が存在する。そのシステムを地域が受け入れられるかどうかというのは、受容の側の原理が一つあって、先ほど福永さんが消極的とか積極的とかと言われたのは、そういうことだと思っています。

四世紀の終わりぐらいまでには前方後円墳が日本列島の各地にできあがるのですが、だからといって、その地域すべてが大和王権の傘下に入ったかというと、そうではなくて、一方では地域独自の文化があって、前方後円（方）墳を築造していると思います。またその地域の首長と大和王権との強い関係で前方後円墳を築造している場合もあります。

さらに、それぞれの地域で前方後円（方）墳はないとかあるとかという問題も含めて、もう少し地域的な文化というか、そういうものをもっと表面化していったほうが、三世紀、四世紀という時代を考えるうえで重要ではないかと思っています。

石野　前方後円墳体制あるいは後方墳体制というものが、かつてあったとして、そういう段階が成立した時代以降でも各地域の独自性といいますか、多様性はずっとつづいているのだということなのでしょうか。その辺について、どなたか。

車崎　私は、基本的には赤塚さんの意見に賛成です。前期の段階というのは、大和東南部あるいは北部の勢力を中核とする王権の権威は確立していたのでしょうが、まだ圧倒的な権力をもっていたわけではないだろうと考えています。それは、たとえば古墳の墳丘規模を比較してみましても、たしかに大和の前期古墳がもっとも大きいわけですが、しかし各地に一〇〇メートル以上の大型古墳がつくられていますので、中期とくらべてみれば、相対的に大和と地方の差は小さいと思います。中期になると、最大規模の古墳が河内につくられるようになりますが、王陵の規模はきわめて大きくなるいっぽう、地方ではなかなか大きな古墳がつくれないというように、かなり様相が変わっていると思います。

ですから、福永さんが想定される時期よりももう少しあと、河内に王陵がつくられるようになってからのほうが、そういう体制は整っているのではないかと考えています。その暦年代をどう考えるかも問題だろうと思いますが、古市古墳群に王陵がつくられるようになった段階というのは、まさに王権を中核とした秩序が、ある意味で整った段階であろうと考えています。前方後円墳体制という言葉でイメージできるような秩序が典型的にあらわれているのは、おそらく中期であって、前期の段階にはまだそれほど明瞭ではないのではないかと思っています。

関東や東海は田舎だからということになるのかもしれませんが、岩崎卓也《いわさきたくや》先生は、古墳の形は前方後円墳であっても、埋葬施設とか木棺とかの構造は、近畿とは違っているという現象を指摘されています。そうした地域色といえるような伝統性というか独自性は、ずっとあとまで残っているのではないかという印象をもっています。私は、あまり墳丘とか埋葬施設とかは得意ではないのでよくわからないのですが、前方後円墳体制といわれるような秩序が顕在化するのは、やはり中期かなと思います。それは、たとえば埴輪をみていても、中期になると、畿内的な埴輪が各地にみられるようになりますし、そういったさまざまなものが画一化するのは、今日のテーマの時期ではなくて、中期だろうと思っています。

石野 たしかに関東の四世紀の前方後円墳は群馬県前橋天神山《まえばしてんじんやま》古墳のようにきちんとした墳丘をもっています。しかし、条件の一つになっている竪穴式石室ではなくて、粘土槨といわれる木棺を粘土で包んだ埋葬施設です。竪穴式石室でなければ仲間に入れないといわれたら、関東の四世紀の王はだれも体制に入れないということになります。ですから、そういう点では四世紀に入っても多様であるということなのですが、かと言って全長三〇〇メートルクラスの前方後円墳の存在をどうしてくれるのだという課題は残ります。

奈良盆地の東南部で、吉備からきた特殊器台系の埴輪が大王墓に入らなくなるのが「崇神陵」「景行陵」の段階なので、その段階で一つの画期があるのではないかと私は思っていました。

しかし、そうではなくて、大きな画期はさらにそのあとの四世紀後半である、いやそうではない、五世紀になってからだという話になっています。その辺は時代の区切り方のことであるかもしれませんが、どうでしょうか。

宇垣　吉備の宣伝をするわけではありませんが、五世紀の百舌鳥《もず》古墳群の段階になっても造山《つくりやま》古墳・作山《つくりやま》古墳という大王陵として十分に通用するような規模の古墳をまだつくったりしているので、畿内と地方の格差が完全に開いてしまうのはどの時期かということになると、なかなかむずかしいところがあります。

こうした事象はたまたまというか、特殊な例だとは思いますが、特殊であれ、そういうことが発生するということは、大王権の弱さというか、脆弱さを示していると思います。とはいえ、箸墓古墳の墳丘全長二七八メートルに対し、浦間茶臼山古墳が一三八メートル、基本的には地方はいくら頑張っても長さで半分。長さで半分といえば格好がいいけれども、体積にするとそれを何乗かした差が発生します。前期初頭の吉備は大和と親密で、大和からすれば外野というよりもむしろ内野に入っているのかもしれませんが、それでもそこまでですから、畿内と地方の格差というのは大きい。畿内の力はもうその時点から歴然とできていると思っています。

石野　二〇年ほど前の話ですが、上田宏範《うえだひろのり》さんに「墳丘の規格論からいって、整然とつくられる段階というのはいつなのでしょうか」とお聞きしたら、「それは五世紀だ」と言っておられました。四世紀の段階は大王墓であっても、かなりいろいろバラエティーがあるというふうに言っておられました。私は四世紀のある時期を期待したのですが、まったく期待がはずれ、ずっとそれが気になっています。そういう考古学的な資料からいって、四世紀のある時期、あるいは五世紀の画期を指摘できる材料というのはどうでしょうか。

福永　これは古墳の年代観とも関係するのですが、たとえば前期古墳と中期古墳を分けようとすると、古墳に入ってくるさまざまな要素の系統をたどる視点もたいせつかと思います。

出現期の古墳は中国指向が顕著ですが、それに対して、やや時期が降りると、朝鮮半島との関連のなかでさまざまなものが入ってくるという段階が出てくると思います。最近、朝鮮半島南部の、たとえば大成洞墳墓群などで、いわゆる「倭系」遺物の存在が明らかになっています（図39）。すべてが日本列島でつくったものかどうかは厳密にはまだわかりませんが、日本の首長古墳から出てくるようなものが向こうにももたらされている可能性は高いと判断しています。もちろん、この時期に向こうからもたくさんのものが列島に入ってきていることは言うまでもありません。

そういうところからみると、朝鮮半島南部勢力との交渉を重視しはじめた時期がたしかにあります。いま、古墳の変化の関連でみていくと、それは古市古墳群の段階では確実ですけれども、どうやらもう少しさかのぼって、大和東南部から大和北部に古墳群が移るような四世紀後葉の時期の副葬品に近いものがある。たとえば、腕輪形や鏃形のいわゆる碧玉製品の新しいタイプのものが半島南部から出土していますが、そういうものは大和北部に古墳群ができるころ

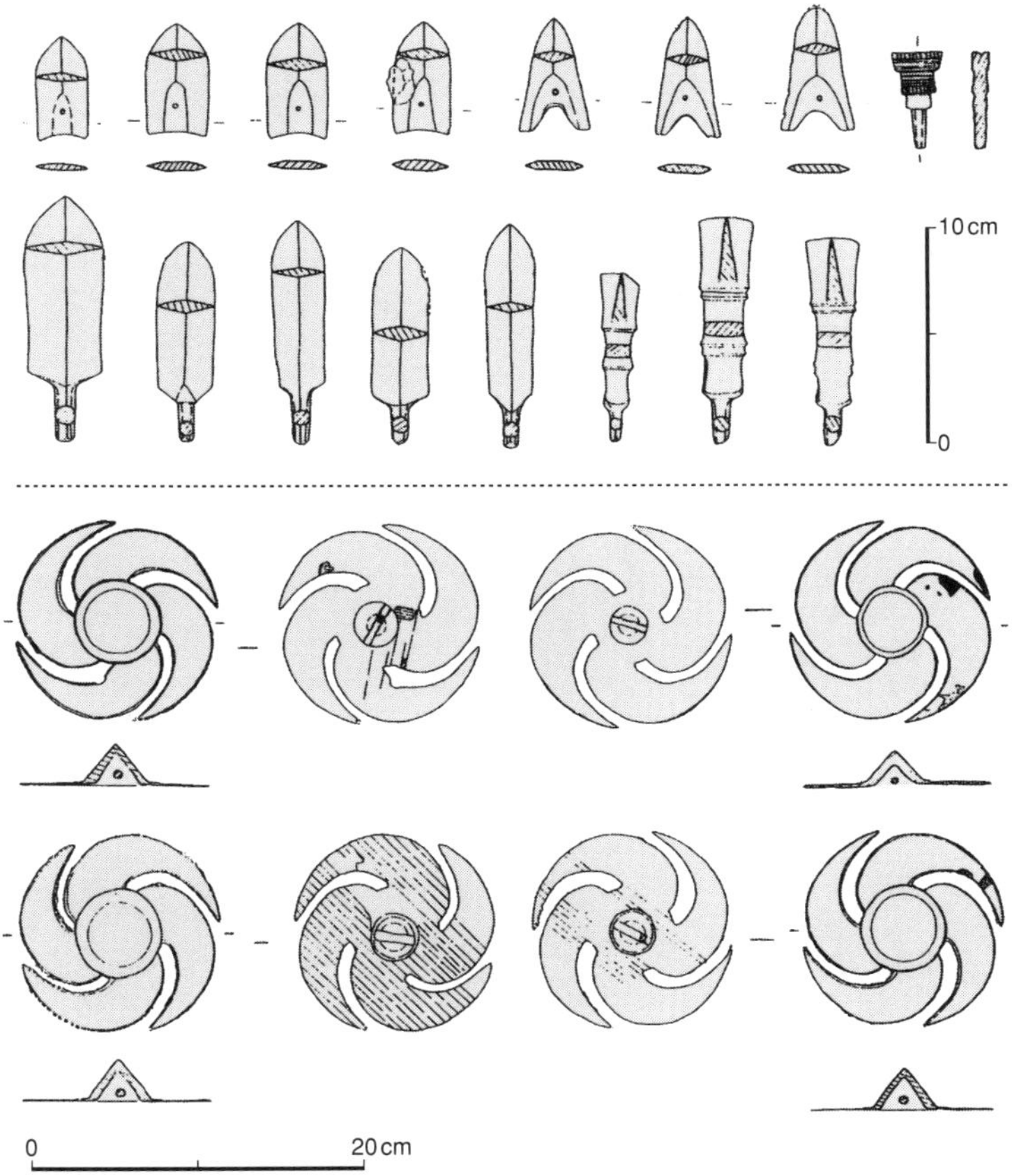

図 39　金海大成洞 13 号墳出土の「倭系」遺物

に列島の古墳にも入りだしますので、おそらくその辺で一つ線を引けば、東アジアの情勢と安直に関連させていいのかどうかわかりませんが、そういう目でみるならその辺に大きな線が引けるのではないかと思います。

石野　ほかにどうでしょうか。福永さんは、前期古墳で最近小札《こざね》を綴じた冑《かぶと》や甲《よろい》が出てくる比率が非常に高くなったことを強調されています。それは中国系であろうということだったのですけれども、中国であの手のものがどれだけでているかわかりませんが、ちょっと気になったのは、朝鮮半島の高句麗の地域がルーツである可能性はないのでしょうか。安岳三号墳に甲冑をつけた歩兵がたくさん並んでいる壁画があります。甲冑には縦線が入っていますが、可能性はどうでしょうか。

福永　私も甲冑をやっているわけではないのでわからないのですが、縦長の鉄板を用いて冑をつくる伝統というのは、おそらく朝鮮半島北部も含めて東アジアの広い地域にずっとあると思います。また魚の鱗のような小さな鉄板をたくさん綴じつけてつくるというと、これは古墳時代前期に並行する時期に中国で確実によく似たものがあるというわけではないのですが、そういう小札を使って甲冑をつくる技術というのは、漢代の中国には存在しています。ただ日本の小札革綴冑《こざねかわとじかぶと》とまったく同じ形態のものはまだ出ていないと思います。

石野　この四世紀のテーマについていかがでしょうか。

吉備で備前車塚古墳は異質だという話がありましたが、それについてはどうでしょうか。宇垣さんは吉備の前方後方墳は、吉備独自のものだと言われました。

赤塚さんは前方後方墳には各地域型がそれぞれあるから、それはそれでいいのだというお考えだと思います。しかし、墳形は独自だけれども、出ている鏡などからみると、畿内系で、吉備型の前方後方墳であるにもかかわらず、鏡からみると畿内系であるということは、葬られているのは畿内の人なのでしょうか。

宇垣 その前に赤塚さん、吉備の前方後方墳について、それは東海の影響のもとにある、それともそれは無視してよいとお考えでしょうか。

赤塚 無視して独自につくりあげている者もいるし（笑い）、東海の影響でつくりあげている者もいると思います。

宇垣 そうすると、吉備の中に二種類の前方後方墳があるということですか。

赤塚 そういうふうに考えています。

宇垣 具体的にはどういう区分ですか。

赤塚 具体的とは、なかなかむずかしいです。低地部で前方後方墳はほとんど発見されていませんから、ちょっと言いにくいのですが、そうした沖積地での造営をまず考えたいと思います。たとえば、備前車塚古墳の形そのものは、まったく東海の前方後方墳とは異質ですので、こういうものは東海の直接的な影響とは考えにくいと思います。もちろん、もっと以前の問題として東海からの文化的影響はあったと想像していますが、吉備のなかだけで前方後方墳というカ

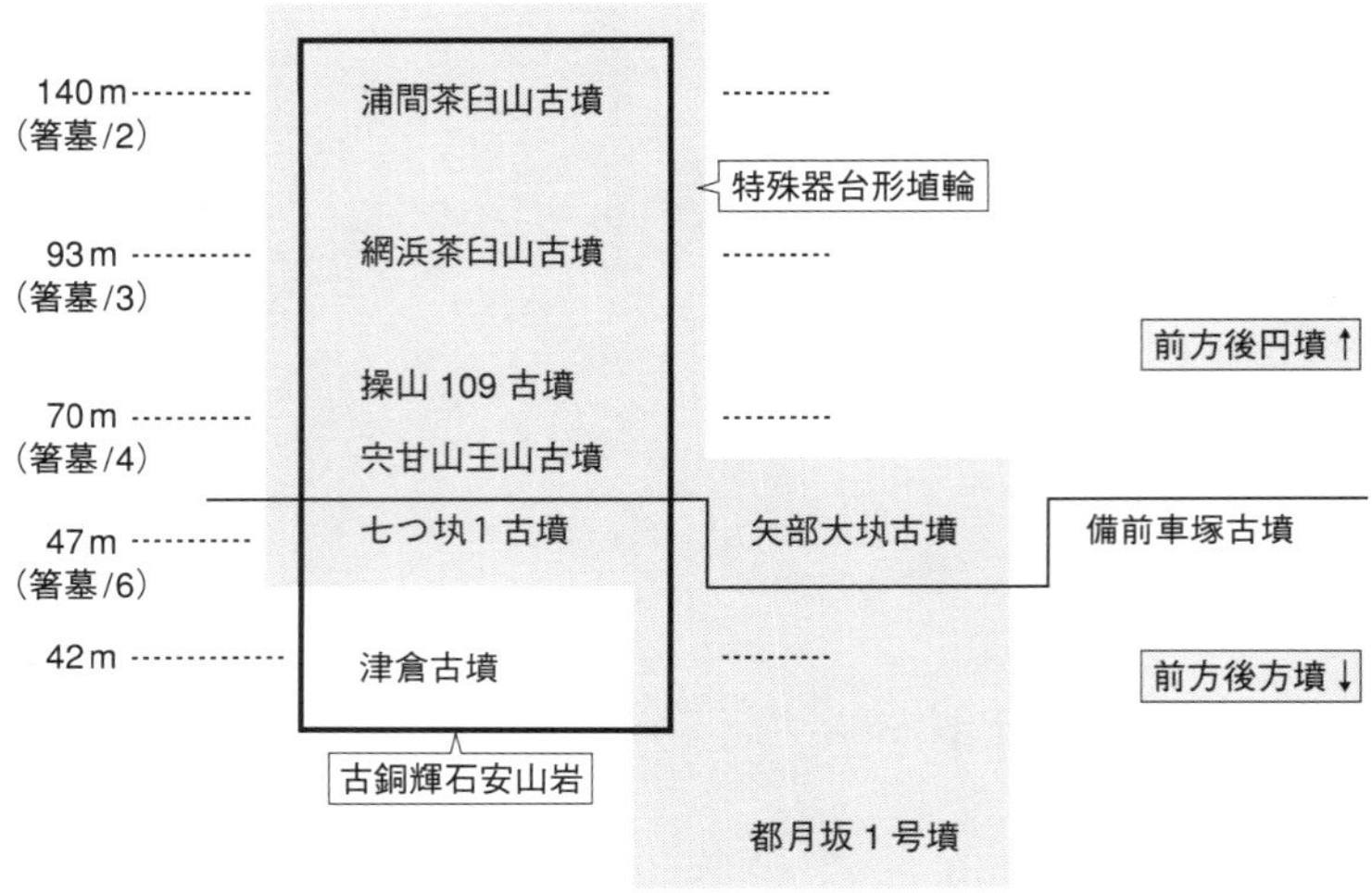

図40　吉備の前期古墳の階層

タチとその系譜を考え体係づけるのは、むずかしいと思います。もともと区画墓という伝統がない地域であると認識しております。

宇垣　発掘調査がおこなわれたものが少ないため、整理の対象とした前方後方墳は図40に示した程度ですが、吉備にはこれ以外にもまだたくさんの前方後方墳があります。赤塚さんのお話では、さらに低位部から前方後方墳がでるのか、それでは多くなりすぎるという感じがあります。

　吉備の前方後方墳で東海からの影響を考えられるようなものは、いまのところないのではないか。出雲の前方後方墳にしても、行ってみますと、吉備のものと特に違和感はありません。ですから、西日本の前方後方墳と東日本の前方後方墳は、一部に、局部的に東海の影響があるといわれたら反論のしようがありませんが、私はあれは前方後方墳という名でくるからいけないのであって、極端に言えば似て非なる別種類の古墳だと思っています。

石野先生のご質問に戻って、備前車塚古墳では使っている石室の石も、墳丘の上に置いているものも、また、鏡や副葬儀礼の内容・武器類のとり扱い方、なにもかもほかと違いながら、吉備の首長間のネットワークに入っている。まぎれ込んだような形で存在しています。吉備のなかで、仲良しというか、同じ道具立てをもち、同じ儀礼をおこなう首長のグループと、それから離れて、反抗まではしないけれど畿内に通じている首長、生まれはどちらかは判断しかねますが、それが共存するという図式になっているようです。

石野　その辺も各地域の多様性の一つかもしれません。四世紀に入ったあとでも、それぞれの地域にそれぞれの王がやはりいる、と私は考えておこうと思います。

いま、前方後方墳と一律によばないほうがいいのではないかという話がありましたが、私もこのごろ前方後円墳と一律によぶことに問題があるのではないかと思っています。これは、学史的には大変なことで、そんなことをいうと、学界長老の斎藤忠《さいとうただし》先生がここにおられますから、「前方後円墳とよばなければどうするのか」とお叱りを受けるかもしれません。たしかに、前方後円墳という名称そのものには長い学史がありますから、いろいろな人の思いが染み込んでいるような感じがあります。

それに対しては前方後円墳体制の推進派である都出さんは、円丘に突出部がつく「一方突出型円丘墓」という言い方をされています。円丘の直径と同じ長さの突出部がつくタイプや、直径の半分の突出部がつくタイプなどの諸類型が各地にでてくるのでしょう。前者が箸中山タイプであり、後者が纒向石塚タイプです。円丘直径の四分の一程度の突出部をもつタイプが帆立貝式です。

前方後方墳の場合も同じように主丘部は四角であって、「一方突出型方丘墓」とよび、そのなかにも突出部の大中小や方丘部の変異があると考えます。大突出円丘墓とか、小突出円丘墓とよべば、非常に客観的になります。客観的なよび方をしたうえで、この段階を前方後円墳だと考えるとか、後方墳と考えるとか主張すればいいのではないでしょうか。そういうふうに言わなければならない時期にきていると感じます。

言いっ放しですが、四世紀の墳丘についてはまた最後のときに言っていただくとしまして、鏡の話に入ります。

鏡の問題

石野　鏡については、車崎さんが同じ三角縁神獣鏡でも日本国内でつくったものだということが長い研究史のなかで定説になっている鏡について、「そうではない、中国製だ」と言われています。これは驚くべき発言ではないかと思うのですが、その辺について、どなたでもどうぞ。

福永　三角縁神獣鏡（**図41**）をどこでつくったかという問題については、全部ひっくるめて日本製にしようという考え方が現在かなり発言力を増してきているように思いますが、車崎さんは全部ひっくるめて中国製という考えを提示されました。まったく対極のほうに振られたわけです。そういう意味でたいへん驚くべき新見解だと思います。これから十分検討していかなければいけないと肝に銘じたところです。

私も以前から多少興味があって、こういうことを考えていました。そのときに一つ気がついていましたのは、鏡をつくる場合に、三角縁神獣鏡には同じ模様で大きさも同じ、そういう鏡がたくさんあります。それは兄弟の鏡ともいえるものです。かつては、これは全部同じ鋳型からつくられた鏡と考えていました。

ところが、よく見ると、やや複雑な状況がわかってきました。いわゆる中国製三角縁神獣鏡とよばれているものは、同じ模様の兄弟鏡でも鏡の真ん中にある鈕《ちゅう》という把手の紐を通す孔の開口方向がいろいろ違うのです。鋳型の状態では製品の鈕になるところは半球状の窪みになっていますから、そこに中子《なかご》という粘土紐をきちんと渡してやれば、青銅を流し込んだ場合、そこが孔になって残るわけです。その鈕孔の方向は、やはり一つの鋳型については一方向でないと具合が悪いのではないか。

たとえば、青銅を流し込む場合に流す湯の方向と中子の方向が違っていれば中子は不安定で動いたりしますので、中子の方向はその鋳型に設けられた湯口の方向に向いていた場合が多いと考えられます。そういうことから考えると、孔の方向が同じ兄弟の鏡は一つの鋳型を使い回してつくった鏡。孔の方向が違う兄弟の鏡は、模様は一緒ですが、実際に鋳込んだ鋳型はそれぞれ中子の方向が違う別の鋳型を使っているのではないかという推測がなりたちます。

これが考察の前提です。そういう観察をしたときに、これまで中国製とわれわれが考えてきたものと、明らかに日本製と考えてきたものの間には歴然とした鈕孔開口方向の差があります。これまで中国製とよんできたものの多くは、兄弟鏡の間でも孔の方向が違うわけです。仿製鏡、つまり日本製とされてきたものは、いくら枚数が多くても兄弟鏡の間では孔の方向は全部一緒なのです。そこで、両者の間には技術の大きな違いがあると考えます。

三角縁神獣鏡がすべて中国製ならば、この辺の問題をどう解決されるのだろうか、というのが一つの疑問点で、教えていただきたいのです。

車崎　その点は私も気になっています。ただ、私は技術のことはよくわからない。三角縁神獣鏡には同型鏡がたくさんありますが、それがどうつくられたのか、それがわかれば福永さんの疑問に答えられるのでしょうが、いまのところ私には「わかりません」としか言えません。

ただ、図像のほうから言いますと、「仿製《ぼうせい》」三角縁神獣鏡の新しい段階の鏡の場合も、神仙思想をきちんと理解していないと、その図像はできないだろうと思います。具体的に説明するのは短時間ではむずかしいのですが、魏晋代の方格規矩四神鏡《ほうかくきくししんきょう》（**図42**）の系譜の鏡や倣古鏡《ほうこきょう》は天空世界つまり神仙世界を描いていると考えられるのです。

図 41　滋賀県雪野山古墳出土杢出銘三角縁四神四獣鏡（径 24.2 cm）

こういった鏡のなかには従来は「仿製鏡」とされた鏡も少なくないわけですが、私はこれはすべて中国製だと考えているのです。私が倭鏡と考える鏡は、たとえば鼉龍鏡《だりゅうきょう》（図43）のように図像の表現はシャープですが、図像の意味はまったく理解できない、あるいは破綻が目立つ、そういう鏡です。中国製と考える鏡の図像は、稚拙にみえても、その意味を読みとることができるのです。それは「仿製」三角縁神獣鏡も同じです。

中国の鏡師、鏡をつくった集団は、漢代には尚方という、方士とか方術を尚《つかさど》るという意味をもっている役所というか工房に所属していたわけです。その鏡つくりの集団が「陰陽五行説を奉じた方士系の人々であり、また当時としては特殊な職業団体であった」ことは西田守夫《にしだもりお》先生が指摘されています。私は、そうした特殊な集団が鏡をつくる伝統というのは、魏・晋代になってもつづいていただろうと思っています。そうした図像の意味がとれる鏡については、まずは中国鏡とみるというのが私の考え方です。

福永さんの質問に戻りますと、鈕孔の方向が違うというのは、おそらく製作技術のちょっとしたテクニックの違いだろうと思うのです。それが、手間のかけ方の差であれば、文献を使って申し訳ないのですが、『三国志』少帝紀の高貴郷公紀《こうききょうこう》という、斉王のあと皇帝になる文帝の孫の曹髦《そうぼう》ですが、その即位のときに関連しそうな記事があります。それは「乗輿《じょうよ》、服御《ふくぎょ》、後宮《こうきゅう》の用度《ようど》を減じ、尚方・御府の百工《ひゃくこう》の技巧をして靡麗《びれい》なるも無益の物を罷《や》むるに及ぶ」という記事ですが、尚方や御府の管轄下の職人たちが贅沢な器物をつくることをやめさせたわけです。

図 42　大田南 5 号墳出土青龍三年銘方格規矩四神鏡（径 17.4 cm）

図 43　新山古墳出土鼉龍鏡（径 27.2 cm）

これは改元していますから正元元年（二五四）に、魏の皇帝の詔として出されたわけですが、実質的には実権を掌握していた大将軍の司馬昭《しばしょう》の方針と考えられるわけです。このような司馬氏の方針は、晋代になれば、さらに貫徹された可能性が考えられます。つまり、西晋の鏡は、あまり手間のかからない技術でつくられていたと考えることもできるわけです。福永さんが指摘されたような違いというのは、むしろ魏の鏡と西晋の鏡の違いにならないかなと、あまり根拠のない話ですが、私の感想です。

石野　車崎さんは三角縁神獣鏡のいわゆる舶載鏡と仿製鏡は同じように模様が変化していると言っておられます。そうだとすると、中国であったとしても、日本列島であったとしても、生産地がどこであったとしても、同じ生産地でつくっている、あるいは同じ工人集団がつくっているということになるかと思うのです。

車崎　はい、そうです。時間もありませんので具体的に一つだけ例示しますと、「仿製」三角縁神獣鏡の「松毬形《まつかさ》」というのでしょうか、あれはじつは熏炉の図紋で、「舶載」三角縁神獣鏡の新しい段階にも目立つ図紋です（**図44**）。それが乳の上に描かれるようになって、さらに変形したのが「松毬形」の紋様です。ほかにも芝草紋や獣紋帯の図像なども型式変遷をたどれますが、やはり熏炉の変化は典型的で、「舶載鏡」と「仿製鏡」をまったく違う集団がつくったと考えると理解できないだろうと思います。

石野　その辺をひっくるめて、「仿製」が中国でおこなわれたとすると、景初四年鏡も中国でつくったことになるのでしょうか。
車崎　もちろん、そうです。
石野　中国の官営工房は、実在しない年号をかってにつくったら死刑になるという話ですが……
車崎　かってに年号をつくったら、それは王朝の正朔《せいさく》（暦）を無視したことになりますから、死刑になるかもしれませんね。しかし、たとえば笠野毅先生や西田守夫先生、梅原末治《うめはらすえじ》先生も書かれていますが、延康元年（二二〇）という後漢最後の年号をもつ対置式神獣鏡がありますが、この鏡には年号のほかに月日、月の朔と日の干支が書いてあ

図44　熏炉紋の変遷
神人龍虎画像鏡
（東京文科大学旧蔵鏡）
「舶載」三角縁波紋帯三神三獣鏡
（福岡県忠隈古墳出土鏡）
「舶載」三角縁波紋帯三神三獣鏡
（兵庫県城の山古墳出土鏡）
「仿製」三角縁芝草紋帯三神三獣鏡
（福岡県沖ノ島17号遺跡出土鏡）

ります（「延康元年二月辛丑朔十二日壬子」）。ところが、これは延康元年の暦日とは合わなくて、魏の黄初二年であるはずの延康二年の暦日の干支と一致するわけです。つまり、この鏡の年号は間違っているのです。魏の黄初四年（二二三）の対置式神獣鏡の場合は、呉の黄武三年（二二四）と間違っているそうです。このほかにも、月日や干支まで問題にすれば、暦日の間違っている年号鏡はたくさんあります。それでも大丈夫だったようですね。

石野　死刑にならないですね。

車崎　全然ならないです（笑い）。

石野　赤塚さん、初期の前方後方墳が卓越する伊勢湾岸の鏡は前方後円墳の地域とはどのように違うのでしょうか。同じでしょうか。

赤塚　その前に一つ質問があります。三角縁神獣鏡がすべて中国でつくられたというのは非常に簡潔でわかりやすいと思いますが（笑い）……　たとえば、四獣形鏡とか、日本の倭鏡を私なりにちょっと考えていますが、そうした視点からみていきますと、三角縁神獣鏡が入る前の初期の墳丘墓、前方後円墳、前方後方墳の古い段階で、斜縁の獣帯鏡とか二神二獣鏡が入っている古墳があります。要するに、三角縁神獣鏡が古墳に副葬される以前ですね。

　たとえば、そのうちの斜縁二神二獣鏡をモデルにして日本でつくったと考えられる二神二獣形鏡のような鏡ですね。これらは中国鏡として考える方もおいでですが、安土瓢箪山《あづちひょうたんやま》古墳出土鏡とか、擬銘帯《ぎめいたい》をもっていますが佐紀丸山古墳、あるいは三神三獣鏡ですが佐味田宝塚《さみたたからづか》古墳のものといったものも中国鏡と解釈するのでしょうか。そうしないと、彼らが三角縁神獣鏡をつくったら、図像の表現はきっと中国鏡とされる三角縁神獣鏡の図像の表現どおりに表現できることになるのではないかと考えられるのですが……

車崎　じつは、私もすごく気になっています。斜縁二神二獣鏡あるいは浮彫式獣帯鏡や龍虎鏡などもそうなのですが、なかなか判断のむずかしい鏡があります。まだ決定的なことは言えません。赤塚さんが言われたような鏡については、まだ検討中です。

やや雑な話になりますが、中国鏡と倭鏡の簡単な見分け方があります。おそらく八割程度の確率だろうと思いますが、鈕孔をみれば区別できます。鈕孔の孔の下面が鈕座の面と一致している鏡は倭鏡である確率が高くて、鈕孔がちょっと浮いて開いている鏡は中国鏡とほぼ考えてよさそうです。これだけでも、八割方は見分けられると思います。

そういう観点からの検討もふくめて、図像だけではなくて考えていきたい。銘文の場合も、じつは中国鏡にも読めない銘文があります。記号化したような銘文は倭鏡だけでなくて、中国鏡にも確実に存在しています。

従来の基準だけでみていては、三、四世紀の中国鏡と倭鏡の区別はむずかしいだろう、と私は考えています。ここ一〇年ほど検討しているのですが、まだ決定的な基準がみつかりません。赤塚さんはさすがに鋭くて、いちばん気になる形式の鏡を言われました。

赤塚　先ほどの石野先生の質問ですが、一つは倭鏡、日本の仿製鏡の製作がずっと古くまでさかのぼるという考え方が最近多く言われてきました。森下章司《もりしたしょうじ》さんとか、車崎さんも言っておられますが、私もそう思っています。さらに加えて、私は地域型の鏡つくりもあっていいと考えています。

濃尾平野でつくった異様な鏡というと、東之宮《ひがしのみや》古墳の人物禽獣文鏡《じんぶつきんじゅうもん》とか、そういう特殊なものですね。あと、丹後・但馬とか中・東部瀬戸内などに変な型式の鏡がありそうな気がするのですが、そういうものの別系統の鏡つくりが存在する可能性を考えたいと思います。

たとえば、四獣形鏡の一部についての文様を追っていきますと、特定の地域に分布がかたよってくるものがあります。そういうものはむしろ、それぞれの地域の鏡製作によるものだと理解したほうが素直かなと考えています。前方後方墳は出現期から初期の段階に多いものですから、むしろ前方後方墳のなかに特異な鏡の組み合わせがみられる気がします。

石野　鏡についての各地域の差があるのかどうか、検討したら何かでてくるのではないでしょうか。先ほど宇垣さんは三角縁神獣鏡は備前車塚古墳からでているものを除くと、吉備ではほかにないとおっしゃいました。だから吉備では三角縁神獣鏡はどうでもいい鏡だという意味のことを言われたように思うのですが、やはりどうでもいいのでしょうか（笑い）。

宇垣　あげよう、と言われたら、たぶん喜んでもらったとは思いますが、とりあえずなくてもよかったのでしょう。ですから、夔鳳《きほう》鏡とか獣帯鏡とか以前に入手していたもの以外には鏡は入ってこなかったのか、畿内経由の三角縁神獣鏡はいらないと言ったのか、それはちょっとわかりませんが、どうしてももらわなければいけないものではなかったと思います。

石野　しようがないからもらってやろうといった話ですね。福永さん、大和政権としてはどうですか（笑い）。

福永　そういうところもあったかもしれないですね（笑い）。古墳時代にも豪傑はいたでしょうから、そういったこともあったかもしれません。

　ただ、私が三角縁神獣鏡を非常に重視しているのは、何人かの研究者がおっしゃっていますが、一つは模様が神仙思想を非常に色濃く反映したものであるということ。もう一つは、直径が魏晋尺の九寸をちょっと越えたぐらいのところにほとんどまとまることですね。九寸というのは、神仙思想のなかでは『抱朴子《ほうぼくし》』という、東晋の葛洪《かっこう》という人が著わした神仙術のテキストがあるのですけれども、その中には神仙思想の修行をする場合には直径九寸以上の鏡を用いなさいという決まりがあるのです。

　三角縁神獣鏡は直径も一様でありますし、車崎さんがおっしゃったように、モチーフも仿製の三角縁神獣鏡という、最後の最後まで神仙思想に端を発したような、そういうモチーフを使っているわけですね。そうすると、これは案外神仙術の一つの霊器という意味合いも含んで配られたものではないかと……

　ここのあたりで、先ほどの前方後円墳の葬制のなかに、さまざまな神仙思想の要素が入っているのではないかというところに関係してくるのです。そういう意味で、ほかの模様の鏡とは違う位置づけがあって、それを受けとるか、受けとらないかということは、大和政権の宗教を受け入れるかどうかという意味をある程度含んでいるわけです。踏み絵を踏まされるというところまではいかないかもしれませんが、それを前にして旗色を鮮明にする、どっちに転ぶかということでは、一定の決断がいるような恐ろしい鏡ではないかと（笑い）……

石野　それでもなおかつ、岡山は造山・作山古墳という、超大型古墳がありますよということをたぶん言いたいのだろうと思います。

これからの課題

石野　残念ながら、この辺で終わりにしなければなりません。短い時間でしたから、言い残したこと、言い足りなかったこと、是非一言というのがきっとあると思いますので、お一人ずつ言っていただけたらと思います。

車崎　これまでの研究史を壊すような話をしたように受けとられたかもしれません。しかし、私自身はそんな気は全然なくて、むしろ過去の研究史を踏まえて、あらためて新しい情報を加えてみたらどうなるのだろうかという、つまり誰彼の結論をつなぎ合わせるのではなくて、資料をもう一度厳密に見直したときに、どういう世界が見えてくるのかということですね。やはり、自分でもやっていきたいし、やっていただきたいと思っています。

鏡についても、おそろしがらずに、とくに若い人はぜひ手がけてみてください。研究者が少ないですから、いろいろな視点からみれば、いくらでも新たな展開があるだろうと思います。

石野　いま、鏡をやれば、研究者ベスト三〇位ぐらいにはなるそうですから（笑い）……　赤塚さん、お願いします。

赤塚　畿内からのみで地域をみていくのではなくて、あるいは雲の上からそれぞれの地域をみていくのではなくて、それぞれの地域のなか、それも小地域のなかで、独自の文化といいましょうか、つちかってきた伝統とか、そういうものを考古学的に積極的に導き出していこうという視点で考えたいと思っています。

宇垣　一つだけ補足しておきます。

吉備の場合、楯築弥生墳丘墓と浦間茶臼山古墳がありますが、楯築は備中、吉備の真ん中というか少し西側に所在し、特殊器台の分布も吉備の西側を中心としています。

一方、前期古墳になると、備前車塚古墳も浦間茶臼山古墳もそうですが、主要なものは備前に築かれています。弥生時代から古墳時代に変わる時期に大きく分布がひっくり返り、それまで墓に関してはとり立てて目立った地域ではなかった備前に主要な分布が動いています。あるいは政治勢力の交替というか、吉備内部での勢力地図が塗り変わってしまいます。『魏志』倭人伝にいう、卑弥呼の共立の前に内乱状態が発生したという記述に関連するのであろうかと思ったりしています。以前から気になっている問題で、今後もう少し検討していきたいと思っています。

福永　短時間でしたが、非常に勉強になりました。古墳を考える場合に、畿内の古墳ばかりを扱っていると、たくさんありすぎてかえってわからないことが多いわけです。そういう場合に、各地の古墳研究から逆に畿内の古墳を分析する視点を学ばせていただくことが多くて、そういう意味ではずっとここ十数年、東海で研究を推進されてこられた赤塚さんの前方後方墳論というのが、従来の古墳時代のとらえ方に対して、強烈なアンチテーゼであったわけですね。

近畿地方の古墳研究者も、各地域から発信されたさまざまな新しいアイディアをもう一度咀嚼しなおして、新たな古墳研究にしていかなければいけないということを痛感しました。このところ、ずっと感じているところです。

石野　私は、前方後円墳は二世紀の終わり、一八〇年から一九〇年ぐらいに出現してくるのだろうと考えています。それは倭国の女王卑弥呼が登場する段階で、卑弥呼を共立せざるをえない状況がその後の歴史を変えたと思います。そう考えると、いろいろなことがわかりやすいのではないか。銅鐸の祭りも終わりますし、近畿では環濠集落もなくなってしまい、方形区画の居館も独立します。いろいろな変化が起こってきているので、その段階に新しい、いまだかつてなかった前方後円墳があらわれると思っています。

ただ、だからといって、それで日本列島が一色になるのではなく、みなさんも言っておられるように、地域ごとに多様な文化が百数十年つづき、四世紀後半になって大和の権力が巨大になってくる。そういう段階があるのだろうと思います。なぜそうなったのかというのが、これからの一つの課題です。ですから、これからはある古墳を前方後円墳とよぶとかよばないとか、そんなことはどうでもいいので、各地に前方後円墳はいくらでもある。それよりも、そのあとどうなったのかという前方後円墳の展開過程についてこれから議論したほうがいいと思います。

それではこの辺で本日のシンポジウムを終了させていただきます。みなさん、ありがとうございました。（拍手）

（石野博信 2012.7）

補記

箸中山（箸墓）以前の前方後円墳・方形墳

箸中山（箸墓）古墳以後を古墳時代とする定説的考えと、それ以前の前方後円・方形墓の出現と普及を重視する考えは、現在も決着していない。単に墳形だけではなく、埋葬施設や副葬品を含めた古墳祭式の「定型化」をどのように定義するか、という課題であろう。

本討議がおこなわれた一九九八年段階には、まだ寺沢・纒向型前方後円墳論は提案されていなかった。私は、本討論では主張していないが、二世紀末の岡山県楯築墳丘墓を古墳と認める立場であり、ここから古墳時代が始まったと考えている。

私は、前方後円墳企画を追究されていた上田宏範さんの考えを紹介したが、今も前方後円墳の定型化は四世紀末・五世紀初と考えている。この段階は朝鮮三国と倭の関係が逼迫した時であり、国内体制の再編が古墳の墳丘形態に反映されたのであろう。

三角縁神獣鏡は舶載か国産か

ヤマト王権中枢地とされる奈良県大和《おおやまと》古墳群の黒塚古墳から三三面の三角縁神獣鏡が検出された後の討議だったが、決着はつかない。

中国の官営工房で存在しない「景初四年」銘鏡を製作すれば、〝死刑では〟という問いかけをしたが、実例をあげて〝死刑にはならない〟と説明があった。〝死刑……〟という象徴的な言い方をしたのは、漢・魏時代の中国では、年号を定めるのは〝皇帝の専権事項〟と聞いたからだが、工房でかってにつくっている実例があるらしい。

（福永伸哉 2012.9）

シンポジウム後の新たな重要資料としては、一九九九〜二〇〇〇年にかけて調査された奈良県ホケノ山墳墓において、箸墓古墳出現直前の、すなわちまさに卑弥呼時代の有力者の葬送儀礼と副葬品の実態が明らかになったことがあげられる。墳丘形態は前方後円形を呈してはいるが、埋葬施設は前期古墳に通有の竪穴式石室とは異なり、木の部屋を石積みで覆った「石囲い木槨」という特異なものであった。また、出土鏡は画文帯神獣鏡二面と内行花文鏡一面で三角縁神獣鏡は含まれなかった。鏡については、かつて当遺跡から乱掘された可能性のある画文帯神獣鏡二面と内行花文鏡一面が知られており、それを加えるなら、画文帯神獣鏡の突出度が際だつ一方で、三角縁神獣鏡の存在しないことにやはりしかるべき意味が含まれているように思われる。

つまり、卑弥呼が魏に朝貢する以前において、画文帯神獣鏡が邪馬台国連合の有力者の統合のシンボルとしての役割を果たしていた一時期があるのではないかということである。このように考えれば、景初三年、正始元年などの紀年銘をもつ最初期の三角縁神獣鏡が、画文帯神獣鏡の内区のデザインを忠実に「模倣」していることも納得できる。すなわち、倭国乱の後に共立された卑弥呼が、倭人有力者の政治統合のシンボルとしてまず採用したものが画文帯神獣鏡であり、その後、景初三年の朝貢において同じ神仙世界をモチーフとしつつさらに魏王朝の権威を加えた三角縁神獣鏡を手に入れたのではないかということである。一九九八年に調査された奈良県黒塚古墳の成果をあわせて考えると、「共立王」から「親魏倭王」へと地位を高めていった女王卑弥呼の、鏡を用いた政治戦略の成功過程を読みとることができる。そして、三世紀半ばに没したこの偉大な女王の葬送儀礼を成功裏に遂行しえたことによって、邪馬台国は大和政権へと発展を遂げたと考えられるのである。

（宇垣匡雅 2012.8）

この対談の後、奈良県中山大塚《なかやまおおつか》古墳や葛本弁天塚《くずもとべんてんづか》古墳などの調査成果が公表され、それまで順番に出現すると考えられていた特殊器台・特殊器台形埴輪・円筒埴輪の三者が、同時に共存するという見解が提示された。そのことについて吉備の側はどう考えるかという宿題を、石野さんからいただいていた。いささか遅くなってしまったが、現在、それをまとめているところである。

もっとも新しい型式の特殊器台が箸中山（箸墓）古墳などから出土していることも明らかになったが、葬送儀礼の根幹に吉備の葬送のまつりが用いられたと考えるか、あるいは墳丘や埋葬施設など古墳を構成する多様な要素の一つにすぎないとみるかで、前方後円墳出現期の吉備の役割は大きく異なってくる。そのいずれとみるべきかは、なかなかむずかしく、現在も考えている。なお、特殊器台は墳墓から出土することが多いため、葬送儀礼用の土器と考えられてきた。しかし、新たな資料、またこれまでの出土事例の再検討から、ある程度の量が墳墓以外から出土しており、それらは河川堆積土からの出土事例が多いことが明らかになった。特殊器台は葬送儀礼だけではなく、水辺の祭祀など、その時期の重要な祭祀に用いられたものであったと考える。

弥生墳墓に関しては石野さんとは異なり、楯築墳丘墓を弥生の墓と考える。その墳丘の著しい大きさだけでなく、質的な差、具体的には排水溝をそなえた木槨の採用、さらに墳丘斜面の構造など、多くの点でそれまでの弥生墳墓とは一線を画し、後の墳墓に大きな影響を与えた存在であることは疑いない。

2003

謎の五世紀

上田正昭
石野博信

七・五・三論争

上田 俗に「七・五・三論争」といわれる議論があります。三世紀は女王・卑弥呼の国、邪馬台国問題、五世紀は讃《さん》・珍《ちん》・済《せい》・興《こう》・武《ぶ》の「倭の五王」の王権、七世紀は天武・持統朝の時代。古代国家の形成を考えるうえで、どの時期を重視するかですが、私は三世紀が古代国家の形態の原初、五世紀が成立（第一次）、七世紀が完成（第二次）段階と考えています。

石野 考古学の時代区分だと、五世紀は古墳時代中期。三世紀前半に前方後円墳がつくられ始め、五世紀は巨大古墳がでてきてワカタケル大王（雄略天皇）の時代に向けヤマト大王家による全国制覇が始まります。七世紀は天皇や有力官僚層だけが古墳をつくる終末期の段階。古墳からも五世紀は国家統一に向けての動きが読みとれます。

上田 五世紀は朝廷が整ってくる時代でもあります。「朝廷」という言葉は「外朝（府中）」と「内廷（宮中）」の合成語で、宮中に加え行政・軍事・警察など政府の機構が整った段階において使うべきもの。五世紀の金石文にも官人がみえてくるので、外朝が整い始めたことがわかります。たとえば稲荷山《いなりやま》古墳出土の鉄剣の銘にある「杖刀人《じょうとうじん》」や、江田船山《えたふなやま》古墳の大刀銘の「典曹人《てんそうじん》」。杖刀人は護衛の武官、典曹人は外交文書を含む記録に携わる文官です。

石野 朝廷を考古資料から考えるならば、大王居館や蔵が手がかりになるでしょう。五世紀の大王居館とみられる大きな居館跡は群馬県の三ツ寺《みつでら》遺跡や奈良県の脇本《わきもと》遺跡などでその一部がみつかっていません。四世紀の居館は確認できていませんが、五世紀とでは大きな断絶があると思います。これに加え、大阪府の法円坂《ほうえんざか》遺跡や和歌山県鳴滝《なるたき》遺跡などで整然と配置された倉庫群がみつかりました。大王家だけでなく、各地の豪族が徴税体制を整えていた可能性を示しています。

巨大古墳

石野　五世紀になると河内（後の和泉の一部を含む）に、誉田御廟山《こんだごびょうやま》古墳（応神陵）、大山《だいせん》古墳（仁徳陵、**図45**）など全長三〇〇メートルを超える巨大古墳が築かれました。この問題を解くには四世紀末から五世紀初めの古墳を考える必要があります。この時期、奈良盆地の西側、古代葛城《かづらき》の地域に全長二〇〇メートルクラスの古墳が続々と築かれました。河内にも津堂城山《つどうしろやま》古墳がつくられました。それ以前は奈良盆地東側がヤマト大王家の中枢の地だったのです。

上田　私は一九六七年に、「河内王朝論」を公表しました。河内を勢力の基盤にする王権が誕生したという論説です。葛城の勢力も「河内王朝」が包摂したと考えます。五世紀の巨大な前方後円墳を築いた場所に勢力の拠点があったと考えるのが自然です。それに、日本の建国神話でもある国生み神話は大阪湾が舞台。これは河内に王権の基盤があった段階にできたことを反映すると思います。難波を中心に八十島《やそしま》祭がおこなわれるのも無関係ではありません。

図45　大山古墳

石野　文献によると五世紀後半のワカタケル大王の宮殿は奈良盆地東南部に、墓は河内にあるとされます。王宮と王墓が別の場所とすると、どのように考えればよいのか。私は河内に巨大古墳が誕生した理由を、ヤマト大王家が河内平野の開発にとりかかったと解釈します。葛城と南河内の関係は非常に密接だったと考えるのです。

上田　ワカタケル大王などの宮居の伝承は河内にもあります。大王家の和風諡号《しごう》からも四世紀と五世紀の王統とは母方では関連しますが、同じ王統であったかどうか。崇神王統の和風諡号が「ミマキイリヒコイニエ」とあるように、四世紀の大王には「イリ」が付く特色に対し、五世紀は応神天皇の「ホムタワケ」のようにその王統には「ワケ」が付く。古墳の築造と開発は関連しますね。

石野 大王家の古墳は第一に権威の象徴だったでしょうが、古墳の周濠《しゅうごう》は灌漑《かんがい》用水を蓄える機能もあったと思います。周濠の高地のほうに取水口、低地のほうに排水口があるものがみつかっています。

上田 技術革新ということでいえば、乗馬の風習もあげられます。馬の文化は、北河内を中心に広まりました。馬は従来、軍事の面のみが注目されてきましたが、交通や商業に果たした役割も考える必要があります。『日本書紀』には「馬に乗って伊勢に商売に行った」という伝承もあります。

石野 陶質土器である須恵器の普及もそうです。器が変わったことで、煮炊きの方法も違ってきたでしょう。竪穴住居に竈《かまど》が出てくるのもこの時代で、竈は壁際につくられます。それ以前は住居の真ん中に炉が設けられていました。竈により、炊事の場など住居内の使い方が区分されたと思います。

外交

上田 私は四〇年近く前に『帰化人』という本を書き、渡来人が多数来た時期が四段階あったことに触れました。史書には「古渡《ふるわたり》（古く来た人）」「今来《いまき》（新しく来た人）」という言葉がみられ、五世紀の「今来」は新しい技術をもってきた人びとでしょう。

石野　奈良県に新沢千塚《にいざわせんづか》一二六号墳という五世紀末築造の長方形墳があります。金の冠や耳飾りとガラス器などの副葬品からみると、朝鮮半島からの渡来人という可能性が強いのです。大阪府の大庭寺《おばでら》遺跡から出土した須恵器は朝鮮半島南部のものとそっくりで、陶工集団が来ていたと考えざるをえないのです。人の交流は予想以上にあったと思います。

上田　朝鮮半島では当時、高句麗《こうくり》が南下し百済《くだら》、新羅《しらぎ》を圧迫しました。中国も南北朝の時代。倭は南朝と交渉をもち、高句麗は巧みに北朝、南朝とも交渉していました。

石野　大王家は「高句麗が攻めて来るかも」と危機感を抱いていたと思います。大阪湾に面して巨大古墳をつくった理由の一つは、船でくる人びとにそのすごさを見せることがあったのではないでしょうか。大阪湾は大王家が領域に治めていたのでしょう。そのうえで、葛城や吉備の豪族に対高句麗戦の応援を求め、大古墳の築造を容認していたのではないでしょうか。

上田　外交でも独自性を打ち出しています。ワカタケル大王は五世紀後半、中国の皇帝の用語である「治天下」を用い、中国王朝の認可を得ないで自分の周辺の有力者に軍号などを与えました。そして、四七八年以後は朝貢せず、中国王朝の冊封体制からの自立をめざします。こうした経緯があったから、聖徳太子の時代の六〇七年、隋の皇帝、煬帝《ようだい》に提出した国書で「日出づる処《ところ》の天子」と倭国の王者も「天子」を名乗り、中国王朝と対峙する姿勢を示したのです。自立化路線の始まりという意味でも画期的な時代でした。

（上田正昭 2011.12）

畏敬する考古学者

石野博信さんといえば、奈良県斑鳩町の藤ノ木古墳の石棺開棺立ち合いのおりにご案内いただいた時をまず想起する。親しく畏敬している考古学者のひとりで、最近私が企画し監修した『新・古代史検証　日本国の誕生』（全五巻・文英堂）の第一巻『弥生興亡　女王・卑弥呼の登場』は石野さんに担当していただいた。私が理事長をしている、京都府埋蔵文化財調査研究センターの理事としてもご協力を願い、石野さんの依頼で二上山博物館で講演したこともある。

「日本経済新聞」の大阪本社編集局の編集委員小橋弘之記者から、「謎の五世紀」をめぐる対談をしてほしいとの要請があって、すぐに石野さんが適任とおすすめして実現したのが、「日経」の二〇〇三年三月二〇日（夕刊）に掲載された「特別対談」（本書所収）である。

私が「河内王朝説」を公にしたのは、一九六七年の一月に出版された『大和朝廷』（角川新書）であった。古代日本の歴史や文化は、いわゆる「中央」から「地方」へ放射線的に展開したとする見方や考え方がとかく主流になりがちだが、こうした「中央史観」を、一八七一年の廃藩置県以降の「地方（ちほう）」からではなく、それ以前の用語であった「地方（じかた）」から見直すことが必要であると痛感したのは、一九六五年のころからである。

ヤマトの王権が奈良盆地の東南部の「ヤマト」から成長していったことは史実だが、放射線的・連続的にヤマトの王権が展開したわけではない。私のいう三輪王権から河内王朝へという史論も、いってみれば短絡的な中央史観へのアンチテーゼとしての問題提起であった。九年前の対談の日が懐かしい。その後の私見は、『古代国家と東アジア』（角川学芸出版）の関係論文を参照してほしい。畏敬してやまない石野さんのますますのご活躍を期待する。

（石野博信 2011.12）

三世紀から四世紀前半の王宮・王墓群があった奈良盆地東南部の「大和地域」から、四世紀後半の王墓群は奈良盆地北部の佐紀丘陵に移り、四世紀末・五世紀初には大阪平野の古市《ふるいち》・百舌鳥《もず》古墳群に移る。ヤマト大王家の河内進出か、河内王権の誕生かは考古学・文献史学の分野とも意見の一致はみていない。

四・五世紀の大王宮がまったく未調査であることが、その背景にある。

上田先生には、香芝市二上山博物館でご講演をいただくなど、日頃からお世話になっていますが、とくに年何回かの京都府埋蔵文化財調査研究センターでの会議の折には、随所で学問的な示唆を受け、感謝しています。

初出一覧

古墳の発生　方形周溝墓と前方後円墳をめぐって（『東アジアの古代文化』二七号、一九八一年）
出現期の古墳をめぐって（『古墳発生前後の古代日本――弥生から古墳へ――』大和書房、一九八七年）
古墳はなぜつくられたか（『古墳はなぜつくられたか――倭王権形成史の再検討――』大和書房、一九八八年）
前方後円墳の出現（『前方後円墳の出現』季刊考古学・別冊八、雄山閣出版、一九九九年）
謎の五世紀（「日本経済新聞」二〇〇三年三月二〇日、夕刊）

写真提供・所蔵先および図版出典（図版は一部改変し、組み替えをおこなっている）

古墳の発生

図1：守山市教育委員会
図2：千葉県文化財センター『佐倉市飯合作遺跡』一九七八
図3：金井塚良一
図4：石野博信編『大和・纒向遺跡』学生社、二〇〇五
図5：埼玉県立文書館
図6：金井塚良一「五領遺跡と五領遺跡B区出土遺物」『東松山の文化財其の三』一九六七
表1：石野博信

出現期の古墳をめぐって

図7：櫃本誠一ほか『川島・立岡遺跡』太子町教育委員会、一九七一
図8・9：石野博信
図10：桜井市教育委員会
図11：福岡県教育委員会『九州縦貫自動車道関係埋蔵文化財調査報告』27、一九七九
図12：高松市教育委員会『鶴尾神社4号墳調査報告書』一九八三
図13：東出雲町教育委員会『寺床遺跡調査概報』一九八三
図14：奈良県立橿原考古学研究所附属博物館
図15：磐田市教育委員会『新豊院山墳墓群』一九八二
図16・17：松本市教育委員会『弘法山古墳』一九七八
図18：白石太一郎

古墳はなぜつくられたか

図19：小野忠凞『高地性集落論――その研究の歩み――』学生社、一九八四
図20：兵庫県芦屋市教育委員会編『増補　会下山遺跡』一九八五
図21：福岡市教育委員会『福岡市埋蔵文化財調査報告書』一四一、一九八六に加筆
図22：田中新史「市原市神門4号墳の調査の意義」『三〜四世紀の東国』八王子市郷土資料館、一九八三
図23：福知山市教育委員会
図24：福島県立博物館（会津若松市所蔵）
図25・26：宮内庁書陵部
図27：菅谷文則
図28：桜井市教育委員会
図29：市原市埋蔵文化財センター
図30：橋本博文「関東の「出現期古墳」とその背景」『古墳はなぜつくられたか――倭王権形成史の再検討』大和書房、一九八八
図31：橋本博文「シンポジウム　古墳はなぜつくられたか」『古墳はなぜつくられたか――倭王権形成史の再検討』大和書房、一九八八
図32：小郡市教育委員会

前方後円墳の出現

図33：赤塚次郎
図34：藤田憲司・柳瀬昭彦「弥生時代」『岡山県の考古学』吉川弘文館、一九八七
図35：近藤義郎編『矢藤治山弥生墳丘墓』矢藤治山弥生墳丘墓発掘調査団、一九九五
図36：奈良県立橿原考古学研究編『下池山古墳の研究』橿原考古学研究所研究成果 第九冊、二〇〇八
図37：近藤義郎・鎌木義昌「備前車塚古墳」『岡山県史』第一八巻考古資料、一九八六

図38：宇垣匡雅「吉備の前期古墳I　浦間茶臼山古墳の測量調査」『古代吉備』九、一九八七
図39：竹谷俊夫「近畿地方と金官伽耶」『考古学ジャーナル』第三五〇号、一九九二（申敬澈「金海大成洞古墳群の発掘調査成果」『加耶史の再照明』一九九一より）
図40：宇垣匡雅
図41：東近江市教育委員会
図42：京都府立丹後郷土資料館（京丹後市教育委員会所蔵）
図43：宮内庁書陵部
図44：車崎正彦「シンポジウム　前方後円墳の出現」『前方後円墳の出現』季刊考古学別冊八、雄山閣出版、一九九九

謎の五世紀

図45：梅原章一　　　　　　　　　　　　　　　図版　松澤利絵

著者紹介

金井塚良一（かないづか・よしかず）　元埼玉県立博物館館長

石野博信（編者紹介参照）

白石太一郎（しらいし・たいちろう）　大阪府立近つ飛鳥博物館館長

原島礼二（はらしま・れいじ）　埼玉大学名誉教授

柳田康雄（やなぎだ・やすお）　國學院大學教授

菅谷文則（すがや・ふみのり）　奈良県立橿原考古学研究所所長

橋本博文（はしもと・ひろふみ）　新潟大学教授

鈴木靖民（すずき・やすたみ）　横浜市歴史博物館館長

福永伸哉（ふくなが・しんや）　大阪大学教授

宇垣匡雅（うがき・ただまさ）　岡山県教育委員会

赤塚次郎（あかつか・じろう）　愛知県埋蔵文化財センター

車崎正彦（くるまざき・まさひこ）　早稲田大学シルクロード調査研究所研究員

上田正昭（うえだ・まさあき）　京都大学名誉教授

編者紹介

石野博信　いしの・ひろのぶ

1933年、宮城県生まれ
関西大学大学院修了
兵庫県教育委員会、奈良県立橿原考古学研究所副所長兼附属博物館館長を経て現在、兵庫県立考古博物館館長、奈良県香芝市二上山博物館名誉館長、奈良県桜井市纒向学研究センター顧問。
主な著作　『古墳文化出現期の研究』学生社、『アジア民族建築見てある記』小学館、『古墳時代を考える』雄山閣、『三角縁神獣鏡・邪馬台国・倭国』（共著）『邪馬台国の候補地・纒向遺跡』『石野博信討論集　邪馬台国とは何か 吉野ヶ里遺跡と纒向遺跡』新泉社、『弥生興亡 女王・卑弥呼の登場』文英堂、『研究最前線 邪馬台国：いま、何が、どこまで言えるのか』（共著）朝日選書ほか多数。

石野博信討論集
古墳とは何か　祭《まつり》と政《まつりごと》の象徴

2013年3月25日　第1版第1刷発行

編　者＝石野博信

発行者＝株式会社 新 泉 社
東京都文京区本郷2-5-12
TEL 03(3815)1662／FAX 03(3815)1422
振替・00170-4-160936番

印刷・製本　萩原印刷

ISBN978-4-7877-1219-6　C1021